그들은 누구인가, 한민족!

국립중앙도서관 출판예정도서목록(CIP)

그들은 누구인가, 한민족! / 지은이: 이용수. -- 용인 : 예술단 판, 2018
   p. ;   cm. -- (한민족 지식의 총서)

ISBN 979-11-956269-6-0 03150 : 20,000원

판소리

679.312-KDC6
782.009519-DDC23   CIP2018000614

그들은 누구인가, 한민족!

이용수 지음

예술단 판

머리말

신선들의 잔치에 초대받은 남자의 인사말

　오늘 밤 나는 며칠 후에 있을 대공연의 리허설을 하기로 되어있다. 모든 단원들이 공연의상까지 다 갈아입고 마지막으로 최종 점검을 위한 총체적인 리허설을 하기위해서이다.
　공연명은 〈오, 항일운동의 선구자·베델이여·배설이여!〉라는 창작판소리이다. 일종의 창극형식이지만 판소리뮤지컬이라고 불러도 되는 작품이다.
　작년부터 내가 작사준비를 한데다, 이 사설에 다시 곡을 붙여 이제 판소리로 만들어 나 혼자 판소리로 할 수도 있고, 이를 다시 여러 명이 출연하여 창극형식으로도 할 수 있게 만들었다. 거기에다가 오늘 밤에 하는 리허설은 현대무용과 민요 등을 추가하여 대단원의 합창과 각종 기악연주를 합하여 장엄하고 화려한 대형 판소리극의 콘텐츠다.
　베델은 영국청년으로서 1904년 일찍이 우리나라에 와서 대한매일신보사 사장으로 있으면서 일본의 만행을 세계만방에 알리는 일을 하다가 일본에 의하여 상해 형무소에서 옥살이를 하게 된다. 옥살이를 하고나서 다시 대한으로 돌아온 다음해에 37세의 젊은 나이로 순국하고 만다. 고종황제는 그의 이름을 배설(裵說)이라고 지어주었으며, 고종은 항시 우리나라의 억울함을 배설을 통하여 헤이그 만국평화회의를 비롯하여 전 세계에 알렸다.

　내가 며칠 후에 있을 이 공연과 오늘 리허설에 대한 주인공 겸 총책으로 긴장을 많이 하다 보니 몸이 몹시 피곤하였다. 정신적으로도 그간의 피로가 겹쳤다. 신경을 많이 써서인지 급히 화장실을 가고 싶어 한복두루마기를 입은 채로 가까이 있는 화장실로 달려갔다. 한참을 화장실에 앉아 있으려니 정신이 약간 몽롱해지고 기운이 쭉 빠지기에 애써 고개를 내저으며 다시 정신을 차리려고 몸부림쳤다.

　이때 누가 나를 찾는다고 했다. 가까스로 몸을 추스르고 앞을 보니 어느 건장한 두 사람이 나를 데리러 왔다고 했다. 내가 무슨 일이냐고 물었으나 별 말이 없이 나를 급히 데리러 왔으니 가보면 안단다. 나는 지금 공연리허설을 해야 된다고 사정을 해보았으나 그들은 막무가내였다. 그들의 검은 옷차림이나, 얼굴 모양을 보니 어쩐지 기분이 좋지 않게 느껴졌다. 나는 그들을 따라가기가 싫은데 아무리 발버둥을 쳐봐야 소용이 없었다. 그들은 내 팔을 꽉 잡고 어디론가 끌고 가는 것이 아닌가?

　저만치를 가다보니 웅성웅성 몇 사람이 더 보였다. 검은 그림자들로 봐서는 서 너 명이 더 있는 듯 했다. 그들은 나를 어디론가 한없이 끌고 가다가 깊은 산 속 어딘가에 풀어놓았다. 하늘만 겨우 올려다 보이는 깊은 산골이었다. 어안이 벙벙하여 조금 있으려니 사방이 밝아지며 인기척소리가 났다. 별천지다. 새들 울음소리도 들렸다. 높은 산 바위가 선명하게 드러나고 그 아래 궁전 같은 집이 여러 채 보이고, 주위의 계곡에서는 하얀 물줄기가 콸콸 쏟아져 내렸다. 물보라가 쳤다. 그러한 풍경은 꼭 순임금이 남훈전(南薰殿)에서 오현금을 켤 때 뒤에 보이는 기산(岐山) 높은 봉에서 봉황이 노래하던 바로 그런 곳 같기도 하다. 아니면 배달한국시대나 그 이전에 우리 천황들이 높은 산에 올라 하늘에 제사를 지냈던 바로 그런 명산 같기도 하다. 십장생병풍 속에서나 나올법한 해와 달, 불로초, 거북, 학, 사슴 등이 있을 것 같은 그런 깊은 산중이다. 조금은 신기하기도 하고 조금은 무섭기도 하다.

대궐문에서 풍경소리가 나더니 조금 있으려니 어린 동자(童子) 하나가 나온다. 그 동자를 보는 순간 나를 데리고 왔던 사내들은 어디론가 사라지고 종적을 감췄다. 이상하다. 동자는 나를 보더니 자기를 따라오란다. 나는 거기가 어디냐고 물었으나 동자는 미소만 지을 뿐 대답이 없다. 거 참 이상한 아이로구나. 동자를 따라 한참을 말없이 가다보니 비로소 여기저기서 사람들이 보인다. 한얀 수염에다가 흰 눈썹을 가진 노인들은 학의 깃털로 만든 부채를 느리게 부치고 있으며 매우 한가롭다. 여기저기서 노인들이 바둑을 두고 있다. 상산사호(商山四晧) 네 노인들이 떠오른다. 모두가 산 속의 신선들로 보였다. 그렇다면 저분들은 죽림칠현(竹林七賢)인가? 저 두 분은 백이(伯夷)와 숙제(叔齊)? 이 중에는 소부(巢父)와 허유(許由)도 계시겠지? 나는 몹시도 궁금했으나 그분들은 나를 보는 둥 마는 둥 바둑에만 여념이 없으니 누구냐고 물어 볼 수도 없었다.

얼핏 보아하니 주로 그 옛날의 왕들이나 사상가, 또 철학자들이 신선이 되어 한 자리에 모인 것같이 보였다. 그렇다면 여기에는 분명 요임금이나 순임금도 있을 것이고, 우리들의 조상들도 계실 것이다.

분명 어딘가에 배달한국시대 태호복희씨가 살았던 때의 발귀리(發貴理) 선인(5,500년 전)이나, 치우천황 때의 자부(紫府) 선인도 계실 것이고, 단군조선의 유위자(有爲子) 선인도 계실 것이다. 이 때 그들 중 한 노인이 나에게 말을 걸어왔다.

"어서 오게나, 젊은이. 이리 올라와."

나는 말을 어찌 꺼내야 좋을지 몰라 눈만 둥그렇게 뜨고 있었더니, 노인은 다시 말을 잇는다.

"젊은이가 소리를 한다기에 우리가 특별히 불러왔으니 겁먹지 말고 편히 쉬게나."

"아니, 여기가 어디입니까? 여긴 죽은 후에나 오는 곳이 아닙니까?"

모두가 나를 쳐다보고는 히죽히죽 웃으며 한마디씩 한다. 그런 질문이 나올 줄 알았다는 표정이다.

"지금 이 자리는 신선들이 몇 백 년마다 한 번씩 모여서 잔치를 벌이고 노는 자리인데, 이번에는 특별히 젊은이를 데려왔으니, 여기서 우리와 함께 풍류를 즐기면서 놀다가 불로초도 맛보고, 천일주도 마시면서 노시게. 아 참, 저기 삼천벽도 복숭아도 있지."

나는 이분들이 누구인지 확실하게 알지 못하기에 어떻게 인사를 드려야 할지를 몰라 그냥 한 말씀 드렸다.

"저는 동이족의 나라 한국에서 살다가 잡혀온 아직 살길이 많이 남은 사람입니다. 그러니 아직 어르신들과는 감히 같이 어울릴 수가 없는 처지입니다."

그랬더니 모두가 하하 하고 웃으며 그러지 말라고 한다. 그 중 한 노인이 나를 부른 목적을 분명하게 다시 일러준다.

"이 우주가 138억 년 전에 태어났고, 그 수없이 많은 별들 중의 하나인 조그마한 지구도 45억년이나 되는 나이이고 보면, 지구에서 몇 천 년, 몇 만 년은 사실 눈 깜짝할 한 순간이라네. 그러니 저 세상에서 '객 벗 10년'이란 말이 있듯이 여기서는 몇 천 년 나이 차이는 다 같은 친구라네. 그러니 그런 걱정은 말고 편히 같이 시를 읊든가, 소리나 하든가 하게. 여기 이 잔치에서 며칠 간 서로 풍류를 읊으며 같이 놀기 위해 젊은이를 불러왔으니 그 곳의 소리에 대해서도 좀 알려주게나. 듣자하니 그곳 사람들이 하는 창(唱) 속에 무슨 깊은 뜻이 있다는데 그 것도 알고 싶고, 또 여기에 있는 여러 신선들에 대한 이야기를 판소리로 어떻게 노래하고 있는지가 궁금하여서 불렀다네."

그러자 곁에 있던 한 노인이 덧붙였다.

"이번 잔치에는 모두가 젊은이를 만장일치로 추천했다네. 그러니 여기에 너무 빨리 왔다고 서운해 하지는 말게나."

내일 모레면 70이 다 된 나에게, 그래서 가끔 지하철에서 "어르신 이리 앉으세요!" 하고 자리를 양보하려고 하는 사람들이 있는(물론 그때마다 사양은 하지만) 나에게, 자꾸 젊은이, 젊은이 하고 부르니 듣기가 좀 생소했다. 하긴 나보다 몇 천 년이나 나이가 많은 신선들이니 "아가야! 이리 온" 하고 불러도 괜찮을 호칭이었다.

나는 그제야말로 감히 대답할 수 있는 힘이 생겼다.

"감사하기는 합니다. 감히 어르신들 앞에서 말씀드리기는 죄송하지만 저는 아직 할 일이 많이 남아있는 사람이고, 지금 중요한 일을 많이 벌려 놓았는데 죽은 후에나 부르시지 않고 지금 이렇게 오라하시면…"

이 때 노인 한 분이 나서며 심기가 불편하다는 듯이 엄하게 훈계조인 목소리로 나에게 타이른다.

"방금 저 어르신이 이야기하지 않았는가? 속세에서의 몇 백 년, 몇 천 년은 다 같이 일순간에 불과하다고. 속세에서 몇 십 년 더 산다고 무슨 의미가 있을꼬?"

나는 그 때서야 마음을 편히 먹었다. 그리고 감을 잡았다. 아마 우리의 판소리가 온 세상에 알려진 훌륭한 음악이라는 것을 그 분들도 익히 알고 있는 모양이라고 생각했다. 아마 이분들 중에는 음악에 조예가 깊었던 공자도 있을 것이고, 어딘가에는 피타고라스도 있을지 모른다. 음악가이기도 한 그들이 아마 그간 세상의 음악이 얼마나 많이 변하였는지를 알고 싶었을 것이다. 서두르지 않고 그 곳에 있는 한 분 한 분에게 인사를 드리며 소개도 주고받았다. 이 때 한 노인이 나에게 다가왔다.

"젊은이가 나를 알아볼지 모르겠지만 나는 '오자서(伍子胥)'라고 한다네."

나는 깜짝 놀랐다. 그리고 흥분해서 급히 물었다.

"예? 아니, 그럼 그 유명한 오나라 충신이 아니십니까? 2,500년 전 백비의 참소를 들은 오나라 부차왕이 자결하라고 명령 할 때 자신의 눈을 빼어

동문에다 걸어놓으라고 했던 바로 그 충신을 제가 왜 모르겠습니까?"
 오자서는 자신을 알아주는 반가움에 감격해하며 나의 손을 꼭 잡아주었다. 심청가에 나오는 오자서는 부차왕에게 충성을 다했지만, 왕은 오자서의 말은 듣지 않고 백비와 미인 서시(西施)의 말만 듣고 오자서를 내치게 된다. 오자서는 결국 자결하라는 부차왕의 강요를 받고 억울하게 죽게 되니 자신의 눈을 빼서 동문 위에다가 걸어놓으라고 했다. 월나라가 쳐들어 오는 것을 꼭 보고 싶어서였다. 결국 오나라는 월나라 구천왕에 의해 망하게 되는데, 나는 이런 이야기를 오자서에게 자세히 말해주자 노인은 좋아서 어찌 할 줄을 몰랐다.
 신이 나서 그런 이야기가 나오는 판소리 대목을 슬프게 들려주었더니 감격했던지 눈물까지 흘렸다.
 나의 판소리가 선경(仙境)을 쩌렁쩌렁 울리니 선녀들이 사방에서 구름 타고 내려오고 주위에 있던 신선들이 하나둘씩 모여들기 시작했다. 모두가 신기하다는 듯 미소를 짓기도 하고 고개를 끄덕이기도 하면서 모여들었다. 내가 막 흥이 나있을 때 이왕이면 다시 정식으로 소리 한 대목을 더 해달라는 요청이 있었다. 소리북은 없어도 북과 비슷한 악기들을 들고 오는 음악인들이 있었으니 그건 걱정할 필요가 없었다. 이미 무대의복을 입은 채로 끌려왔던 내 흰색의 고운 두루마기는 한민족이 그간 수 천 년 동안 입어왔던 터라 주위의 자연 분위기와 너무나도 잘 어울렸다. 무대장치 역시 무릉도원의 자연 그대로이기에 지구상에서 더 이상 볼 수 없는 최상의 무대였다.
 어느 대목을 소리할까 고심하다가 이왕이면 춘향가 처음 초두에 나오는 대목, 여러 신선들과 현인들이 다 나오는 그 대목을 하기로 마음먹었다.
 좌우 산천계곡과 폭포를 바라보면서, 또 하늘에서 흰 구름 타고 내려오는 선녀들을 바라보면서 흥이 나게 입을 열었다. 늦은 중모리의 이 대목은 남원에 내려온 이도령이 방자에게 하는 말로, 공부한다고 집에만 있을 것이 아니라 구경갈만한 명승지를 찾아 떠나자고 일러준 데서 나온 곡이다. 그래야만 춘향이도 만날 수 있고, 그래야만 오늘처럼 모든 신선들을 만날 수 있기 때문이다. 나는 심호흡을 한번 하고 처음에는 점잖게 소리를 내었다.

기산영수 별건곤 소부, 허유 놀고, 채석강 명월야의 이적선도 놀고,

소리가 퍼져나가자 사방에서 사람들이 웅성웅성하며 모이기 시작했다. "어디서 내 이름을 부르지?" 하고 소부(巢父), 허유(許由) 두 선인이 다가온다. 요임금시절에 살았던 소부와 허유. 이들은 요임금이 왕의 자리를 물려준다고 할 때 그 소리 안 들은 걸로 한다고 기산(箕山)으로 숨어들어 살았던 신선들이다. 그런데 그 두 분들은 4,300년이 지났는데도 아직도 그대로 정정하시구나 하고 감탄했다. 조금 있으니 이적선(李謫仙:이태백)도 누가 자기를 어찌 알고 부르냐고 반가워하며 걸어왔다. 나의 판소리는 계속된다.

적벽강 추야월의 소동파도 놀아있고, 시상리의 오류촌 도연명도 놀고, 상산의 바돌뒤던 사호선생도 놀았으니 내 또한 호협사라 동원도리 편시춘, 아니 놀고 무엇 할거나 잔말 말고 일러라.

나는 소리를 하면서도 노인들을 바라보았다. 적벽부(赤壁賦)를 지은 소동파(蘇東坡) 시인도 찾아오고, 도연명(陶淵明도잠) 시인도 찾아오고, 상산사호 네 노인들로 보이는 어른들이 바둑을 두다 말고 너털웃음을 웃으며 걸어오고 있는 것이 보였다. 과연 수염과 눈썹이 아주 희게 보였다. 신선들은 매우 좋아하며 한 마디씩 했다.

"그렇지, 그렇지. 그러한 흥취를 저렇게 소리로 해서 들으니 더욱 운치가 있고 좋네 그려. 역시 그 음악이 좋긴 좋다. 그 옷 색깔도 아름다운 흰

색에다가 부채까지 들고 이 도화(桃花)가 만발한 마당에서 소리를 하고 있으니 누가 진짜 선인인지 모르겠네. 여기 신선들과 선녀들이 당장 어디로 숨어야 할 것만 같아. 하하하. 방금 그 소리가 판소리라고 했나? 그 소리에 대해 좀 더 자세히 일러주구려. 꼭 좀 부탁하네."

"그러시죠. 제가 영광입니다."

나도 이제는 신이 났다. 속세에 다시 돌아가지 않는다 해도 하나도 불평하지 않겠다고 마음먹었다. 아니 그럴 수만 있다면 여기 그대로 있고 싶었다.

그러나 막상 그런 생각을 하고나니 은근히 걱정이 되었다. 아마 지금쯤 가족들은 울고불고 난리들일 것이다. 공연도 어그러지고, 여러 말들도 많을 것이다. 이런 사연이라도 한마디 전해줄 수 있다면 좋을 텐데 어쩔 수가 없다. 어차피 인생에서 한 번은 이런 이별을 할 것이라고 생각하니 마음이 조금은 가벼워졌다.

그 어르신들은 이제 내가 여기 온 이상 급할 것이 없으니 우선 나를 주위 구경이나 한번 시켜주라고 동자에게 일러준다. 나는 동자를 따라 다른 곳으로 가보았다. 이곳에서는 무장을 한 장수들과 여러 황제와 왕들, 그리고 아름다운 여인들이 무어라고 화기애애하게 담소를 나누며 술잔을 들고 있었다.

이때 동자가 어서 오라고 손짓을 한다. 누군가에게 인사할 사람이 있는 것 같았다. 여러 사람들이 둘러앉은 한 가운데 자리를 하고 앉은 풍채 좋고 위엄이 있어 보이는 선인, 그 선인 주위에 환한 빛을 뿜고 있어 범상치 않게 보이는 그 어르신 앞에 가더니 동자는 나에게 조용히 귀 띔을 한다.

"저 분이 바로 치우천황이십니다."

나는 깜짝 놀랐다.

"아니 4,700년 전의 우리 배달한국의 14세 천황이신 그 치우천황(蚩尤天皇)이시라고?"

나는 황급히 다가가 그 분께 큰 절을 했다. 절을 하는 순간 나는 절을 몇 번 해야 좋을지 몰랐다. 살아 계신 분들에게는 절 한 번, 돌아가신 분들께는 두 번인데, 지금 이 선인은 살아 계신 것인가, 돌아가신 것인가? 순간 나는 한 번하고 일어서기가 뭣해서 에라 모르겠다. 하고 한번을 더해버렸다.

"천황님, 까마득한 배달의 자손이 인사드립니다."

그리고는 얼굴을 숙인 채 엎드려있었더니 천황께서 그만 얼굴을 들라고 했다.

"천황님께 너무 죄스러워서 얼굴을 차마 못들겠습니다."

"어찌 너만의 잘못이더냐. 후손들이 나를 몰라보고 그저 '붉은 악마'라고 한다지. 지난 월드컵 축구경기 때 나를 응원대장으로 불렀다지. 그래도 내 이름과 얼굴을 팔아 높은 자리(4강)까지 갔다니 잘된 일이구나. 그러나 아무 뜻도 모른 채 나를 그저 악마라고 부른다니 그건 듣기가 좀 그렇구나."

"예, 예. 죄송합니다."

"그래도 너는 뿌리를 찾으려고 그토록 애를 쓰고 있고, 나의 이야기도 소리로 만들어 공연도 하고, 음반도 만들어 널리 알리려고 노력하고 있었지 않았느냐?"

"아니 어찌 그런 일까지…"

내가 창작하여 만들고 공연한 바 있는 〈치우천황의 탁록대첩〉을 두고 한 말씀인 듯싶다.

"아암. 다 알고 있지. 어찌 자기네 조상을 내 팽개치고 모른척하고 살아가는지 안타깝구나. 이제는 오히려 황토인들이 태호복희씨와 신농씨의 조상님은 물론 나까지 자기네 조상이라고 모시고 있으니 원통하고 분하더구나. 너는 혹시라도 속세로 돌아가게 된다면 내가 한 말을 명심하여 이행토록 하여라. 그리고 네가 하고 있는 그 음악과 춤과 그 말들이 우리 한웅(桓雄)시대부터 쓰던 말이 아니더냐?"

"그렇지요. '우두머리' '벼슬한다' '고시례' '푸닥거리' 등은 다 그때부터 있던 말이지요."

"그래. 오늘은 너도 이만 가서 쉬고, 차차 그 소리에 대하여 나에게 알려주거라. 여기 있는 모든 신선들도 다 우리 음악이 좋다고들 하니 나도 기분이 좋더구나. 이제 어서 가서 쉬어."

나는 더욱 신바람이 났다. 여기계신 현인들과 신선들을 한 분 한 분 만나니 더욱 신바람이 났다. 마치 영화 시사회에서 영화제작사가 영화 관련자들을 만나기도 하고 영화에 출연했던 배우들을 일일이 만나기도 하면서 좋아하는 기분 같기도 했다. 마치 출판기념회에서 저자가 책 속에 나오는 인물들을 초대해 놓고 인사를 나누는 기분이었다. 이제 나도 잠시 쉬었다가 신선들이 궁금해 하는 우리의 소리에 대하여 잘 알려주어야겠다고 다짐해 본다. 그렇게 신선들을 만나면서 며칠이 흘렀는지 알 수가 없다.

깊은 산 속에서 지친 몸을 누이고 잠깐 잠이 들었다가 눈을 떠 보니 나는 어느 종합병원 중환자실에서 회복 중에 있었다. 나는 눈을 뜨자마자 두리번거리며 그 신선들을 찾았다. 신선들이 있을 리가 없었다. 아니 그럼 그 신선들을 이제는 다시는 볼 수 없다는 말인가? 나는 몹시 안타깝고 허망했다. 차라리 깨어나지 않았으면 좋았을 것을 하고 후회하기도 했다.

간호사들이 바쁘게 차트를 들고 들락날락 하면서 나의 회복상태를 점검하고 있었다. 나는 신선들의 모습이 마치 꿈속에서처럼 자꾸만 아련히 떠올랐다. 안견이 안평대군의 꿈속 이야기를 듣고 3일 동안 그린 몽유도원도(夢遊桃源圖)가 떠올랐다. 또 십 몇년 전에 발굴된 백제금동대향로의 조각품에서 신선들이 악기를 들고 각종 동물들과 유희하면서 살아가는 선경(仙境)을 거닐다 온 기분이었다.

이제는 다시 그 신선들의 잔치판으로 돌아갈 수 없으니 안타깝지만 어쩔 도리가 없다. 그저 그 신선들에게 약속한대로 판소리 속의 한민족과 한민족의 음악에 대하여 책을 만들어 그 신선들에게 한 권씩 나누어 주어야겠다.

 판소리 속의 우주 만물의 이치하며, 인생이 살아가는데 꼭 필요한 해학과 지혜를 딱딱한 강의식이 아닌 수필형식으로 쉽게 풀어 이 책을 보는 신선들에게 재미있게 설명하기로 한다. 요즘처럼 경제가 어렵고, 여러 모로 나라가 어려울 때 꼭 읽어야 하는 좋은 책이 되게 하고 싶다.

 우리나라에 날로 우울증 환자가 늘어가고, 인구대비 자살률이 OECD 국가 중 제일 높은 나라가 된 이 때 병을 당장 치유할 수 있고, 그런 문제에 대처할 수 있는 방법은 우리 모두 마음을 비우고 판소리를 하면서, 또 들으면서 신선이 되는 길이다. 또한 우리는 누구이며, 어느 자손인가? 한민족, 그들은 누구인가? 한민족은 어디서 살았으며, 지금도 어디에 살고 있는가? 앞으로도 계속 한민족은 살아남아있을 것인가?

 판소리를 들어가면서 그 속의 인물과 사건, 또 그 의미를 하나하나 살펴보고 세상을 돌아보자. 그 속에 천지조화가 다 들어있으니 알고나 살아가자. 그래야 나중에 저 세상에 가서도 그 신선들과 대화를 나눌 수 있지 않겠는가?

 판소리는 정신건강은 물론 육체적인 건강을 가져오며 판소리를 하다보면 소극적인 사람도 적극적인 사람으로, 수동적인 사람은 능동적인 사람으로 변하여 하루가 그저 즐겁기만 하고 신바람이 난다. 판소리는 슬픔을 기쁨과 희열로 승화시키는 신비스런 마력을 가지고 있다.

 이러한 사항들을 40년 이상 판소리 공부하면서 나 자신이 찾아내고, 연구하고, 공부하고, 경험한 것을 토대로 알려주고 싶다. 판소리 6바탕 속에 든 사설, 인물, 시, 사건의 배경, 우주천체, 음양오행, 소우주인 우리 인체에 대하여 여기에 자세히 소개하고자 한다. 또 각 사항별로 '나의 발견' '나의 이론' '나의체험' '나의 정리' '나의 예언' '나의 추정' 등과 같이 표시하여 그 소신에 대한 나의 신념과 무게를 부여하고자 한다.

 판소리는 다른 분야의 예술과 달리 한민족의 음악이다보니 소리하기에 앞서 상고사를 비롯하여 많은 공부와 체험과 실기에 바탕을 둔 이론정립이 필요하다고 본다.

판소리를 제대로 알고 소리를 하려면 오랜 세월이 필요하고, 그래서 이 글은 그런 것을 토대로 하여 쓴 글이기에 혹 필요한 사람들의 연구논문이나 학위논문에도 도움이 되게끔 오픈하고자 한다. 그래서 많은 사람들이 공감하기를 바랄뿐이며, 다만 자료나 내용을 사용하고자 하면 반드시 그 출처를 밝혀주고, 필요하다면 저자가 쾌히 상담과 지도에도 적극 협조할 것임을 알리고자 한다.

이 책을 읽고 나면 어딘지 모르게 시야가 멀리, 또 환(桓)하게 확 트이고, 가슴이 뻥 뚫리는 느낌을 받는다고 한다. 독자 모두가 그렇게 느끼기를 바랄뿐이다.

"동자야, 이리 오너라. 신선들이 나를 찾는단다. 어서 가보자."

2018. 새해 아침에

저자 **이 용 수**

차례

옛 현인과 군주들이 물어본다 판소리란 무엇이냐고
음악의 원리와 여러 군주들의 음악 세계 | 20
판소리는 민족음악이다 | 26
판소리는 통일음악이다 | 31

판소리는 실존 인물을 소재로 하였다
춘향가의 이도령과 춘향이는 실존 인물이다 | 47
춘향가 속의 기생들도 실존 인물이다 | 58
심청가의 심청도 실존 인물이다 | 64
흥보 놀보도 운봉 사람이다 | 69
흥보가 박씨면 어떻고, 연씨나 장씨면 또 어떠한가? | 75
변강쇠가 살았던 곳도 지리산 줄기이다 | 82
수궁가도 우리의 소리이다 | 91
적벽가도 우리 소리이다 | 98
적벽가에도 역사가 왜곡 된 곳이 있다 | 105

판소리가 특별한 이유

소리에도 격(格)이 있다 | 116
판소리에서 적당한 성적(性的)표현은 흥미와 관심을 끄는데 좋다 | 130
동서양 문화차이로 본 판소리 감상 | 141
기생이라고 우습게 알지 말라 | 152
능우자기인(能遇者幾人) | 170
우리 판소리는 가장 한국적이다 | 180

판소리에서 한류 국제 자격증을 따라

판소리를 하면 우주를 품고, 천지조화의 신통력도 갖게 된다 | 196
판소리 하는 사람은 한의사 준면허증을 받을만하다 | 209
판소리하는 사람은 세계적인 의상 디자이너이다 | 219
판소리 하는 사람은 세계적인 요리사다 | 228
판소리는 언어의 변천사를 알 수 있다 | 236
언어를 찾으면 한민족의 정착과정과 이동경로까지도 알 수 있다 | 246
아리랑, 아리랑, 십리도 못가서 발병이 난다니? | 262
판소리는 스토리텔링의 원조이며, 슬픔을 희열로 바꾸는 마력이 있다 | 274

차례

미쳐야 이루어진다
어와 세상 속객(俗客)들아, 술 한 잔이 생각나면 | 282
단가와 금강산 | 301
어제도 미쳤고, 오늘도 미치고, 내일도 미치기 | 308
구두짝들의 반란 | 319

옛 현인과 군주들이 물어본다
판소리란 무엇이냐고

음악의 원리와 여러 군주들의 음악 세계

 판소리도 하나의 음악이기에 판소리를 제대로 소리하고, 제대로 창작하고, 또 제대로 감상하고, 이해하기 위해서는 음악에 대한 이치와 원리를 먼저 간단하게라도 알아두는 것이 좋을 것 같다.
 예로부터 우리들의 역대 왕들은 궁중에서 조용하게 마음을 다스릴 때에 우리 음악을 많이 들어왔다. 정악과 같이 느린 궁중음악을 들으면서 백성들을 생각하고 어떻게 정치를 할 것인가를 고심했다.
 순임금이 남훈전(南薰殿)에서 오현금(五絃琴)을 켜고 마음을 평온하게 다스렸듯이 음악은 모든 사물을, 그리고 모든 정신을 제자리로 돌려놓은 역할을 한다. 그래서 공자도 『예기(禮記)』의 「악기(樂記)」중 '악화(樂化)'에서 악(樂)의 본질을 이렇게 잘 말하고 있다.
 '악(樂:음악)은 지나친 감정의 표출을 경계하고 악(음악)으로 마음을 다스려 인격을 완성시키는 것이다'라고 했다.

또 '악의 본질을 구하여 마음을 다스리면 평이(平易)하고 바르며 자애롭고 선량한 마음이 절로 생겨난다'고 했다. 그런 마음이 생기면 즐겁고, 즐거우면 편안하고, 편안하면 오래 지속되고, 또 오래 지속되면 이가 곧 하늘(神)이다. 하늘은 말하지 않아도 미덥고, 신(神)은 노하지 않아도 위엄이 있으니, 이것이 악(樂)을 지극하게 하여 마음을 다스리게 하는 것이다'라고 덧붙였다.

그리고 또 『예기』「악기」의 '악본(樂本)'에 보면 아래와 같이 음악은 그 나라의 정치와 백성들의 인심을 알아보는 척도가 된다고 했다. 다시 풀이하면

'군주가 정치를 잘하면 음악도 편안하고 즐거우니 이는 그 정치가 화평하기 때문이요, 정치가 어지러우면 음악도 거칠고 사나운바 이는 그 정치가 어그러지기 때문이요, 나라가 망하게 되면 그 나라 음악도 슬프고 시름에 겨우니 이는 백성이 고달프기 때문이니라. 이와 같이 그 음악에 있어서 그 성음의 길은 정치와 서로 통하느니라' 하였다.

치세지음 안이락 기정화, 난세지음 원이노 기정괴, 망국지음 애이사 기민곤, 성음지도 여정통이라
(治世之音 安以樂 其政和, 亂世之音 怨以怒 其政乖, 亡國之音 哀以思 其民困, 聲音之道 與政通矣)

또 군주가 정치를 잘하느냐 못하느냐는 예로부터 그 나라의 음악과 무용을 보면 안다는 말이 있다.

문음지정(聞音知政)이요, 관무지덕(觀舞知德)이라
이 말은 음악을 들으면 그 나라 정치를 알고, 그 나라의 무용(춤)을 보면

그 위정자의 덕을 알 수 있다고 했는데 요즘 우리들의 춤과 노래는 과연 어떠한가?

지금은 노래와 춤이 정신없이 어지러운 세상인데 이 현상을 그저 혹시 K팝의 한류 바람이라도 불어 올까하고 기대 반 우려 반으로 기다려보아야 하는 건지 모르겠다.

공자는 2,500년 전 피타고라스와 같은 시대에 살았던 우리 동이족의 한 사람으로서, 이 두 사람 다 음악에 대한 여러 이론을 정립하고 또 먼 훗날을 내다보며 예언을 한 바 있다.

앞으로의 음악은 점점 빨라져서 혼돈의 시대가 도래 하게 될 터이니 반드시 그 제어장치가 필요하다고 공자는 경고했다.

그래서 요즘 세계적으로 모든 음악들이 정신없이 빠른 템포로 악을 쓰며 광란의 무대로 변하고 있는지도 모를 일이다.

그러면서 공자는 그 악본(樂本)에 다시 우리 판소리하는 사람들이 귀담아 들어야하는 말을 계속한다.

소리를 어떻게 창작하고, 소리를 어떻게 해야 하며, 또 감상은 어떻게 해야 하는지의 해답이 되기도 하는 대목이다.

본래 음악은 그 음(音)이 마음속에서 어떤 감정을 가지고 있느냐에 따라서 밖으로 자연스럽게 나온다는 것이다.

예를 들면 마음속에 슬픈 감정을 가지고 있는 사람은 밖에 내는 소리가 자기도 모르게 소리가 낮고 가늘며, 즐거운 사람은 그 소리 가락이 화평하고 한가로우며, 기쁜 마음을 가진 사람은 그 소리가 밖으로 멀리 퍼져 흩어진다. 또 노여움을 가지고 소리를 하면 그 소리가 조잡하여 거칠고 사납다. 존경하는 마음을 가지고 소리를 하면 그 소리가 바르고 겸손해진다. 또 사랑하는 마음을 가진 사람의 목소리는 화평하고 부드럽다.

애심감자 기성초이쇄. 락심감자 기성천이완. 희심감자 기성발이산. 노심감자 기성조이려. 경심감자 기성직이렴. 애심감자 기성화이유.

哀心感者 其聲噍以殺. 樂心感者 其聲嘽以緩. 喜心感者 其聲發以散. 怒心感者 其聲粗以厲. 敬心感者 其聲直以廉. 愛心感者 其聲和以柔

이러한 이치는 특히 판소리 하는데 많은 참고가 된다고 본다. 슬픔에 못 이기어 우는 사람이 소리를 하는 경우는 목소리가 속으로 들어가며, 흐느끼는 것이니 소리가 낮고 가늘어진다. 이것이 진정한 슬픔을 나타내는 소리인 것이다.

옛날 우리 부모나 조상이 돌아가시면 상주는 큰 소리로 "아이고, 아이고, 아이고" 하고 곡을 하면서 문상객을 맞는다.

이것은 부모를 잃은 슬픔에서 우는 것이라기보다는 문상객을 맞는 하나의 전례이다. 상중에는 곡소리가 그쳐서는 안 된다고 하는 유교적인 사고에서 문상객을 맞을 때마다 이러한 곡을 계속하여 불효자가 부모님을 잃었다는 하나의 신고형식인 셈이다. 그러니 이 울음(哭)은 진정한 슬픔의 울음이 아니라 하나의 형식적인 울음이라고 보아야 할 것이다. 진정으로 슬플 때는 소리가 낮아지고 가늘게 흐느끼는 것이다.

또 기쁜 대목을 소리하는 경우에는 소리가 살아서 사방으로 퍼지게 되어있다. 얼씨구나 절씨구! 하며 흥이 절로 나고 소리도 살아서 멀리 흩어진다. 누가 시키지 않아도 저절로 그렇게 된다.

또 즐거움이 몸 안에서 배어 올라오면 마음도 소리도 자연히 평안하고 한가로워지게 되니 자연스럽게 늦은 중중모리나 중모리 장단으로 불러지게 되어있다. 춘향가 첫머리에 나오는 '기산영수 별건곤' 하고 점잖 하면서도 평온하게 소리가 나온다.

반대로 노여운 마음을 가지고 소리를 하면 악성(惡聲)이 되어 죽기 아니면 살기로 악정으로 외치게 되니 자연히 소리가 거칠고 조잡할 수밖에.

이도령이 이별하자는 말을 듣고 춘향이가 악정으로 외치는 대목이나 춘향이 매를 맞고 거의 죽어있을 때 형장에 들어오며 외치는 춘향모친의 빠른 중중모리의 소리는 바로 이러한 것을 잘 말해준다.

존경하는 마음으로 소리를 해야 할 때는 반드시 점잖게, 낮으면서 공손한 성음으로 해야지 느닷없이 큰소리로 한다거나 빠르게 휘몰아치면 어찌 그것이 겸손하다고 말할 수 있겠는가? 상대방을 무시하고 경멸하는 불경이 되는 것이다.

또 사랑스러운 대목을 소리할 때도 옆 사람과 말하듯 인자한 성음에 정을 잔뜩 묻혀 어린애 타이르듯, 또는 어른께 인사하듯 조심스럽고 공손하게, 그러면서도 부드럽게 해야 한다. 목소리가 너무 굵거나 크게 하면 결코 사랑스러운 음이 아니게 됨을 명심해야 한다.

우리의 판소리 성음도 하나하나 뜯어놓고 보면 모두 위에서 언급한 이러한 공식에서 하나도 벗어난게 없음을 알 수 있다.

우리나라 조선시대 이후 왕들 중 음악에 조회가 깊어 거의 음악가라 할 수 있는 왕은 세종대왕을 비롯하여 세조, 정조라고 할 수 있으며 정조의 선왕인 영조때부터 판소리가 사실상 생성기를 맞았으니 영조의 관심이 없었다면 판소리가 오늘날까지 이어져 내려올 수가 있었을 까하는 생각이 든다.

더욱 위로 거슬러 올라가면 1116년 고려 예종 때에 송나라에서 아악이 악기와 함께 들어왔으니 왕의 음악에 대한 관심이 없었다면 이루어질 수가 없었을 것이다. 또 다시 더 거슬러 위로 올라가면 가야국의 가슬왕(伽瑟王)은 우륵에게 가야금 악기와 가야금 곡을 만들게 했다.

후일 비록 왕이 음란에 도취되어 가야국은 망하게 되기는 했지만 음악에 관한 관심이 컸기에 1,500년이 지난 오늘날까지 가야금이 내려오고 있는 것이다.

이때 또 신라 진흥왕의 음악 사랑에 대한 이야기를 빼놓을 수가 없다. 가야국이 망하게 되자 당시 가야국에서 신라로 귀화한 우륵(于勒)을 보고 신라 진흥왕은 신하들에게 가야금 곡을 백성들이 배우게 하라고 명하였다.

당시 신하들은 들고 일어나 반대했다. 망하는 가야국의 음악을 배워 무엇 하느냐고. 이 때 진흥왕의 이 한 마디는 지금까지도 우리에게 따뜻한 이야기가 되어 내려오고 있다.

"가야국이 망한 것은 왕(가슬왕)이 음란하여 그런 거지, 음악이야 무슨 죄가 있느냐?

臣下 : 가야망국지음 부족취야(加耶亡國之音 不足取也)

王曰 : 가야왕음란자멸 악하죄호(伽倻王淫亂自滅 樂何罪乎)

이렇듯 음악은 사상과 국경이 없이 온 세상에 같이 울려 퍼지는 세계 공통 언어이다.

이러고 보면 우리의 판소리가 앞으로 전 세계의 음악이 될 것임은 말할 나위가 없다. 왜? 과학적이고, 예술적이고, 문학적이며, 우주천체의 이론과 신체의학적인 지식을 가진 종합예술이기 때문이다. 이러한 결론은 이 책을 읽고 나면 누구나 자연히 도달하게 되는 결론이 될 것으로 믿는다.

판소리는 민족음악이다

　판소리가 민속음악(民俗音樂)이라고 하는 학자들도 있다. 하지만 판소리는 분명히 협의의 민속음악이면서 광의로는 우리 민족음악(民族音樂)이다.
　단순히 우리 생활 속의 민속적인 것만이 아니라 그 속에 우리민족의 거대한 물결이 굽이쳐 내려오는 민족적 음악이다. 우리 민족의 삶뿐만 아니라 민족정신이 그대로 소리 속에 살아있는 민족음악이다.
　민속음악이라 하면 단순히 한 지역이나 어느 한 시대에 잠깐 불리어졌거나 생활풍습으로 이어져 내려오는 협의의 음악을 뜻한다. 경기민요, 서도민요, 남도민요, 또 좀 더 협의의 지역적인 이름을 붙여 정선아리랑, 진주지방의 아리랑, 진도와 완도의 강강술래 등과 같은 것이 그 예이다. 강강술래도 사실은 수 천 년 간 내려온 우리 민족 고유의 춤이다. 우리민족이 중국 천산을 넘어 중동, 이라크 쪽으로 가서 수메르문화를 만들어 지금도 거

기에 '감간수할라(gamgansuhalla)'란 이름의 춤으로 남아있다.(나의 이론)
  여럿이 줄을 길게 서서 돌아가며 허리를 굽혔다 폈다하기도 하고, 손을 올렸다 내렸다하는 동작의 춤이다.
  민속음악은 다시 말해 한 지역에서 불리어진 민요이거나 한 지역에서 특수한 상황에 맞게 독특하게 불렀던 말 그대로 민속적으로 내려온 음악이 민속음악이라고 할 수 있겠다. 그렇게 보면 민속음악 중에서 특히 아리랑은 이제 우리 민족음악이라고 할 수 있겠다.
  판소리는 어느 지역적이거나 어느 한 시대의 역사 한 부분이 아니라 우리 민족이 수천 년 동안 대대로 살아오면서 겪은 이야기와 애환이 그 소리 속에 통째로 다 살아 숨 쉬고 있다. 우리 할아버지의 할아버지도 그런 식으로 삶을 살아왔고, 다시 그 할아버지의 아버지, 그리고 그 어머니도 그 모습 그대로 살면서 지내온 이야기가 판소리에 사설로서 또 음률로서 살아있기 때문에 민족음악이라고 하고 싶다.
  우리민족이 어떤 나라였는지를 알지 못하는 외국인들이라 하더라도 판소리 하나만을 각 마당별로 들어본다면 우리 민족이 어떤 민족인지를 훤히 알 수 있으니 이게 바로 민족음악이 아니겠는가?
  세계적인 민족음악으로 손꼽히고 있는 것은 핀란드의 '핀란디아'이고, 또 세계적인 민족음악가로는 그 '핀란디아'를 작곡한 '시벨리우스'를 꼽고 있다.
  핀란드란 말은 핀족이 모여 사는 나라라는 뜻이다. 핀족의 언어는 우리와 같은 우랄알타이어를 쓰고 있고, 스칸디나비아 반도에서 유일하게 아시아계통인 몽고족의 피가 일부 섞여있어 어쩐지 우리에게 동질감을 주는 민족이다. 더구나 그간 외침을 수없이 당하였어도 꿋꿋하게 버티며 살아남은 민족이란 점도 우리에게는 더욱 친근감을 더해준다.
  그러한 민족의 음악인 '핀란디아'는 핀란드의 전국에 흩어져 있는 민속적인 시(詩)를 렌오트가 수집해 집대성하여 만든 50장 22,795행의 대서

사시 '칼레발라'를 음악가 시벨리우스가 작곡하여 1899년에 하나의 훌륭한 민족음악으로 만들었다.

'오로라 찬란한 하늘 아래 흰 눈 덮인 산들 솟아 있고, 이 민족의 숭고한 정신인양 사시사철 장엄한 모습, 조상들의 뼈가 묻힌 내 고장 내 조국아! 오, 나의조국, 영원히 빛나는 나의 조국…'

하면서 이어지는 합창을 듣고 나면 비록 우리조국은 아니지만 가슴이 뭉클해지고 눈시울이 뜨거워짐을 느끼게 한다.

노래가 처음 시작할 때는 쥐죽은 듯 조용하게 시작하여 끊어질듯 말듯, 넘어질듯 말듯하면서 천천히 이어져 나간다. 그러다가 시벨리우스는 핀란드 국민 모두를 일으켜 세운다. 모두를 잠에서 깨운다. 그래서 음악은 다시 씩씩하고 장엄하게 울려 퍼진다. 곡은 점점 빨라진다. 지휘자의 지휘봉과 머리카락은 보이지 않게 움직인다. 피아니스트의 손도 보이지 않게 빠르다. 합창단의 입도 바쁘게, 그리고 크게 움직인다. 트럼펫 소리도 아주 빠르게 그러면서 신이 나게 울린다. 빠르고 경쾌하게 빠라 바라 반빠 움빠 하고 오케스트라가 신이 나게 연주한다. 큰북, 작은북, 챔버린과 트럼펫이 한데 어울려 씩씩하게 쾅, 창, 쾅 하고 울릴 때 핀란드 민족의 저력이 보인다. 솟구치는 힘이 보인다. "오, 나의 조국! 핀란드여!" 하고.

오랫동안 외침을 받아오면서도 끊어지지 않고 꿋꿋이 버티어 온 핀족, 바람 앞에 등불처럼 위태위태하면서도 끝까지 버티어 온 이 민족이 굳세게 일어서서 힘차게 걸어가는 모습이 눈앞에 보인다.

이 세계적인 민족음악 '핀란디아'는 필자가 은행 행원이었던 1977년에 국민은행 합창반이 서울시향과 세종문화회관에서 협연을 하면서 배웠던 합창곡이었다.

아무튼 이 때 배워서 깊은 인상을 가지고 있었다가 1980년 1월 핀란드를 여행하면서 우연히 그 음악가인 시벨리우스 기념관에 가게 되었고, 그 시벨리우스의 흉상 앞에서 나도 우리 민족을 위한 민족음악인 판소리를 창작하여 언젠가는 당신 앞에 와서 노래하고 가리라고 굳게 약속을 한바 있다.

참고로 당시 썼던 시를 여기 한 번 소개하기로 한다. 그 후에 필자가 민족적인 주제로 판소리를 새로 창작하여 공연할 때마다 시인을 통하여 이 시를 낭송하거나 인쇄물로써 공연인사에 가름하기도 하였다.

시벨리우스 흉상 앞에서

온 누리에 소리 향기 퍼지기에
나 혼자 찾아 나섰더니
여기 민족의 영혼을 일깨워준
대서사시 칼레발라가
교향곡 핀란디아로 울리누나.

쓰러질 듯 일어선 이 민족에게
뚜벅뚜벅 걸을 수 있는 혼을 불어 넣은
민족의 영웅 시벨리우스여!
흰 눈 덮인 당신의 흉상 앞에 서서
뛰는 가슴 억누르며
소리 한 번 들려주고 싶으오이다.
다른 민족은 몰라도 아시아와 무관하지 않는 당신들,
다른 음악가는 몰라도 당신만은 알아들을 겁니다.
우리 민족, 박속 같이 희디힌 옷 입고
꿋꿋이 살면서 불러온 우리의 소리를

이 곳 달 아래 눈빛처럼
가슴이 시린 우리 소리 한 번
들려주고 싶으오이다.

우리 소리 들을라치면
다섯 시간이고 열 시간이고 들을라치면
다른 사람은 몰라도 당신만은
눈 털고 벌떡 일어나
나의 두 손 잡으오리다.

그러나 시벨리우스, 오늘은 어찌 하리
내 비록 길 떠난다 해도 언젠가 여기 다시 찾아
흰 두루마기에 갓 쓰고 고수 한 분 모셔와
몇 날이고 묵으며 소리하고 가리이다.

꽃이 자지러지게 피는 날이거나
푸른 호수 춤을 추는 날이거나
오늘 같이 흰 눈 쌓인 날이거나
지구의 끝 스칸디나비아에서
소리 한 번 실컷 하고 가리이다.

춘향가도 좋고 흥부가도 좋고
우리 단가는 어떠하며 육자배기 흥타령은 어떠한고
이곳에서 소리하면 징소리 울리듯
우리 소리 온 누리 퍼져가리다.
당신의 필란디아처럼.

    1980.1

판소리는 통일음악이다

종교적으로 중립

　판소리는 정치적으로나, 종교적으로나, 지리적으로나 사회 계층적으로나 어느 한쪽에 치우치거나 멀리하지 않고 동등하게 아우르는 민족음악이며 통일음악이다.
　우리나라는 그래도 최근까지는 세계 어느 나라보다도 종교적으로 여러 종교와 문화가 별 탈없이 자연스럽게 접근하며 살아왔다.
　옛날 상고시대부터 삼국시대까지는 신교(神敎)의 천지인(天地人)을 중시하고 홍익인간(弘益人間)사상과 재세이화(在世理化)사상으로 하늘과 땅에게 빌고 제사를 모시며 살아왔다.
　삼국시대에 불교가 들어오고 국가적으로 불교를 숭상하면서 부처님의 자비사상으로 공덕을 쌓으면 극락세계에 갈 수 있다는 희망으로 절에 가서 열심히 불공도 드리고 시주도 하면서 살아왔다.

　지금도 절에 가면 불상을 모셔놓은 본당에 대웅전(大雄殿)이 있다. 이 대웅전이 있는 나라는 우리나라뿐이란다. 다만 중국의 장가계(張家界)에 가서 천문산 높은 곳에 지어진 사찰에 대웅전이 있는 것을 보았다. 그러나 이절은 우리나라 사람들과 같이 지었다는 소개가 있는 것으로 보아 그리 오래되지 않은 우리식의 절이라고 할 수 있을 것 같다.

　이는 역사학자들이나 상고사를 전공한 사람들의 말로는 이 '대웅전'이라는 말은 본래 배달한국시대 한웅(桓雄)을 모시던 사당이었는데 불교가 들어오면서 그 곳에 부처님을 같이 모셨다고 한다. 그러다가 배달한국과 단군조선의 역사가 왜곡되고 없어지면서 신교도 거의 사라지고 대신 불교가 그 곳에 자리 잡게 되었단다.

　그래서 지금도 절에 들어가는 입구에 서있는 장승이 본래 불교와는 아무 상관없이 우리 고유의 종교인 신교의 토속적인 문지기였으나 어쩌다가 우리의 신교 대웅전은 없어지고 절을 지키는 문지기가 되었는가 하고 혹자는 매우 안타까워하고 있다.

　불교에 이어 다시 조선시대에는 공자의 유교사상이 도입되면서 그저 조상을 잘 모시고 부모형제에 효도와 우의로써 예의범절에 충실하며 살아왔다.

　인(仁)·의(義)·예(禮)·지(知)·신(信)의 다섯 가지 덕목에다 선비정신으로 빈(貧)과 부(富)를 중히 여기거나 부끄럽게 생각하지 않고 살아왔기에 사회적으로 큰 격차나 소외감을 느끼지 않고 그런대로 오순도순 살아왔다.

　근대에 접어들면서 서양의 기독교와 기독교문물이 들어오면서 박애사상이 뿌리를 내리고 현대화가 이루어지면서 여기저기 교회도 많이 생기게 되고 종교를 바라보는 시선도 많이 달라졌다.

　전에는 누구나 그저 집 뒤 후원에다가 정화수를 떠다놓고 빌거나 깊은 산속 절에 가서 불공을 드리면서 소원을 빌었으나 이제는 가까운 집 앞의 사찰이나 교회에 가서 기도를 하면 된다. 이처럼 그간 우리의 생활도 많이 바뀌었다.

그러다보니 판소리 속의 종교나 생활풍습도 그때 그 때 많이 달라졌다. 흥보가는 불교적인 면과 유교적인 면이 많이 나오고, 심청가는 불교적인 면이 대부분이며, 춘향가에는 유교적인 면이 두드러진다.

수궁가에서는 충신이야기이니 유교적인 면이 우세하고, 적벽가는 중국 소설이긴 하나 우리가 각색하여 만들면서 불교와 유교적인 면이 간간히 보인다고 할 수 있다. 하지만 시대에 따라 우리의 생활모습 그대로이니 어느 종교를 특별하게 관심을 두고 다루지는 않았었다.

그러했기에 다행하게도 판소리는 그렇게도 민감하다는 종교적인 굴레에서 자유로울 수가 있어 좋다. 그러니 더욱 판소리가 우리민족의 통일음악이 될 수 있어 좋다는 것이다.

이제 예수를 중심으로 한 기독교인들이 많이 늘어났고 우리 생활 속에 많은 비중을 차지하고 있으니 창작판소리가 새로 나오면 예수에 관한 이야기나 창세기에 관한 많은 이야기가 나오게 되어있다.

필자도 2007년에 '예수수난복음' 판소리를 창작(작사, 작곡)하여 직접 공연한 바가 있다. 그 후엔 '성모7고'를 창작해서 공연한 바가 있다.

여기서 한 가지 말해두고 싶은 것은 염불 소리가 나온다고 불교음악이라 할 수 없으며, 유세차(維歲次)하고 제사지내는 축문의 판소리가 나온다고 반드시 유교음악이라고 할 수 없으며, 아멘! 아멘! 하는 소리가 나온다고 반드시 기독교 음악이라고 치부할 수는 없다는 것이다. (나의 이론)

중세 그레고리오성가가 한창 불리어졌던 유럽에서도 그 음악을 종교음악이라고 하지 않았고, 하나의 대중음악처럼 누구나 쉽게 부르고 따라했던 것이다.

그래서 종교음악의 정의는 종교의식에서 절차에 따라 직접 사용되는 음악을 종교음악이라고 한다. 그러니 우리도 판소리 속에 일부분이 '나무아미타불' 하는 염불이나 '아멘' 하는 기도나 또 '유세차 감소고우' 하는 제사형식이 나온다고 고개를 돌리거나 부정적으로 생각하지 말라는 것이다. 이들이 모두다 우리의 생활 모습이니까. 또 우리 민족음악이니까.

지역적으로 중립

1960년대부터 얼마 전까지 우리나라에 정치적으로 지역감정이 상당히 민감 할 때가 있었다. 특히 80~90년대의 경우에 어느 단체모임 같은 데서 판소리 한마디 해달라고 부탁받을 경우에 어느 대목을 해야 할까하고 상당히 고민했던 일이 많이 있었다.

혹시나 판소리 속에 어느 지방에 대한 좋은 인상이나 나쁜 인상이 나오는 대목이라도 있다면 당장 시끄럽게 되고 마치 판소리가 어느 지방 노래같이 들릴까봐서 그랬다. 다행히 이런 경우까지를 감안하여 판소리는 절대 그러한 구절 없이 우리 민족적인 음악으로서 전국적으로 통일되고 공평하며 중립적으로 작사, 작곡되고 불리어 내려왔다.

판소리 춘향가에 이런 대목이 나온다. 이도령이 방자를 시켜 춘향을 불러오게 한다. 방자가 도련님이 시킨대로 춘향더러 가자고 하자 춘향은 그게 무슨 소리냐고 첫마디에 거절한다. 도련님이 자기를 언제 보았다고 감히 남의 여자에게 오라 가라 하느냐는 것이다. 이 때 방자는 춘향에게 엄포를 놓는다. 우리 도련님이 얼마나 무서운 사람인지를 들어보라는 것이다. 무섭게 엄포를 놓는 대목이니 자진모리장단으로 빨리 몰아간다.

"산세를 이를게 네 들어라. 산세를 이를게 네 들어. 경상도 산세는 산이 웅장하기로 사람이 나면 정직하고, 전라도 산세는 산이 촉(矗)하기로 사람이 나면 재주 있고, 충청도 산세는 산이 순순하기로 사람이 나면 인정 있고, 경기도를 올라 한양 터 보면 절운동 높고 백운대 떴다. 삼각산 세 가지 북주가 되고 인왕산이 주산이요, 동작(銅雀)이 수기(수구:水口)를 막았기로 사람이 나면 선할 때 선하고 악하기로 들면 별악지상(別惡之 象)이라(중략) 만약 가지 않으면 굵은뼈 부러지고 잔뼈 으스러질테니 올 테면 오고 말테면 말어라… 나는 간다."

처음 이 소리를 듣다보면 경상도가 나온다. 모두 귀가 쫑긋해지며 신경이 예민해진다. 잘못하다가는 판이 시끄러워질 수도 있다. 잘못하다가는 판이 깨질 수도 있다. 그러나 들어보니 과히 나쁜 소리는 아니다. 경상도 사람들은 산세가 웅장하고 거대하여 사람들이 모두 정직하다는 얘기이다. 좋은 뜻이 담겼으니 좋은 반응이다.

그렇다면 그 다음이 문제가 될 가능성이 많다. 만약 경상도만 좋다고 칭찬하고 전라도나 충청도, 또는 서울은 별 볼이 없이 묘사되거나 더 나쁘게 평가된다면 또 다시 판은 얼마든지 뒤엎어질 가능성이 있다. 그러나 다행이 전라도 편에서도 별 문제 없이 잘 넘어간다. 전라도 산세는 뾰족하게 솟아나 사람들이 재주가 있다고 알고 있다. 서예나 그림, 음악 등 예술적인 면에 빼어난 사람이 많다. 옛날 선비들이 전라도 먼 길로 귀양가서 그 후손들이 많이 살고 있기에 그러하다는 말을 그간 많이 들어왔기에 그러하다.

충청도는 어떠한가? 춘향가에서 충청도 산세는 산이 순순하여서 사람들이 모두 순하고 인정이 많다고 평하였다. 사실 맞는 말이다. 모두들 양반들이라고 알고 있다. 여기까지 모두가 만족하는 묘사로 무사통과!

다음 서울 사람은 또 어떠한가? 모두가 이미 알고 있다. 서울 사람? 산 사람 코 베가는 한양사람? 깍쟁이들. 또 평소엔 서울 말씨로 싹싹하게 잘 해주다가도 한 번 마음에 안 들면 인정사정없이 냉정하게 돌아서는 사람들이라고 알고 있다.

　춘향가 속에서도 예외가 아니다. 선 할 때는 선하고, 악하기로 들면 엄청 무서운 사람들이라고 했다. 그것이 다 한양 지형 때문이란다. 한강이 앞으로 돌고 흐르는데 앞의 동작(東雀)이 수기(水氣)를 막았기 때문이란다. 또 한양 뒤로 절운동, 백운대, 삼각산이 북으로 딱 버티고 있기에 사람이 태어나면 모두 그러한 품성을 지니고 태어난다는 것이다.

　그러니 도련님은 한양 사람인지라 한 번 성질이 나면 무서운 사람이니 미리 알아서 처신하라는 방자의 엄포이다. 다시 말해 춘향이 더러 좋게 오라고 할 때 가자는 이야기다.

　이렇듯 판소리 춘향가에서는 전국 각 도의 특징을 이야기하면서 어느 한 지방만을 특히 좋게 말하거나 나쁘게 이야기하지 않고 다들 좋은 쪽으로만 설명했다.

　여기서 자칫 잘못했다가는 판소리가 한 쪽 지역에서 버림을 받게 될 것이다. 예를 들어 그 쪽 지방 사람들을 기용하지 말라느니, 그 쪽 사람들은 믿을 게 못된다고나 했다면 어찌 되었을까? 생각만 해도 끔찍하다. 그러나 다행히도 판소리는 우리 민족을 고루고루 아우르는 민족음악임을 다시 한 번 실감할 수 있는 대목이다.

계급적으로 중립을 지켰다.

　판소리는 사회적으로 어느 한 계급층만을 다루거나 한 쪽 계층을 위해 다른 한쪽 계층이 희생당하는 그런 일방적인 사건을 다루지 않았다. 서로 공평하게 이쪽에서 한방 때리면 저쪽에서도 맞받아치는 기회를 주어 서로 통쾌함을 보여주기 때문에 백성 모두가 두루 좋아하는 예술이 되었다. 핍박받으면서도 상대방의 뒤통수를 한 대 치고 언제 다시 자세가 역전 될지 모르는 예측불허의 상황을 만들기 때문에 관객들은 그 점을 기대하고 또 열광하고 있는 것이다. 언제 다시 전세가 역전이 될지 모르니 항시 긴장하면서 소리를 들어야한다. 소위 반전(反轉)의 통쾌함을 맛보기 위해서다.

춘향전에서는 지배계급층이 일반 서민층 내지 천민이라고 하는 기생들의 항거에 관리가 혼쭐이 나고 하루아침에 처지가 역전되는 통쾌함을 간접으로 맛보게 된다.

또 수궁가에서는 일개 토끼가 감히 용왕을 가지고 논다. 토끼가 소위 가장 지혜 많고 자칭 만물의 영장이라고 하는 인간(사람)들도 가지고 논다. 토끼는 또 하늘을 나는 짐승 중에 제일 무서운 독수리도 마음대로 가지고 논다. 호랑이도 자라에게 혼 줄이 난다. 자라가 호랑이를 토끼로 잘못 불러 호랑이가 달려와 자라를 보고서 자라가 약에 좋다는 말을 들었기에 먹기로만 작정을 할 때다. 죽을 고비에 있던 자라가 순간적으로 꾀를 낸다. 자신은 수궁에 사는 옥주부인데 고개를 다쳐 뒤움치기가 되었는데 명의에게 물어본즉 호랑이 쓸개가 좋다는 말을 듣고 호랑이 잡으러 나왔다고 거짓말을 한다. 그러면서 고개를 쑥 잡아 빼니 호랑이가 놀래 자라에게 목을 그만 내놓으라고 부탁한다. 자라는 호랑이를 속인 김에 더욱 몰아붙인다. 도리랑귀신을 데리고 호랑이를 잡으러 나왔다고 도리랑귀신 어디 있느냐고 부르면서 호랑이의 급소를 사정없이 물어버린다. 호랑이는 어찌 아프던지 제발 그만 놓아주라고 사정을 하다가 겨우 빠져나와서 정신없이 도망을 간다. 저 남쪽 해남 관머리에서 도망을 가기 시작하여 함경도 끝의 새수남고개까지 단 숨에 달아난다. 거기서 숨을 헐떡거리며 아픈 그 부위를 내려다본다. 그러면서 자위한다.

"아이고. 내 용맹이나 되니 여기까지 살아왔지, 다른 호랑이 같았으면 벌써 영락없이 죽었을 것이다"라며 자위한다.

이처럼 강자 위에 또 다른 강자가 나타나는 것이 바로 판소리이다. 이 것이 바로 역전의 묘미요, 반전의 묘미이다.

또 토끼와 자라의 관계는 어떠한가? 주객이 서로 전도되어 한 치의 방관함도 허락되지 않는다. 언제 다시 위치가 역전 될지 모르기 때문이다.

처음에는 자라가 토끼를 구하러 세상에 나와 토끼의 비위를 맞추며 사정하다시피 토끼를 바다로 유인한다. 꼬임에 넘어간 토끼는 이제 다시 자라의 처분만 바라는 위치가 되었다. 하지만 용궁에서 돌아가는 상황을 보니 아무래도 자신이 꼼짝없이 죽게 되니 토끼는 순발력을 발휘하여 반격을 한다. 그래서 용왕 앞에서 사정없이 자라를 나무란다.

"저놈이 감히 용왕님을 우습게 알고, 용왕님 걱정은 않고 그저 수궁이 좋다고 날더러 수궁구경이나 가자고 해서 따라왔습니다. 용왕님의 열이 많이 올라 아프셨다고 미리 말했으면 제가 나무에 걸어놓은 제 간을 가지고 왔을 텐데요."

토끼가 당장 세상에 나가서 간을 가지고 오겠다고 하니 이번에는 자라가 용왕 앞에서 사정한다. 제발 저놈 몸에 간이 들어 있으니 당장 배를 따 보라고 한다. 만약 간이 없으면 자신을 능지처참해도 좋다고 한다.

이렇게 토끼와 자라는 용왕 앞에서 서로 숨 막히는 말싸움을 한다. 토끼 말대로 토끼가 여기서 배를 따서 죽게 되면, 이제 밖에 두고 온 토끼 간을 가지고 올 수 없게되니 용왕도 어찌해야 좋을지를 모른다. 토끼는 알고 있다. 여기서 자칫 한 발짝만 물러나도 죽는다는 것을. 순간 토끼는 필사적으로 자진모리장단으로 사정없이 큰 소리로 자라를 나무란다.

"야, 이놈의 못된 자라야, 어서 내 배를 따보아라! 어서 따보라니까. 우리 토끼들은 보름이면 간을 내어놓고, 그믐이 되면 다시 들여놓기에 내가 간을 나무에 걸어놓고 왔다고 했었는데, 왜 내말은 안 듣고 나의 배를 따보라고만 하느냐, 이놈아? 좋 다. 만약 내 배를 따보아 네 말대로 간이 들어 있으면 좋 지만, 간이 없고 죽게 된다면 다시는 너의 용왕에게 간도 가져

다주지 못할뿐더러, 나는 원통히 죽은 귀신이 되어 너의 용왕을 하루도 못 살고 죽게 할 것이고, 너의 나라 충신들도 한 날 한시에 모두 몰살시키겠다.

고 엄포를 놓는다. 이 때 용왕은 자라를 엄중히 나무라며, 토끼 편을 든다. 만약 용왕 자신의 말을 듣지 않으면 귀양을 보낼 것이라고 경고한다. 그러면서 어서 토끼를 따라가 간을 주거든 가져오라고 명한다. 하는 수 없이 토끼를 등에다 태우고 세상을 나온 자라는 이젠 다시 토끼에게 사정한다. 전세가 또 역전된 것이다.

이때 토끼는 모른 체하고 귀를 탈탈 털며 산으로 올라가니 자라는 사정사정하며 간 좀 조금이라도 주고 가란다. 그냥 빈손으로 수궁에 돌아갈 수는 없지 않느냐고 사정한다. 토끼는 사정없이 나무란다.

"너 이놈, 여기는 이제 바다가 아니라 육지다. 네가 그간 나에게 한 행동을 보면 이 바위에다 너를 들어서 사정없이 내던져 죽이고 싶지만, 바다에서 나를 여기까지 등에 태우고 온 공을 봐서 살려준다."고 했다. 그러면서 앞으로는 그런 보추 없는 짓을 하지 말라고 타이른다. 그래도 토끼는 양심은 있었던지 자신의 똥을 나뭇잎에 싸서 자라 등에다 꽁꽁 묶어준다. 그것을 왕에게 달여 먹이라고 했다. 그리고 용왕은 낫게 된다. 실지로 옛날에 토끼 똥은 아이들 열을 내리는데 좋은 조약으로도 쓰였다.

이처럼 서로 물고 물리면서 위치가 항시 바뀔 수 있는 것이 판소리다.

또 적벽가에서는 어떠한가? 판소리 적벽가에서는 조조가 그 좋은 예를 보여준다. 적벽가에서는 그 꾀 많기로 유명하며 막강한 힘을 가진 승상인 조조(曹操)도 자기 부하 정욱이나 일개 졸개 군사들에게 조롱을 당하는 수모를 겪는다.

적벽대전에서 크게 패하여 100만 군사를 잃고 겨우겨우 오림산곡 험한

산길로 패하여 도망가는 신세가 되었다. 이 때 어디서 갑자기 새가 푸드득 하고 날아가는 소리를 듣고 조조는 급히 엎드리며 기겁을 한다.
"아이구 정욱아! 내 목 있나 보아라."
"아이구 승상님. 목이 없으면 어찌 말을 허겠소. 그 조그만 메추리 새를 보고 그렇게 놀랠진대 큰 독수리를 보았으면 잠을 쓰겠소. 그려."
"아, 그 놈이 메추리더냐? 그 놈 비록 자그만하지만 잘 구어서 왕소금 찍어먹으면 술안주에 참 좋으니라마는."
이때 판소리를 정말 구성지고 재미있게 한다면 듣고 있던 관객도 절로 침이 넘어간다.
"아이고 승상님, 이 급한 중에도 입맛은 안 변했소 그려."

조조를 비하하는 말이 어디 그 뿐이랴. 조조가 겨우겨우 고생 끝에 깊은 산 속 한 곳에 다다르니 어떤 키 큰 장수가 두 눈을 부릅뜨고 노한 기색으로 버티고 서있거늘 조조가 깜짝 놀라
"아이고 정욱아, 저기 서있는 장수가 전에 보던 장수 같다. 혹 관우가 아니냐? 관우라면 내 어찌 살아가겠느냐?"
제장들이 웃으며 여쭈기를 "승상님 그게 장승이요." 하니 조조가 깜짝 놀라며
"그게 장비하고 같은 이름인 장(張) 자(字)가 아니냐?"고 더욱 놀란다. 그게 아니고 나무 장승이라고 설명을 하자 그때서야 조조 "그놈이 감히 나를 놀라게 해? 그놈을 당장 빼서 잡아드리라" 하고 큰소리로 명을 한다.
그 무섭고 꾀가 많다고 하는 조조도 메추리 새와 장승에게 무서워서 깜짝 놀라게 만들었던 판소리의 매력이 바로 이러한 계급적인 상하관계를 타파함에 있는 것이다. 이런 장면은 실지 삼국지에 없는 순 우리 작품이다.
이래서 판소리에서는 아무리 강자라고 해서 항시 강자가 될 수는 없다.

판소리에서는 지배계급과 피지배계급이 공평하다. 그러나 상대 계급을 부정하지 않고 인정해줄지 안다.

지금 북한에서는 판소리가 지배적인 양반계급과 봉건주의를 인정한다는 구실로 춘향가를 비롯한 판소리 전체를 못하게 하기 때문에 판소리가 거의 사라져가고 있는 것으로 알고 있다. 6.25때 북으로 넘어갔던 명창들도 거기서 기대와는 달리 활동도 못하고 다들 죽어갔다.

필자가 1990년대 중반 한중작가회의 참석차 중국 연변에 갔을 때 회의 중간에 판소리 한 대목을 들려주었더니 연변 교포 측의 나이가 제일 연장자인 김학철(金學喆)작가가 했던 말이 생각난다.

그는 판소리를 무척 좋아하는데 판소리 녹음테이프를 구할 길이 없다가 마침 김소희 선생의 심청가 테이프를 하나 구하여 자주 듣고 있다고 했다.

김학철 선생은 당시 북한에 자주 오가며 김일성 주석도 만났는데, 그쪽에서는 판소리를 들을 수 있는 기회가 거의 없다고 했으니 옛날 판소리를 했던 명창들은 다들 어떻게 사라져 갔는지 마음이 아플 뿐이다. 그리고 그 판소리를 좋아했던 김학철 선생도 몇 년 후에 죽었다는 소식을 신문을 보고 알았다.

아무튼 판소리는 계급적으로도 공평하게 중립을 지켜 모든 계급이 상생하는 소위 윈윈(win-win)사상이 들어있기에 민족음악이요, 세계의 음악인 것이다.

판소리는 결코 한(恨)의 음악이 아니다.

흔히 사람들이 판소리를 한(恨)의 음악이라고 말한다. 한 여름에도 여자들이 한을 품으면 서리가 내린다는 그런 한(恨)을 말하는 것 같다. 그러나 판소리는 결코 우리가 흔히 말하는 그런 한의 음악이 아니다. 상대방에게 원한을 품고 복수하기를 원하는 그런 한이 아니고 판소리 속의 한은 하나의 목표, 희망, 그리고 꿈을 이야기 하는 한이다.

만약 복수를 위한 한이 있었다면 그건 소리가 아니라, 또 그건 음악이 아니라 하나의 악을 쓰는 행위이다. 얼굴은 경직 되고, 웃음은 있을 수 없으며, 살기가 감도는 소리가 어찌 그게 음악이라 하겠느냐? 어찌 그게 판소리라 하겠느냐? 분명 판소리는 한이 아니라 희망을 뜻하는 음악이다.

사람들은 이러한 희망을 뜻하는 한이 없으면 발전이 없고 무능해지며 도태된다. 삶의 의미가 없어지기 때문이다.

가난의 한(恨)은 열심히 일해서 부자가 되고 잘 사는 것이다. 60년대 우리가 새마을운동을 하면서 잘 살아보세! 하고 노래하면서 열심히 일했다. 초가집을 부수고 길을 넓히고 하면서 허리 졸라 매고 악착같이 일했다.

또 중동을 비롯한 세계 각처의 건설 현장으로 나가서 밤낮으로 악착같이 일해서 달러를 벌어 고국으로 보냈다. 그래서 결국 오늘날 우리가 잘 살고 있는 것이다. 사실은 이와 같은 것이 수 천 년 이어온 우리의 한을 푸는 일이었다. 그리고 이제는 어느 정도 그 한을 풀었다고 본다. 부유함을 잠시 맛보았으니 더욱 더 노력하고 잘 관리하여 영원히 번영의 길로 나가야 할 것이다.

춘향가에서 춘향이의 한(恨)은 사랑하는 도련님을 만나는 것이다. 자신에게 벌을 준 변사또에게 보복을 하려고 한 것이 아니었다.

변사또는 응분의 책임만 지게 되지 그 이상 보복을 받지 않는다. 춘향이의 한이 달성되었기 때문이다.

수궁가에서 자라는 토끼를 꼬이어 바다 용왕에게 데리고 가서 토끼 배를 갈라 간을 꺼내라고 용왕에게 청한다. 그러다가 자신의 온갖 지혜와 용기로 죽음 직전에서 용케 살아나온 토끼는 자라에게 보복하지 않고 오히려 살려 보내면서 자신의 똥을 보내준다. 용왕은 그 똥을 달여 먹고 낫는다.

흥보가에서 흥보 자신을 그렇게 구박하고 서운하게 했던 놀보에게 흥보는 부자가 되고나서 형을 보복하거나 서운하게 대하여 주지 않았다. 오히려 형님을 정성껏 잘 모시었다.

심청가에서도 황성에 올라가는 길에 심봉사를 속이고 돈을 훔쳐 도망갔던 뺑덕이네와 또 그녀와 같이 도망갔던 황봉사를 결코 보복하거나 원한을 가지고 끝내지는 않았다. 다만 전국에 있는 다른 봉사들은 두 눈을 다 뜨게 해주었으나, 황봉사에게는 한 쪽 눈만 뜨게 해주었을 뿐이다. 그 결과로 총 쏠 때에 눈 하나를 일부러 감지 않아도 저절로 되게끔 배려를 해주었다고 풀이한다.

적벽가에서는 어떠한가? 조조를 사로잡은 관운장 앞에 조조는 살려달라고 애걸하고, 관운장은 절대 그럴 수는 없다고 죽일 듯 호통을 치지만 결국에는 조조를 놓아준다.

이처럼 판소리에서의 한(恨) 그 자체는 어느 목표를 달성하기 위한 몸부림이고, 희망이고, 꿈이지 그게 절대 상대방에게 복수를 하기위한 그런 한(恨)이 아님을 알 수가 있다.(나의 이론)

변사또나, 자라나, 놀보나, 뺑덕이네와 황봉사에게, 또 조조나, 모두 죄를 지은 자들에게 끝에는 그 정도의 간단한 책임을 묻는 것으로 마무리 하는 것에 대해 당사자들도 무한히 감사하게 느끼게끔 한다. 그러니 어찌 판소리가 한의 음악이라고 할 수 있겠는가? 지금도 판소리를 배우면 어떤 집념을 가지고 꾸준히 노력하여 목표를 달성하는데 가장 좋은 음악이며 꼭 필요한 도구라고 말 할 수 있을 것이다. 이런 의미로 판소리를 배우기 위해서는 어느 목표를 세우고 그 한을 푸는 작업으로 해 나가라고 말하고 싶다.

판소리는 실존 인물을
소재로 하였다

판소리는 실존 인물을 소재로 하였다

판소리는 소설을 소재로 하였으나 소설을 위한 소설, 우리와 거리가 있는 허구가 아니고 실존 인물을 소재로 하여 우리의 생활 속에서 설득력과 호소력이 있게끔 만들었다.

요즘 흔히 말하는 공상 소설이나 허무맹랑한 소설을 기반으로 한 것이 아니다. 요즘의 '반지의 제왕'이나 '해리포터'와 같은 판타지소설을 소재로 한 것이 아니라 우리 주위에서 만나는, 우리 생활 속에서 볼 수 있는 소재를 그대로 옮겼기에 누구나 그 것을 사실로 알고 받아들여주고 그래서 더욱 피부에 와 닿는다.

이런 이야기를 할 수 있는 것은 춘향가, 심청가, 홍보가, 적벽가, 변강쇠타령이 실지 인물이거나 실지 인물로 추정되는 사람들을 소재로 하였기 때문이다.

그간 필자가 조사하고 정리한 실존 인물들에 대한 이야기를 하기로 한다. 춘향가, 홍보가, 심청가의 실존 인물을 소개하고 변강쇠타령, 수궁가와 적벽가의 소설 속의 역사적 배경과 특수성에 대하여도 따로따로 소개하고자 한다.

춘향가의 이도령과 춘향이는 실존 인물이다

판소리 춘향가 김세종제의 첫머리 아니리는 이렇게 시작된다.

'…숙종대왕 즉위 초에 사또 자제 도련님 한 분이 계시되 연광은 16세요, 이목이 청수하고 거지 현랑하니 진세간 기남자라. 하루 일기 화창하여 도련님이 방자 불러 물으시되 "얘 방자야, 내 너의 골 내려온지 수 삼 삭(朔)이 되었으나 놀만한 경치를 모르니 어디어디가 좋으냐?"

여기서 도련님은 남원부사인 아버지를 따라서 이곳에 온지가 서너 달이 되었다고 했다. 인물이 출중하고 품행이 단정하여 그야말로 양반집의 자제분 같은 분위기가 풍기는 첫 대목이다. 그런데 그런 소설 속의 인물이 실존 인물로 밝혀졌으니 얼마나 흥미 있는 일이겠는가?

더구나 춘향가를 창작한 작가까지 밝혀졌으며 이 사실들은 거의 확실한 것 같다.

 이러한 사실들은 연세대학교 설성경 교수가 처음으로 밝혔고, 이는 1999년 11월 18일자 조선일보와 또 다른 신문에 연거푸 소개되었다. 또 동년 12월 4일자 KBS 1TV '역사스페셜' 시간에도 자세히 밝힌바 있다.

 그러나 20년이 다 되어 가는데 아직도 이를 아는 사람은 별로 없다. 판소리를 전공하고 있는 사람도 모르고, 판소리를 공연하거나 좋아하는 사람들도 모르고 있다.

 필자는 이 사실을 2001년 출간한 '산따라 소리따라'라는 소리수필집에서 이를 다시 소개한바 있으나 그 때 당시는 몰랐던 몇 가지 사실을 최근 더 알아냈기에 여기서 자세히 더 소개하기로 한다.

 당시에 밝혀진 것은 이몽룡의 본명은 성이성(成以性)이고, 창령 성씨이며, 아버지는 남원부사 성안의(成安義)였다는 사실이었다. 성이성은 아버지를 따라 우리 나이 13살에 남원에 와서 17살까지 5년을 살다가 서울로 올라왔다. 아니 아버지가 경기도 광주목사(廣州牧使)로 오면서 성이성 도련님도 춘향과 이별을 하게 된다.

 설교수는 당시 이도령인 성이성이 암행어사로서 써서 남긴 '호남암행록(湖南暗行錄)'을 근거로 하여 이를 밝혀냈다. 그 호남암행록에 이도령(성이성)이 45세때 암행어사로 있으면서 남원에 들러 그의 가정교사인 조경남(趙慶男)장군과 밤이 깊도록 옛날을 회상하며 잠을 못 이루었다는 이야기를 성이성이 자신의 일기에 남겨놓았음을 지적하고 있다.

 이 사실 만으로도 큰 사건이다. 춘향가를 한 평생 소리한 사람들이나 춘향가를 듣기 좋아하는 사람들은 이정도의 뉴스에도 귀가 쫑긋하여지고 새로운 사실을 안다는 것에 흥분할 것이다.

 이도령의 실존인물인 성이성은 1595년에 나서 1664년에 죽었으니 우리 나이로 70세까지 살았다. 당시로는 장수한 편이다. 사실 실존 인물이란 사실만으로도 빅뉴스다. 그러나 더 큰 뉴스는 이 춘향가를 쓴 작가가 바로 성이성의 가정교사이며, 눈 덮인 광한루에서 밤늦도록 옛날이야기를 주고받았던 조경남(趙慶男) 장군이었다는 사실이다.

조경남 장군은 의병장군이며, 유학자이자 문인이기도 한 문무를 겸한 남원사람이었다. 난중잡록(亂中雜錄)과 속잡록(續雜錄)으로 임진왜란과 정유재란의 7년 전쟁사를 일일이 일기형식으로 기록하여 학계에서는 이순신 장군의 난중일기(亂中日記)에 못지않은 귀한 자료라고 평가하고 있다. 임진왜란의 한 전쟁만이 아닌 정유재란까지의 긴 기간을 세세히 하나하나 기록한 점은 오히려 그 이상의 가치가 있다고 보는 사람들도 많다.

사실 춘향전의 작가가 누구인지 모르는 상황에서는 필자는 항시 누가 과연 이 춘향전을 썼을까하고 궁금했었다.

한사람이 그렇게 많은 지식을 가지고 쓸 수는 없다. 한시(漢詩)를 비롯한 예술, 정치, 경제, 사회, 문화, 풍습, 주역, 음양오행 등 우리 역사의 엄청난 보고이기 때문이다.

당송시대(唐宋時代)의 한시(漢詩)만해도 엄청난 분량이다. 필자가 춘향가를 공부하면서 한 번 대충 세어보았더니 춘향가 하나에만도 19명의 시인들의 시가 27수 33구절이나 되었다.

그러니 춘향가가 문학적으로 빼어난 판소리가 아니라고 하겠는가? 아마 이 사실을 알고 또 소리를 듣다보면 한자권의 동남아뿐만 아니라 세계의 지식인들이 모두 감탄하리라 믿는다.

어디 그뿐인가? 춘향가에서 우리나라 전국의 지리를 어찌 그리 잘 아는가? 당시에 이몽룡이나 변사또가 한양에서 남원에 내려가면서 다다르는 강과 산, 다리하며 큰 바위 하나까지 세세히 다 알고 있는 것이 어찌 가능했을까?

틀림없이 몇 사람의 보부상들의 힘을 빌렸을 것이고, 당시에 조선의 사회상도 그렇게 알려면 적어도 서너 사람이 작품을 같이 쓰지 않았을까하고 필자도 그렇게 믿어왔다.

우선 한 가지만 보기로 하자. 이도령이 과거시험에 장원을 한 후 암행어사가 되어 남원을 내려가는 대목이다.

남대문 밖 썩 내달라 칠패, 팔패, 청패, 배다리, 애고개를 얼른 넘어 동작강 월강하여 과천에 중화하고, 사그내, 미륵댕이, 골사그내를 지나여, 상류천, 하류천, 대행교, 떡전거리, 오무장태를 지나여 칠원, 소사, 광전, 화란, 모롱, 공주, 금강을 월강하여, 높은 한질, 널태, 무내미, 뇌성, 풋개, 닥다리, 황해쟁이, 지애미 고개를 얼른 넘어 여산읍을 당도할 제

여기 위에서 언급한대로 칠패, 팔패는 지금 서울역 부근의 지명을 말하며 패(牌)는 요즘의 몇 통(統) 몇 반(班) 할 때의 통(統)에 해당하는 행정구역 단위이다.

청패는 지금의 청파동 일대를, 배다리는 한강물이 들어와 사람들이 배를 엮어 다리로 만들어 건너던 용산에서 이태원 사이에 있는 지역을 말하고 있다. 애고개는 한강을 건너기 직전인 이태원고개를 말한다. 거기서 동작강을 건너 노량진으로 하여 지금의 남태령고개를 넘어 과천에 도착하면 점심때가 된다. 거기서 점심을 먹고 다시 출발하여 사그내를 지나는데 사그내는 과천과 수원사이의 개천이며 미륵댕이도 과천 서쪽에 있는 미륵당(彌勒堂)을 뜻한다. 또 골사그내 길은 지금도 의왕에서 수원으로 넘어가는 경계의 큰 대로변에 있다. 필자는 지금도 가끔 그 곳을 지날 때마다 '골사그내길'이라고 길 표지판이 크게 잘 보이고 있음을 발견하고는 옛날 이 도령이 지나갔던 길이라고 반가워하곤 한다. 대행교는 대황교(大皇橋)를 뜻하며 수원과 병점 사이에 있는 다리를 말한다. 또 떡전거리는 옛날 떡을 팔았던 거리로 오늘 말로 병점(餠店)으로 남아있다. 오무장태는 수원 남쪽에 있는 오목장터를 말하고 칠원은 갈원을, 소사(素沙)는 소사평야에 있는 들녘을 말한다. 광전은 광정(廣程)을 말하며, 공주와 천안 사이에 있는 지명으로 확인된다. 기타 화란, 모롱, 널태, 뇌성(노성 魯城), 풋개, 닥다리(사다리 사교, 沙橋)는 모두 공주 근방에 있는 지명이다. 이들은 동국여지승람에 나오는 지명으로 브리타니카에서 학자들을 통하여 조사한 판소리 속의 사설과 실지 지명이 일치함을 확인 것이다. 또 황해쟁이는 논산 훈련소 근처에 있는 지명으로 지금도 그렇게 부르고 있다.

이것은 춘향가중 '과거창'에 이어서 자진자진모리로 시작하여 빨리빨리 불러대는 대목이다. 북을 치는 사람이나 소리하는 사람이나 소리를 듣는 사람 모두가 신이 나고 가슴이 확 뚫리듯 시원한 대목이기에 판소리 깨나 하는 사람들은 이 대목을 자주 부른다.

이보다 앞서 변사또가 한양을 출발하여 춘향이 있다는 남원을 향해 부임차로 내려가는 '신연맞이' 도 여기와 마찬가지 길을 간다.

남원에 그 유명한 춘향이가 있다는 소식을 듣고 밀양, 서흥의 부사 자리를 다 마다하고 힘들게 로비하여 남원부사로 내려가는 변사또의 설레는 가슴을 그대로 표현한 대목이다. 계속해서 이어지는 것은 변사또 일행의 복장 차림새하며 행렬의 모양과 사또의 호령에 따라 일사분란하게 움직이는 일행들의 잽싼 모습이 눈에 선하게 들어온다.

변사또가 이리 한참 며칠을 내려가다 충청 양도를 지나 전주에 있는 전라감영을 들어가서 다시 하루 묵은 뒤 이튿날 임실 숙소를 지나 오리정에 나가니 남원에서 나온 육방관속이 다 나와서 대기하고 있다.

남원 관청에서 마중 나온 의전일행의 모습도 대단하다. 수령을 맞는 예가 하나의 부족함이 없이 완벽하다.

여기서 일일이 다 설명할 수는 없지만 이렇게 의전행사가 섬세하고 사실적이며 화려한 무대로 이어지는 것을 보면 소설이나 판소리 짜임새 자체가 참으로 대단하다.

단지 지리적인 것만이 아니다. 당시 사회적인 관행과 풍습을 어찌 그리 해박하게 잘 알 수 있느냐는 것이다.

우선 이 판소리 대목을 그냥 이어서 나가다보면 휘모리 장단으로 이어지는데 마치 조선왕조의 의궤(儀軌)를 보는 것 같이 그 깃발을 든 기수들의 위치와 깃발의 색깔과 순서가 자세하고 선명하게 잘 그려져 있다.
　이런 환영인파의 모습에 더욱 놀라운 것은 수 십 개의(아니 거의 백여 개나 되는) 깃발을 든 기수들이 나란히 줄을 서서 걸어가는데 그 격식이 아주 화려하고 엄하며 당시 군사 조직에 의한 정식 도열 방식으로 요즘은 도저히 재현하기조차 어려울 정도로 그 수가 많고, 복잡하고, 화려하다.
　좀 더 세밀히 말한다면 변사또를 중심으로 하여 기수들이 종횡(縱橫)으로 해서 걸어가되 우선 횡으로는 세 줄 내지 네 줄로 나란히 걸어가되 제일 앞 양쪽에는 청도기(淸道旗) 한 쌍의 깃발이, 그 뒤로 양편에 홍문(紅門) 한 쌍, 다음 줄 가운데에 주작(朱雀) 깃발, 그 다음 줄 양편으로 방향을 나타내는 남동각, 남서각 깃발 두 명이 있다.
　다음 줄에는 홍초(紅招) 깃발이 서 있고, 그 다음 줄에 남문(南門) 한 쌍, 다음이 청룡(靑龍)깃발 하나, 다음 줄에 동남각, 서남각의 방향 깃발이 한 쌍으로 따른다. 남초(藍招)가, 또 그 뒷줄에 황문(黃門) 한 쌍이 따른다.
　이런 식으로 뒤로 계속해서 40~50줄이 각각 세 명, 또는 네 명씩, 또 때론 두 명씩 해서 전체인원 약 100여명이 깃발을 들고 변사또를 앞뒤에서 호위를 하고 가는데 혹시나 독자들이 어려워하고 지루해 할까봐서 이쯤으로 해서 설명을 줄인다.
　마지막으로 깃발 행렬 안내가 끝나갈 쯤에 고동은 뛰, 뛰! 나팔은 홍앵!, 홍앵! 하고 부는 대목을 나팔대신 입을 통하여 판소리로 불고 나서 "후배 사령!" 하고 부르면 "예이!" 하고 대답한다. 다시 사령이 "대포수!" 하고 부르면 멀리 있는 사령이 "예이!" 하고 대답하는데, 이 때 창자가 다시 "방포 일성하라!" 하고 명하면 고수가 쿵! 하고 맞추고 창자도 입으로 북소리와 함께 꿍! 하며 북과 동시에 끝을 크게 맺는다. 물론 창자 혼자 소리로써 부르고 대답하고 다 하는 것이지만 끝에 가서는 창자와 고수가 딱 맞아 떨어진다.
 이 딱 맞아 떨어지는 맛으로 소리하고 또 북도 친다. 이런 때 서로가 '예술의 오르가즘'을 맛본다고 필자는 표현한다. (나의 이론)
 이 때 창자와 고수뿐만이 아니라 관객도 흥이 나서 그야말로 모두가 모처럼 통쾌하고 시원한 맛을 보게 된다. 만약 창자가 남자이고 고수가 여자이던지 아니면 반대로 창자가 여자이고 고수가 남자이면 이것저것 물어 볼 필요 없이 둘이는 서로 마음과 가슴이 쉽게 통하게 되어있다.
 예술이란 이래서 좋은 것이다. 예술로서 서로 통하며 느끼는 이러한 희열은 속세에서 느끼는 어느 기쁨과도 비유가 될 수 없을 정도로 고상하고 값어치가 있는 것이다.
 이런 대목은 빠른 휘모리 장단으로 몰고나가고 북이 정신없이 따라 치면서 둘이 같이 어우러지면 변사또 덕분에 정말 소리 할 맛나고 북도 칠 맛이 나는 대목이 된다.
 의전행렬을 작가가 그토록 자세히 묘사하였으니 어찌 춘향가와 같은 소설을 혼자 쓸 수가 있었겠나 하고 평소 의심을 하였던 것이다. 그런데 작가가 조경남 장군이라면 능히 춘향전을 혼자 쓰고도 남을 분이라고 생각이 된다.
 그 유명한 '난중잡록'과 '속잡록'을 쓰신 분이니 춘향가를 충분히 쓸 수 있었을 것이라고 짐작이 간다.
 자, 이젠 몇 가지 의문은 풀렸다. 필자가 2001년의 수필집에서 이몽룡이 성이성(成以性)이란 것과 작가가 조경남 장군으로 밝혀졌으나 진짜 성이성과 춘향이가 후일 결혼을 하였는지가 궁금하다고 했다. 그리고 그 후 10여년이 흘렀다. 그간 필자가 다시 조사한 바를 여기 소개하기로 한다.
 결론부터 말하면 성이성(成以性)과 춘향은 이별한 후 다시 만나지를 못하고 서로 그리워하기만 했다.
 성이성은 17살에 아버지 따라 서울로 올라왔다. 아버지는 바로 한양으로는 가지 못하고 일차 경기도 광주 목사로 부임한다. 당시 경기도 광주(廣州)가 지금은 많이 서울로 편입되었지만 지금도 어느 직장이건 간에 지방에서 바로 서울에 못 오면 일차 수도권으로 들어온 후 다음 기회에 다시 서울로 입성하는 것이라고 보면 그것은 예나 지금이나 마찬가지인가 보다.

당시는 양반집의 자제가 기생하고 놀아났다는 스캔들을 백성들에게 알리는 소설, 만담, 연극, 창극 등으로 발표되지 못하도록 관에서 금지시켰던 것이다. 그 과정에서 성이성의 아버지도 위 조정에 불려가서 주의를 받았던지, 아니면 그 입을 막기 위해서 많은 노력이 필요했을 것으로 본다.

아마 당시 아버지 성안의(成安義)는 많은 고민을 했을 것이다. 양반의 가문에 기생스캔들을 만들었다고 한다면 창령성씨 문중에서 뭐라고 하겠는가? 아들 때문에 낯을 들지 못할 일이라고 생각했고, 또 그래서 고충이 심했을 것이다.

성이성의 아버지 성안의(成安義)는 31살 때 문과에 급제하여 47세 때 남원부사로 왔다가 5년 후에 경기도 광주(廣州) 목사로 갔다. 그 다음 해에 소송을 잘못 다루어 광주 목사직에서 물러났다가 12년 동안 별 활동이 없다가 인조반정 때 다시 벼슬에 올랐고 이괄의 난 때 큰 공을 세운다. 그러니 혹시 아들의 춘향사건 때문에 자숙하느라고 그런 공백이 있지나 않았을까하는 의구심도 남는다.

성이성의 부친 성안의의 호는 부용당(芙蓉堂)이고 '부용당일고'란 저서가 남아있다. 성이성은 17세 때 아버지의 고향(경북 봉화군 물야면 가평리 301)에 있는 집으로 내려간다. 아마 아버지가 광주 목사에서 물러난 후 같이 내려간 것 같다. 그리고 거기서 성이성은 열아홉 살에 이웃 닥실마을 아가씨와 결혼을 한다.

성도령은 아주 부잣집으로 장가를 가게 되니 신부네 집에서 혼수로 받은 유산으로 결혼한 해에 커다란 기와집 몇 채를 지었고, 그 집은 지금도 남아있어 오늘도 관광객을 맞이하고 있다.

성이성의 호가 계서(溪西)이니 이 집도 '계서당(溪西堂)'이라 하여 그대로 남아있고, 그 때 그곳에서 이도령, 아니 성도령과 같이 자랐던 소나무가 400년이 지난 지금도 비스듬하게 누운 채 푸르러 있어 옛날의 추억을 말해주고 있으니 누구나 한 번 가보고 싶은 곳이기도 하다.

성이성의 집 전화번호도 알아놓았다. 혹시 필자의 꿈 속에서라도 춘향이가 나타나 성도령에 대하여 물으면 집 전화번호라도 알려주려고 적어놓았다.

054-679-6114 이도령, 아니 성몽룡, 다시 말해 성이성네 집 전화번호다. 정확하게 말하면 봉화군청의 전화번호이다.

춘향에게 이 전화번호라도 알려주면 아마 그녀도 반가워할 것이고, 틀림없이 성도령도 필자를 꿈 곳에서나마 반갑게 받아줄 것이다. 특히 오랜 세월이 지났지만 저 세상에서라도 춘향이가 이도령에게 전화라도 걸어준다면 도련님이 얼마나 반가워할까? 성이성은 33살 때 과거 급제하여 인조임금으로부터 직접 어사화를 받아 머리에 쓴다.

판소리 춘향가 '과거창'에서 장원급제한 후 이 도령은 어사주도 받아 마시고 왕으로부터 어사화를 받아 머리에 쓰고 마패를 받아 든다. 그 때 그 기분의 어사모습을 자진모리장단으로 신나게 소리할 때는 마치 하늘을 나는 기분이 든다.

특히 과거시험 합격자 발표를 하면서 '이준상 자제 이몽룡! 이몽룡!' 하고 부르는 대목에서는 창자도 목이 터져라하고 힘껏 소리를 내어뿜는다. 실지 암행어사가 된 성이성의 아버지는 이준상이 아닌 성안의(成安義)였다.

인조 왕으로부터 성이성(成以性)이 받은 어사화는 지금도 창령성씨네 문중에서 보관하고 있다니 춘향가를 배우고 또 즐겨 부르고 있는 판소리꾼들은 꼭 한번 가서 확인하고 싶어진다.

이도령은 1647년 몇 번째 호남지방을 암행어사로 순회하다 순천에서 그 신분이 들통 났기에 53세때 다시 한양으로 올라가다가 마지막으로 남원에 들렸었다. 암행어사가 들키면 도중하차하고 한양으로 돌아가야만 하기 때문이다. 이 때 남원에 들렸을 때 나이 많은 기생 여진이 찾아왔기에 성이성은 춘향을 찾았으나 결국 찾지 못했다고 자신의 일기에 기록하고 있다. 그때 남원 기생들은 속으로 뭐라고 했을까? 남자들은 다 그런가 하고 틀림없이 한 마디씩 했을 것이다.

"버릴 때는 언제고 이제 와서 왜 다시 찾는다는 거시여?" 하고 입을 삐죽거렸을 것이다.

춘향 문제는 그렇다고 치더라도 여기서 성이성에 대한 또 한 가지 의문이 더 남아있다. 춘향가 중 소위 어사출도 장면에 이몽룡이 지었다고 하는 시(詩)는 과연 성이성이 지었을까?

춘향가의 작가는 이 점에 대하여 그의 '속잡록'에서 언급한다. 그 시의 원조는 명나라 사신 조도사(趙都事)라고. 영조 때의 이희겸(李喜謙)도 그의 저서 '청야만록'에서 성의성이 명나라 사신의 시를 본 따서 지었다고 했다. 조도사는 광해군 때 명나라에서 온 사신이며 장군이다. 그리고 그 사신의 시는 이러하다.

청향지주천인혈(淸香旨酒千人血), 세절진수만성고(細切珍羞萬姓膏)
촉루낙시인루락(燭淚落時人淚落), 가성고처원성고(歌聲高處怨聲高)

이것도 이도령의 시와 뜻은 비슷하다.

'향기가 가득한 좋은 술은 천인의 피요, 맛좋은 음식은 만 사람의 기름이라, 초에 물이 녹아내릴 때 백성들의 눈물이 떨어지고, 노랫소리 높은 곳에 원성이 높구나.'

이 시에다가 이몽룡은 후일 변사또 생일잔치 날에 몇 자를 고쳐서 아래와 같이 지어 올린다. 뜻이야 앞의 조도사 시나 같은 내용이다.

금준미주천인혈(金樽美酒千人血), 옥반가효만성고(玉盤佳肴萬姓膏)
촉루락시민루락(燭淚落時民淚落), 가성고처원성고(歌聲高處怨聲高)

 아무튼 성이성은 실지 암행어사로 다니면서 많은 현감이나 군수 등의 부패한 사례를 적발하고 그 중 여섯 명을 봉고 파직한 것으로 기록되어 있다.
 춘향전에서의 변사또 생일잔치 때 어사출도를 붙여 생일잔치가 난장법석이 되고 각 고을 군수 현감들이 정신없이 도망가는 장면은 그가 평소 경험한 일을 소설화한 것이다.
 이제 필자가 한 가지 짚어주고 싶은 것이 있다. 본문에 처음 언급한 "숙종대왕 즉위 초에 사또 자제 도련님 한 분이 계시되…"는 시기적으로 안 맞는다. 춘향가를 조경남 장군이 1640년에 쓴 작품으로 추정하게 되니 그때 성이성의 실지 나이는 46세이다.
 그러므로 이도령이 춘향과 사랑을 하던 16세는 춘향가 초입에서 말한 '숙종대왕 즉위 초'가 아니라 '광해군 즉위 초(3년)'가 옳다는 이야기다. (나의 이론) 다시 말해 숙종대왕이 즉위한 것은 1674년으로 성이성이 70세로 죽고 나서도 만 10년 후의 일이다. 그래서 엄밀하게 따진다면 '숙종대왕'이 아니라 '광해군 즉위 초'라고 해야 옳다는 이야기다.
 이러한 사실은 성섭(成涉)의 '필원산어(筆苑散語)'에도 나온다. 다시 말해 이도령이 변사또 생일잔치에 읊은 시 "금준미주는 천인혈이요." 하는 그 시는 광해군 때 남원부사의 아들 성이성이 지었다고 적혀 있다.
 그러나 여기서는 어디까지나 소설로 보니 판소리에서 굳이 고치거나 문제 삼을 일은 아니라고 본다. 다만 판소리하는 사람들은 알고는 있어야겠기에 참고로 '나의 이론'으로 소개한 것이다. 아마 춘향전을 쓰고 나서 한참 후에 누가 춘향가 초두에 '숙종대왕 즉위 초에'라고 아니리를 덧붙였을 것이라고 추측이 된다.

춘향가 속의 기생들도 실존 인물이다

 춘향가의 주인공인 이도령과 작가가 실존 인물로 밝혀졌는데 이제는 그 속에 나오는 기생들도 하나하나 알아보아야 한다.
 춘향이는 변사또가 수청 들라는 명을 거절하여 30대의 매를 맞고 기절한다. 춘향 어머니가 다 죽어가는 기색을 하고 달려 들어오면서 빠른 중중모리 장단으로 외쳐댄다. 누가 우리 딸을 이렇게 만들었느냐? 제 낭군 수절한 것도 무슨 죄가 되느냐? 하면서 차라리 자신도 죽여 달라고 외친다.
 월매가 한 바탕 떠들고 나니 이제는 여러 기생들이 들고 일어난다. 필자는 이것을 우리나라에서 직업별 산업노조로서는 처음으로 함께 데모하는 양상이었다고 말하고 싶다. (나의 이론)
 승군(僧軍)이나 농민들이 단체로 외침에 항거하는 일은 더러 있었으나 서비스업에 종사하는 기생들이 합심하여 단체로 불의에 항의하는 데모로 본다면 아마 최초가 아닐까한다.

기생들이 여기저기서 춘향을 부르며 모여든다. "아이고 형님!"하고 부르는 기생, "아이고 동생!"하고 부르는 기생, "아이고 서울 집!"하고 택호(宅號)를 부르면서 달려든다. 또 한 쪽에서는 "어서 가서 청심환 갈아라"하고 서두르는 기생도 있었다. 그때도 청심환이 있었나보다.
  판소리가 이처럼 사회적, 풍속적인 사항들을 간접으로 입증할 수 있다는 좋은 예가 되는 대목이다.
  이리 한참 정신없이 난리가 났을 때 어떤 기생 하나가 경사 났다고 좋아하며 마구잡이 춤을 추며 들어온다. 기생들이 어이가 없어 모두 욕을 한다.

"아이구 저년 미쳤구나. 에끼 천하 미친년아!"

하고 침을 뱉으며 욕을 한다. 너와 춘향과 무슨 원수가 졌기에 춘향이가 저렇게 매를 맞고 죽어있는데 춤을 추고 나오느냐고 모두들 야단들이다. 이 때 그 기생이 한 마디 한다. 물론 중중모리 장단의 소리로써 답한다.

"너 말도 옳다마는 나의 말을 들어봐라. 진주에 의암부인 나고, 평양에 월선부인 나고, 안동기생의 일지홍, 산열여문을 세워있고, 성천기생은 아해로되 칠거학문 들어있고, 청주 기생의 화월이는 삼층각에 올랐는데 우리 남원 교방청의 현판감이 생겼으니 어찌 아니나 좋을 손가? 얼씨구 절씨구 절씨구. 노모 신세는 불쌍하나 죽을 테면 꼭 죽어라."

  이 기생은 똑똑하다. 아는 것이 많고 앞서가는 기생이다. 기생들이 데모할 때 항상 앞장서서 주도할 사람이다.
  그녀의 말이 옳은 것은 춘향이가 어차피 매를 맞고 고생을 할 바에야 차라리 죽어서 후세에 길이 남을 기생이라도 되어달라는 뜻에서였다. 관에 대한 확실한 항의였다.

여기서 그녀의 입으로 나온 기생들은 모두 실존 인물이다. 진주의 의암(義巖)부인은 물론 논개(朱論介)를 말하고, 평양의 월선부인은 평양기생 계월향(桂月香)을 말한다. 논개는 사실 기생이 아니었음은 뒤에서 다시 이야기하기로 한다.

계월향은 임진란 때 김응서(김경서라고도 함)장군의 애첩으로 왜장 마쓰우라에게 독을 탄 술을 먹여 죽였다가 다시 김응서 장군이 왜장의 목을 베었지만, 월선부인은 이미 자신의 몸이 왜장에게 더렵혀졌음을 부끄럽게 여겨 스스로 목숨을 끊었다는 기생이다.

또 안동기생 일지홍(一枝紅)은 기생생활을 하면서 만난 남편인 김씨가 중병으로 사경을 헤매고 있을 때 사람의 살이 몸에 좋다는 말을 듣고 자신의 살을 베어 고기라고 속여서 남편에게 먹여 낫게 하였다는 기생이다. 그래서 그 기생을 기리기 위해 사람들은 열녀문을 세워주었다고 한다.

또 청주기생 화월(花月)이는 삼층각(三層閣)에 올라있다고 했다. 화월이는 임금이 난리 중에 임시 궁을 옮겨 행궁에 거처하고 있을 때 자객이 들어와 임금을 해칠 것이라는 첩보를 듣고 미리 숨어 있다가 자객을 칼로 찌르고 자신도 자객의 칼에 찔려 죽었다는 이야기. 후일 이를 안 임금이 삼층각(三層閣)을 짓고 그녀의 충절을 기렸다고 한다.

이제 남은 어린 기생은 성천(成川)기생이다. 그러나 판소리학계에서 아직 성천기생에 대한 인적 정보가 그간 없었다. 책들마다 성천을 평안도 '선천(宣川)'으로 잘못 해석하고 있다. 인물에 대해서도 미상(未詳)이라고 표기했다. 그러나 최근 필자가 그 성천기생에 대한 자세하고 정확한 정보를 알아낸바 그를 여기 소개하기로 한다.(나의 발견)

그 판소리 속에 나오는 지명은 평안남도 성천(成川)이고, 평안북도 철산 옆에 붙어있는 선천(宣川)은 아니다. 성천은 평양 근교에 있으며 비단으로 유명한 곳으로 춘향가에서 신연맞이의 몸치장에 명품인 "성천 통우주 접

저고리"를 입었다고 화려하게 묘사하고 있다. 여기서의 성천기생은 다름 아닌 운초(雲楚) 김부용(金芙蓉)이라는 것을 필자가 최근 찾아낸 것이다. 호는 운초요, 이름은 김부용이다. 운초는 평양감사로 있다가 후일 1815년 예조판서에 오른 이후 이조, 병조, 호조, 판서를 두루 지낸 김이양(金履陽)의 소실이다.

참으로 재미있는 사실로서 춘향가 속의 주인공 성이성(이도령)의 아버지 성안의(成安義)의 호가 부용당(芙蓉堂)이요, 춘향가 속의 기생 운초의 이름이 바로 김부용(金芙蓉)이다. 참고로 덧붙인다면 선천(宣川)은 평안도 철산 옆에 있는 고을로 김삿갓 김병연의 할아버지 김익순(金益淳)이 부사로 있었던 고을이다.

김익순은 홍경래란 때 반란군에 투항하여 그 벌로 처형을 당하였고, 그 손자 김병연은 그것을 모른 채 과거에 응시하여 자신의 할아버지 김익순의 죄를 실란하게 비판하여 장원이 되었다. 바로 뒤 그는 어머니로부터 김익순이 자신의 할아버지라는 말을 듣고는 부끄러움에 하늘을 볼 수 없다 하여 갓을 푹 눌러쓰고 다니는 삿갓시인이 된 것이다.

또 선천은 춘향전 기원설화 중 또 하나의 발상지이다. 다시 말해 남원의 노정(盧禎)이 어린 시절 당숙이 부사로 있었던 선천에 놀러갔다가 퇴기의 딸과 인연을 맺고 헤어진 후 어사가 되어 다시 만나게 된다는 바로 그 선천(宣川)이다.

이와 같이 성천(成川)과 선천(宣川)은 판소리와 관련이 있어 판소리에 자주 나오는 지명이니 두 지명을 서로 혼동하지 말았으면 한다.

운초(雲楚) 김부용(金芙蓉)이야말로 우리나라 조선시대 3대 시기(詩妓) 중의 한 사람이다. 개성의 황진이(黃眞伊), 부안의 매창(梅窓)과 함께 3대 여류 시인에 꼽힌다.

운초 김부용은 평안도 성천(成川)에서 태어나 자랐으나 열 살 때 아버지를 여의고 다음 해에 어머니마저 돌아가셔 숙부 밑에서 공부를 하게 된다.

그녀는 어릴적부터 시문에 능통하여 후일에 360여편의 시를 지어 '부용집'이라는 시집을 냈던 훌륭한 기생이었다. 아니 우리 문학사에 길이 남을 훌륭한 여류 시인이며 거문고를 잘 탄 음악가이기도 하였다.

운초는 당시 평양감사로 있던 김이양의 소실이 되어 기생을 그만두고 시문학에만 몰두한다. 김이양(金履陽)과는 58세의 나이 차이가 난 것으로 알려졌지만 서로의 정은 무척이나 깊어 그러한 시문학을 남기게 된 것이다.

지금도 충남 천안의 광덕사 절 근처 남편 묘 바로 바로 아래 가까이에 운초의 묘가 모셔져 있으며, 천안지방에서는 그녀를 존경하는 여류시인들이 매년 추모행사를 하고 있다고 한다.

그녀의 애인 김이양에 대한 사모함을 정으로 노래한 '부용상사곡(芙蓉相思曲)'은 유명한 보탑시(報塔詩)로 다음 장에서 별도 소개하기로 한다. 판소리는 시와, 음악과, 서예와, 그림을 아우르는 종합예술이기 때문이다.

사실 위의 운초를 비롯하여 춘향가에 나온 또 다른 기생들 모두는 요즘 우리가 말한 그런 기생은 아니었다. 운초뿐만이 아니라 진주의 의암부인(義巖婦人)이라고 말한 논개(論介)도 왜 그녀가 기생이란 말인가? 그녀는 기생 생활을 해본 일이 없는 충신 최경회(崔慶會) 의병대장의 엄연한 후처이다. 춘향이도 마찬가지다. 어머니가 노기(老妓)로서 과거에 기생이었을 뿐 딸 춘향은 기생이 아니다. 기적(妓籍)에도 안 올라 있다.

춘향가에서도 춘향이는 도련님 심부름으로 온 방자를 크게 나무란다. 기생의 적(籍)에도 안 올라 있는 자신을 왜 외간 남자가 오라 가라 하느냐고 방자를 나무란다.

아무튼 이처럼 판소리 속의 여인들은 기생이건 아니건 간에 모두 실존인물들이다. 다만 다른 인물들은 춘향전 소설을 쓸 때 있었지만 성천기생 운초는 1,800년 초 출생이니 판소리가 만들어지고 나서 한참 후에 누가

추가로 붙인 것 같다. (나의 이론)

여기서 소리하는 사람으로 한 가지 욕심이 생긴다. 앞서 이야기한 〈운초와 김이양〉의 사랑과 예술을, 또 '논개와 최경회 장군'의 사랑과 충성을 판소리로 만들고, 창극도 만들고, 뮤지컬로도 만들면 훌륭한 문화콘텐츠도 되고 국민들에게 알리는 홍보효과도 있을 것 같다.

이상에서 소개한 것처럼 춘향가는 단순히 소설 속의 이야기를 판소리로 만든 것이 아니고 우리 생활 속에 살아있던 사람과 사건들을 노래로 만들어 불렀기에 더욱 우리의 피부에 와서 닿는 것이다.

기왕 기생이란 말이 나왔으니 말인데 여기서는 이만 줄이고 다음에서 차분히 여러 기생들에 대하여 좀 더 자세히 알아보기로 약속한다.

심청가의 심청도 실존 인물이다

지금까지 우리가 배운 판소리 심청가를 보면 제일 처음 초두에 아니리가 나온다.
어느 제(制)의 심청가에는

"송(宋)나라 원풍(元豊) 말년에 황주 도화동 사는 봉사 한사람이 있었는디…"

하고 시작된다. 또 다른 제는

"송나라 입국지초에 황주 도화동 사는…" 하고 나간다.

처음에 말한 송나라 원풍말년이라면 지금부터 약 900여 년 전의 일이고, 송태조의 입국지초라면 송태조 조광윤(趙匡胤)이 960년에 왕위에 올라 975년에 죽었으니 지금부터는 약 1,050년 전의 일이다.

　춘향가의 이도령뿐만 아니라 심청가에서 심청이도 실존 인물이란 것이 밝혀졌다. 지금부터 1,700년 전 백제시대에 살았던 실존 인물인 심청이와 그의 아버지에 대한 이야기라는 것이다. 서기 286년 태생 원홍장(심청)은 301년에 16세의 나이로 팔려간다. 심청의 본명은 원홍장(元洪莊)이고, 심청 아버지 심학규는 본명이 원량(元良)이었다.

　곡성은 1,700년 전 백제 때 철의 주산지였다. 조선의 영조 5년 순천 송광사에서 찍어낸 '관음사적기'란 창건 설화에 나오는 이야기는 이러하다.

　송광사에 소장된 목판 '관음사적기'에 의하면 충청도 대흥(홍성:지금 예산군(禮山郡) 고을에 살던 장님 원량이 아내를 잃고 원홍장이라는 딸과 함께 살았다. 어느 날 공덕하면 눈을 뜬다는 홍법사(현재 경기도 화성) 스님의 말에 따라 외동딸을 절에 시주하였다. 홍장이 스님을 따라 소랑포에서 쉬고 있을 때 중국 진(晉)나라 황제 혜제(惠帝)의 사신을 만났다. 황제는 꿈에서 현몽하는 대로 동쪽에 신하를 보냈고 금은보화를 주고 소랑포에서 원홍장(심청)을 중국으로 데리고 갔다. 이 때는 진(晉)나라 혜제황후(惠帝皇后)가 서기 267년에 죽고 나서 34년 후의 일이다.

　홍장은 새 황후가 되었으나 부친을 잊지 못해 관음불상(觀音佛像)을 만들어 고향으로 보냈다. 이 때 불상을 실은 배가 심청고을로 가다가 폭풍을 만나 남으로 남으로 흘러가 지금의 전라남도 낙안포(벌교)에 닿았다.

　당시 곡성의 옥과현에 살던 성덕처녀가 이 불상을 모셔와 성덕산에 안치하고 312년에 관음사(觀音寺)를 창건하였다. 관음사는 지금도 곡성에 그대로 남아있다. 곡성은 1,700년 전 백제시대 철의 주산지였다. 아마 철을 사러 온 상인들이 불상을 실고 오다가 풍랑을 만났을 것이다.

　그 후 원량(심봉사)은 부처에 대한 시주 공덕으로 눈을 뜨게 되었다. 성덕처녀가 관음불상을 옮기면서 12정자를 거쳤다는 기록이 관음사 사적기에 있다. 낙안포(지금의 벌교읍)에서 시작해 곡성 겸면의 현정, 삼정리와 하늘재를 지났다고 적혀있는데 그 이름은 지금의 지명 그대로란다.

일본서기에도 '백제왕이 일본 왕에 하사한 칠지도가 곡나(곡성) 섬진강에서 나온 것이다'라는 기록과 대동여지도에 '꼴배가 섬진강을 통해 남원까지 다녔다'는 기록들은 이 사실을 뒷받침해주고 있다.

고려 말 왜구가 남원, 운봉에 처들어와 황산대첩(荒山大捷)을 벌릴 때도 왜구는 하동에서 섬진강을 따라 배를 타고 남원으로 올라왔던 것이다.

왜구뿐만 아니라 그 이전 남경장사 선인들도 이 섬진강을 따라 곡성에 와서 철을 사가지고 갔던 것이다. 중국에서 올 때는 중국에서 남해로 와서 하동에서 섬진강 따라서 내륙으로 올라왔을 것이고 갈 때는 남해에서 바로 중국의 남쪽 끝으로 가지 못하고 순풍을 이용하여 뱃길 따라 순항해야 하기에 배가 서해안을 타고 전북 부안 앞에 있는 위도앞 바다까지 올라왔다가 다시 바람타고 중국으로 내려간 것이 정기항로이다. 적어도 필자가 그간 조사하고 관찰한 바는 그러하다.

신안 앞바다와 태안 앞바다의 해저 유물들도 다 이러한 바닷길을 이용하였다는 증거로 남는다. 전남 강진(고려 때는 탐진이라고 했다)에서 고려청자를 싣고 개경을 가던 배는 꼭 이 길을 택했었다.

또 약 20 몇 년 전 위도에서 400명 이상의 낚시꾼들이 큰 파도에 배가 전복하는 바람에 모두 바다에 빠져 죽었다. 사실은 거기가 얼마나 풍랑이 심한 곳이란 것을 말해준다. 필자는 그곳을 소위 심청이가 빠져죽었다는 '인당수'라고 말하고 싶다. 예로부터 위도에는 풍랑이 몹시도 심하여 배가 지날 때는 언제나 바다 용왕에게 제를 지내고 지나갔다. 한때는 생사람을 사서 제물로 바쳤는데 후일 이것을 나라에서 법으로 금지시켜 대신 나무를 사람 모양으로 깎아 제를 지내고 바다에 버렸는데 이 나무인형들이 위도 섬으로 떠내려와 많이 쌓여 있었다는 기사를 신문에서 본적이 있다.

또 중국 심청이가 살았다는 마을은 지금도 심청부락이라는 말과 또 당시 심청이가 살았다는 여러 증빙들을 찾을 수 있다는 다큐멘터리도 본 적이 있다.

　아무튼 심청이는 실존 인물을 소설화 하였던 것을 후일 다시 판소리로 만들어 우리에게 성큼 다가온 것이다. 심청가의 계면조의 슬픈 대목을 들으면 아무리 강심장인 사람도 눈물을 감추지 못하는 것을 보면 아마도 우리민족은 마음이 여린 것이 사실인가보다.

　심봉사는 젊었을 때는 눈이 안 멀었다. 판소리 가사에 따라 이십 전 안맹(眼盲)이라고도 하고, 삼십 전 안맹(眼盲)이란 말이 있지만 아무튼 심봉사는 젊어서 공부를 많이 하여 아내인 곽씨 부인이 죽어 땅에 묻고 나서 지내는 평토제(平土祭)에는 심봉사 자신이 직접 축문을 지어 읽는데 아주 눈물이 나는 명문이다.

　"차호부인(嗟乎夫人), 차호부인"하며 시작한다. 아 슬프도다. 부인이여! 하며 읽어나가기 시작한 축문을 읽고 나서 심봉사는 무덤을 안고 통곡을 한다.

　마누라는 나를 두고 그리 훌쩍 떠나가서 밤이면 두견이 우는 숲 속 이 곳에서 보내겠지만 나는 저 어린 것을 데리고 어찌 살라는 말이냐고 슬프게 울어댄다. 보다 못한 동네 사람들이 말린다. 죽은 사람은 그만두고 이제 산 사람이라도 살아야하니 어서 그만 집으로 돌아가자고 부추긴다.

　심봉사가 다시 집으로 돌아오니 어린 아이는 배가고파 응아응아 울어댄다. 심봉사 기가 막혀 "아가, 아가, 울지 마라. 너의 모친은 저기 갔다. 숙낭자(淑娘子)를 보러갔다. 가는 날은 알지마는 오는 날은 모르겠다"고 한다. 네 어미가 언제 올지 모르니 울지 말라고 달랜다.

　지금 젊은 사람들이나 서양 사람들이 들으면 무슨 소린가 하고 의아하게 생각할 것이다. 사실 심봉사는 참으로 어질고 착한 분이다. 그리고 그 시대에도 아들딸을 가리지 않고 정성껏 잘 기른 아버지였다.

　마누라가 심청을 낳고 남편에게 미안해하며 말한다. 딸을 낳았으니 어쩔거나하고 걱정을 한다. 심봉사는 어디 그런 소리 말라고 아내를 다독거린다. 딸아이도 잘만 기르면 열 아들이 부럽지 않다고 아내를 타이른다. 고마운 일이다. 당시에, 아니 지금이라도 아들이 아니고 딸이라면, 특히 심봉사 입장이라면 더욱 서운했을 텐데 심봉사는 전혀 그런 내색을 하지 않았다. 또 본인 스스로도 실지 서운하게 생각해 본 일이 없다.

어디 그뿐인가? 아내가 죽어 상여가 나갈 때 심봉사는 그렇게 슬피 울면서 상여를 붙잡고 따라가면서 "나하고 가세! 나하고 가세!" 하며 목 놓아 울었으니 어찌 보면 당시로서는 좀 모자란 사람이라고 핀잔을 받을 만도 하였다.

흥보가에서도 흥보가 놀보 형님께 말한다. 형제는 부모의 한 핏줄이니 중하고, 마누라는 의복과 같은 것이니 대단한 것이 아니어서 의복을 갈아입듯이 마누라는 경우에 따라 다시 새로 얻어도 된다는 식으로 말한다.

그러한 우리 유교문화권에서 살아 온 우리들이고 보면 여기 심봉사의 행위는 여성인권단체에서 표창장과 함께 심봉사(심학규)를 남녀평등의 선구자표상으로 모실만도 하다고 본다. (나의 제안)

이렇게 많은 것을 우리에게 제시해주는 심청가도 지리산 줄기 곡성에서 발생한 이야기이고 보면 지리산은 정말 우리 고전문화를 잉태해준 산실의 보고라 하겠다. 그래서 필자가 판소리 문학의 보고인 지리산을 세계문화유산으로 지정하자고 남원시민신문에 기고한 적이 있다. (나의 제안)

지리산은 춘향가, 흥보가, 심청가, 또 변강쇠전 등 고전문학의 산실이요, 그 판소리를 잉태하여 발전시킨 어머니 산실이기 때문이다.

흥보 놀보도 운봉 사람이다

　우리가 흥보와 놀보를 부를 때 주로 동생은 '흥보'라고 하고, 형은 '놀부'라고 부른다. 또 이와 반대로 '흥부'라고도 하고 '놀보'라고도 부른다. 국어사전에는 '놀부'라고 되어있기도 하다. 판소리에서는 서로 각기 형편대로 부르는 경향이 있는데 놀부의 심술을 극대화하기 위해서는 아무래도 '놀보' 보다는 '놀부'가 더 어울릴 것 같다. 하지만 여기서 이리저리 부르다 보면 혼란이 올 것 같기에 놀보와 흥보로 통일하여 부르기로 한다.
　판소리 흥보가 아니리는 이렇게 시작한다.

'…전라도는 운봉(雲峰)이요, 경상도는 함양(咸陽이)라, 운봉, 함양 두 얼품에 박씨 형제가 사는데 형은 놀보요, 아우는 흥보였다. 사람 사람이 오장이 육부인데 놀보 놈은 오장이 칠부였다. 그 어찌 오장이 칠부냐 하면 심술보 하나가 더 붙어…'

여기서 운봉과 함양이 서로 전라, 경상 경계라고 했는데 실지 지금도 그러하다. 흥보, 놀보가 살았던 고을엔 지금도 그때의 이름들이 고스란히 남아있다. 배고픈 논배미 하며, 밭이며, 우물이며, 길가의 바위며, 길들의 이름이 바로 엊그제 일같이 흥보네의 삶을 그대로 말해주고 있다.

전라, 경상의 경계되는 곳의 운봉에 살았던 두 형제는 오늘날 많은 사람들의 입에 오르내린다. 지금 세상에서는 흥보같이 무능하고 수동적이면 못 산다고도 한다. 또 놀보가 얼마나 생산적이며 공격적인 마케팅을 하느냐고. 흥보가 제비 다리를 고쳐주어 큰 부자가 되었다고 하니 놀보도 그렇게 하고 싶었다. 그러나 좀처럼 제비가 자기 집 앞에 와서 놀다가 다리가 부러지는 기회를 만들어주지 않으니 놀보는 적극적이며 능동적인 방법을 쓴다.

제비가 오기만을 기다릴 것이 아니라, 그것도 다리가 부러져 오기를 기다린다는 것은 어느 세월에서나 올지 모르니 아예 자신이 제비 다리를 직접 부러뜨려 다시 고쳐놓겠다는 태도였다. 그리고 그렇게 했다.

처음으로 흥보네 집에 강남에 갔던 제비가 박씨를 물고 날아 들어오는 장면은 '제비노정기'라고 하여 참으로 시원하고 들을 만한 대목이다.

본래 판소리가 나올 때 이 '제비노정기'가 만들어진 것이 아니고 후일 신재효가 작사한 것을 필자의 스승이신 정광수 선생의 바로 위의 스승인 김창환 선생께서 작곡하여 즐겨 불렀다고 정선생님께 전해 들었다.

제비가 두둥실 높이 떠 저 강남에서 중국 대륙을 한 바퀴 돌아 북으로 올라가면서 명승지를 다 구경한다. 동정호, 회안봉, 황릉묘, 봉황대, 황학루, 이수, 계명산, 남병산, 갈석산, 장안을 다 구경하고 요동 칠 백리를 순식간에 구경하고 압록강을 건너 조선 땅 의주에 당도한다.

조선 땅에서 다시 영고탑, 통군정을 올라 앉아 앞남산, 밖남산, 청천강, 용천강, 좌우령을 넘어 부산(扶山), 파말, 환마고개, 강동다리 건너 드디어 평양에 이른다.

평양에서 연광정, 부벽루를 다 구경하고 대동강 장림을 지나 송도를 들어가 만월대, 관덕정, 박연폭포를 구경하고 임진강을 얼른 건너 삼각산에 올라 한양 지세를 살핀다.

한양을 보면 도봉 만월대를 뒤로하고 남산이 앞에 있으며, 그 너머 한강이 유유히 흐르고, 한양 궁터를 가운데로 하여 좌청룡 우백호 뒤로는 삼각산이 버티고 있으니 만만세지 금탕이라. 삼각산은 일제 강점기 때부터 북한산으로 부르기도 하는데 본래는 삼각산이었다.

한양은 예로부터 인물이 많이 나고 풍속이 좋아 오래 오래 명당임을 노래한다. 제비는 제법 멋을 아는 제비이며 식견이 아주 많은 제비인가보다.

흥보제비가 하늘 높이 두둥실 날아 두루 사면을 살피면서 명승지는 다 구경하고 내려오는 대목을 빠른 중중모리 장단으로 소리할 때면 신이 나거니와 흥도 절로 나서 스트레스가 확 풀리고 기분도 상쾌해진다.

우울증 환자나 협심증 환자 같은 사람들을 소리로서 정신 치유를 할 때 이러한 곡을 자주 들려주거나 가르쳐서 직접 소리로 하게 하면 좋은 치유법이 된다.

이렇게 신나게 날아오른 제비는 조선의 중부지방을 다 구경하고 마침내 경상도의 함양과 전라도의 운봉 사이에 있는 흥보집으로 방향을 튼다. 그래서 흥보네 집은 운봉이다. 제비가 흥보 집 앞에 와서 울어댄다. 아니 자기네 말로 노래한다. 이 소리를 아무도 못 알아듣지만 필자는 알아듣는다. 왜? 그 때 제비가 박씨를 물고 왔을 때 제비 소리를 들어서 그 뜻을 이미 알고 살았던 운봉사람의 후손이니까.

"지지(知之) 지지 주지(主之) 주지(主之) 거지(去之) 연지(燕之) 우지배(又之拜)요, 낙지(落之) 각지(脚之) 절지(折之) 연지(連之) 은지(恩之) 덕지(德之) 수지차(酬之次)로 함지(啣之) 표지(瓢之) 내지배(來之拜)요. 빼드드드드득."

하고 지저귄다.

판소리 하는 사람이 아니면 도대체 이 소리가 무슨 소리인지를 모른다. 보통 외국어도 아니고, 제비가 우는 소리이니 더욱 어렵다. 세계 어느 조류학자도 알아듣지 못한다. 판소리 하는 사람은 이 소리를 통역하는 것이 가능하다.

흥보가 이 소리를 빨리 알아들어야 무슨 대처를 할 게 아닌가? 제비가 귀한 선물을 가지고 왔으니 빨리 돗자리를 깔아달라는 것인지, 아니면 박씨가 마르기 전에 빨리 흙을 파고 땅에 묻어야한다는 것인지 모르면 답답할 일이다. 그래서 통역이 필요한 것이다. 제비의 울음을 통역하면 이렇다.

"저를 알아보겠지요? 주인 양반은 알 것입니다. 멀리 갔던 제가 해가 지나서 다시 인사드리러 또 왔습니다. 지난 해 제가 땅에 떨어져 다리가 부러졌을 때 다리를 이어주시고 저를 치료해주셔서 제비들이 은혜와 덕을 갚고자 입에 박씨를 물고 이렇게 다시 와서 인사를 드립니다. 지지지지지지 빠드드드드득."

처음 부분 "거지 연지 우지배요"는 마치 각설이타령에서 "작년에 왔던 각설이 죽지도 않고 또 왔네. 품바 품바 품바" 하는 것과도 흡사한 가사이다.

아무튼 제비가 하는 말을 대강은 알아들었던지 흥보는 반가워하며 바로 그 박씨를 앞마당에 심었던 것이다.

운봉은 필자네 고향이라고 했다. 그러니 이 대목을 소리하다보면 얼마나 더 흥이 나고 즐겁겠는가? 제비가 보은의 박씨를 물고서 자신의 고향으로 찾아오겠다고 '제비노정기'를 소리하니 얼마나 기분이 좋겠느냐는 말이다. 이왕 소리를 할 것 같으면 필자처럼 이렇게 반가운 손님이 찾아오는 곳에 고향을 두고 노래를 해야 하지 않겠는가? 라는 말이다. 평소에 자신의 고향을 노래하며 산다는 것은 어느 무엇보다도 행복한 일이다.

아무튼 춘향가에서도 운봉영장(현감)은 변사또 생일잔치에 초대받는 사람들 중에서 가장 눈치가 밝고 앞을 미리 내다보고 처세를 잘하여 암행어사 이몽룡에게도 호의를 베풀어 판소리가 끝날 때는 운봉은 승진을 하게 되고 칭송을 받는다. 그런 점은 춘향전 작가 조경남 장군께 참으로 감사해야 할 일이다.

흥보가에 또 이런 아니리가 나온다. 흥보가 매품이나 팔아보려고 운봉읍에 내려가면서 아내에게 갓을 물어본다.

"여보, 내 갓 좀 주소."
"갓은 어디다 두었소?"
"굴뚝에다 두었제."
"아니 갓을 왜 굴뚝에다 두었단 말이요?"
"거 다른 것이 아니라 신묘 년 조대비 국상 때 얻어 쓴 백립이 아직 쓸 만하기에 끄름에 끄슬려 쓰려고 굴뚝에다가 두었소."

흥보가 갓을 염색할 돈은 없고 해서 저절로 검어지라고 굴뚝에다가 둔 모양이다. 흥보는 또 계속한다.

"여보 내 도포 좀 내다주오."
"도포는 어디다 두었소?"
"장 안에 두었지."
"여보 우리가 장이 어디 있다고 그러시오."
"아니 닭장은 장이 아니오?"

이렇게 걸죽하게 해학을 늘어놓은 것이 흥보이다. 곧 굶어죽더라도 양반 기질은 살아있다는 얘기다. 그런데 여기서 흥보가 흰 갓을 얻었다고 한때가 '신묘(辛卯)년 조대비(趙大妃) 국상 때'라고 했다.

조선 역사상 조대비(趙大妃)라 하면 인조의 계비인 장렬왕후(莊烈王后)와 익종의 비이며 헌종의 어머니인 신정왕후(神貞王后) 두 사람을 꼽을 수가 있다. 그런데 인조의 계비인 장렬왕후는 1624~1688년 사이 살았던 사람으로 330여 년 전에 돌아가셨는데 그해는 신묘년이 아니었다. 그 다음 신묘 년에 돌아가신 신정왕후는 1808에 태어나 고종 29년인 1891년에 돌아가셨는데 지난 2011년이 신묘년이고 보면 벌써 120년이 넘었다. 그렇다면 흥보전 소설과 판소리가 생긴지가 130년 정도밖에 안 되었단 말인가?

송만재의 관우희 책이 발간된 해를 1843년으로 추정한다면 그 때가 지금부터 170여 년 전의 일이요, 그 당시 이미 박타령(흥보가)가 널리 불리어지고 있었다는 사실을 인식하고 역대 명창들이 즐겨 불러왔는데 겨우 130년 전의 일이라고 한다면 서로 앞뒤가 맞지 않는다.

그러므로 여기서 흥보가 말한 소위 '신묘년 조대비 국상 때 얻은 갓' 이라고 한 말은 누가 후일에 첨가 했다고 볼 수밖에 없다. (나의 추정)

쉽게 이야기해서 흥보가를 잘 불렀다고 하는 권삼득은 1771-1841 사이의 명창으로 그의 흥보가 중 놀부가 제비 후리는 대목의 덜렁제는 지금도 유명한 것을 보면 흥보가는 권삼득이 곡을 창작했다는 말이 전혀 근거 없는 말은 아닌 것 같다. 춘향가 중에서도 "군로사령이 나간다. 사령군로가 나간다." 하는 사령들이 춘향이 부르러가는 대목과 수궁가 중에서 "신의 고향 세상이요, 신의 고향은 세상이라." 하고 방게란 놈이 용왕 앞에서 시원스럽고 호기 있게 뽑아내는 덜렁제 대목은 권삼득의 특별한 창법으로 분류된다.

정말 그런 멋진 대목이 없었다면 소리는 아마도 팍팍했을 것이요, 오늘날까지 판소리가 남아있었을까 하는 생각도 든다.

흥보가 박씨면 어떻고, 연씨나 장씨면 또 어떠한가?

 2017년 6월에 흥미 있는 기사 하나가 신문에 실렸다. 흥보가 연씨가 아닌 장(張)씨이며, 고향이 전라도 운봉(雲峰)이 아닌 평양이라고 했다. 내용을 자세히 읽어보니 흥보전에 대한 필사본이 새로 발견되었다는 이야기다.
 그간 흥보전의 소설과 판소리가 우리 한민족이 살아온 서민들의 이야기로 크게, 그리고 굳게 자리 잡은 이 마당에 그게 그다지 새롭게 영향을 미치는 일은 아니라고 생각하면서 참고삼아 읽어보았다.
 내용인즉 흥보전에 대한 여러 설화가 지금까지 40여 종이나 된다고 한다. 그리고 그 필사본도 많다고 했다. 그 중 지금 우리가 알고 있는 흥보전은 신재효본으로 1873년경에 완성된 것이고, 또 미국 하버드대학의 옌칭도서관에 소장된 필사본은 1853년도 완성분인데, 이번에 발견된 '흥부만 보록'이라는 필사본은 1833년 본이라고 했다. 각각 20년차를 두고 발견된 것이라 이번 것이 가장 오래 전에 쓰여진 것이라서 원형이라는 식으로 기사화 되었다.

흥보전은 그간 많은 종류와 필사본이 있었는데 지금까지 가장 먼저 기록된 것이니 그게 원형이라고 한다면, 또 앞으로 그 보다 몇 년 전에 기록된 필사본이 나오게 되면 그게 또 원형이라고 해야 되나 싶었다.

그런 민속적이고 민족적인 이야기들이 10년, 20년 먼저 책으로 만들어졌다고 해서 그게 무슨 큰 의미가 있겠는가. 이러한 설화나 구전이야기는 수 십 년, 수 백 년 전부터 오랫동안 입에서 입으로 전해져 내려왔기 때문에 그렇다는 것이다. 그리고 그런 이야기가 하나의 큰 줄기의 소설이나 판소리로 완성되기까지는 그간 수 십 명, 수 백 명의 작가와 명창들이 갈고 닦으며 오늘의 그것으로 정착되었기 때문이니라.

우선 이번에 발견된 필사본만을 한 번 보자. 지금 우리가 알고 있는 그런 흥보, 놀보와는 거리가 멀다.

이번에 나온 필사본의 흥보와 놀보는 그저 가난한 평민의 아들로서 두 형제가 부잣집의 데릴사위로 갔다가 동생은 부모를 모시기 위해 다시 돌아오고, 형은 그대로 남아 잘 살고 있어 형제간의 빈부 차이가 많이 나는 이야기란다.

우리가 알고 있는 흥보전은 그게 아니었다. 형제우애를 다룬 소설과 판소리로서 서민들의 희로애락을 노래한 작품이다. 가난하고 착한 동생은 어려운 삶 속에서도 형제간의 우애와 신의를 지키려고 발버둥을 치는가 하면, 마음씨 나쁜 형은 어떻게든 동생을 못살게 하고 불의를 일삼으며, 사회적으로 지탄을 받고 잘 살다가 결국은 벌을 받는다는 권선징악(勸善懲惡)을 대표하는 교훈적인 이야기다.

그간 본래 흥보의 성씨가 박(朴)씨라는 사람과 연(燕)씨라는 사람들이 있었다. 그런데 이번에 장(張)씨가 하나 더 나타났다. 그럴 수도 있는 것이다.

비단 흥보전에서만 주인공의 성씨가 실지와 다른 것이 아니다. 춘향가와 심청가도 각각 다르다. 춘향가 이도령의 실지 이름은 성이성(成以性)이고, 심청이의 실지 이름은 원홍장(元洪莊)이었다.

심청가와 춘향가도 그 설화가 많이 있다. 우선 심청가도 배달한국시절에 이미 그런 모티브가 하나 더 있었음을 필자가 찾아내어 소개 한 적이 있다. (나의 발견)

그 심청가 모티브를 간단히 소개하자면 이렇다. 중국 고대사인 산해경(山海經)에 이런 비슷한 이야기가 내려왔다. 물론 산해경은 정식 역사서는 아니지만 당시 지리와 설화와, 풍속을 다룬 민족의 상고사라고 할 수 있다. 그러니까 4,700년 전쯤, 헌원과 우리조상 치우천황시대가 지나자 바로 배달한국에는 전쟁이 없는 평화가 한 동안 지속되고 있었다. 그러다가 중국 황토인들이 자꾸 우리 배달한국에 와서 도적질을 하자 치우천황의 아우 치우율은 한웅천황에게 중앙정부의 지원을 요청했다. 그 때 한웅천황은 지방에서 고을을 다스리고 있던 관리인 고치대인(高蚩大人)에게 군사 500명을 주어 치우율을 돕게 했다. 여기서 고치대인은 부인이 일찍 죽어 딸 고치녀(高蚩女)와 단둘이 살고 있었다. 이때 중앙에서 지원병이 오자 고치대인은 딸과 수놈 말 한필만 남겨둔 채 군사를 데리고 기주로 가게 되었다. 딸은 혼자서 아버지가 그립고 보고 싶어 말에게 희롱을 한다.

"네가 가서 우리 아버지만 모시고 오면 내가 너와 결혼을 하겠다."

말은 좋아라고 대인에게 달려가 헐떡거리면서 무슨 말을 할 것같이 졸랐다. 집에 무슨 일이 벌어졌으니 어서 빨리 말에 타라는 신호 같았다. 노인은 놀라서 황급히 말을 타고 집에 와보니 아무 일이 없어 무슨 일이 있었냐고 딸에게 물었다. 딸은 아버지가 보고 싶어서 말이 아버지를 모시고 오면 말과 결혼을 하겠다고 약속을 하였다는 이야기를 했다. 아버지는 깜짝 놀랐고, 말은 어서 빨리 그 약속을 지키라는 듯이 보챘다. 아버지는 딸에게 누구에게도 말하지 말고, 밖에도 나가지도 말라고 하고는 말을 죽여 그 가죽을 뒤뜰에다 말렸다. 그러고 나니 한 동네 사는 고치녀의 여자 친구가 놀러왔다. 고치녀는 친구가 보는 앞에서 말가죽을 걷어차며 한마디 했다.

"너는 내 짐승인데 어찌 감히 사람인 나하고 결혼을 할 생각을 했느냐?"

이 때 말가죽이 갑자기 일어나더니 고치녀를 휘감고 어디론가 날아 가버렸다. 아버지와 딸의 친구는 며칠간이나 딸을 찾은 끝에 딸을 찾았다. 그러나 딸은 나뭇가지 사이에 말가죽과 함께 걸려있었고, 속은 텅 비어 껍질만 사람 형태로 보였다. 나무 잎사귀에는 무수한 벌레들이 나뭇잎을 갉아먹고 있었다. 그리고 그 벌레들의 머리는 마치 말의 머리와도 같았다. 이때 고치대인의 딸 고치녀가 죽어서 더러운 벌레, 보잘 것 없는 벌레가 되었다고 해서 벌레이름을 누에(陋殪)라고 불렀다. 그리고 그 벌레가 고개를 들고 있는 모습이 꼭 말처럼 생겼고, 잠을 잘 잔다고 해서 잠자는 말, 즉 잠마(蠶馬)라고 했다.

실지로 누에는 이와 같은 시기에 치우천황의 딸이 뽕을 따다가 누에를 길러 실을 뽑아내던 것이 그 시초였다. 그래서 그 후로 그 딸의 이름을 누에의 시조라 하여 뉘녀(嫘女)라고 불렀다. 그리고 여기서 참고로 우리조상들이 나무에서 실을 뽑아 썼던 웅상(雄常)나무는 후일 신단수(神檀樹)라고 하여 단군조선이 세워지던 초기 '박달나무'를 말한다. 박달나무는 곧 '밝은 땅의 나무'란 뜻이기도 하다.

이처럼 '누에(嫘殪, 陋殪)'나 '고치(高蛓)' '누에고치' '뽕'은 4,700년 전부터 써왔던 순 우리말이다. (나의 이론)

여기서 '뽕'이라고 한 것은 우리 말 '뽕'을 발음과 비슷한 '펑여우'의 '펑(朋)'으로 서로 연관이 있지 않나 하는 추측에 이른다.

고치대인과 딸의 친구가 보니 누에고치는 실을 뽑고 9일이 되자 나비가 되어 밖으로 나와 서로 교미하다가 알을 낳고 곧바로 죽어버렸다. 이제 여기서부터는 기존 심청전과 더 가까운 이야기가 나온다.

  고치녀의 늙은 부친과 친구가 고치껍질을 만지며 슬퍼하고 있을 때 밖에서 음악소리와 함께 오색찬란한 구름사이로 말(馬)이 오색단장을 하고 내려오고 있었고, 말 위에는 딸 고치녀가 타고 있었다. 또 주위에는 20여 명의 시녀들이 둘러서서 시중을 들고 있었다. 이는 꼭 심청가에서 심청이가 물에 빠졌을 때 음악소리와 함께 수궁에서 심청을 환영 나온 광경과도 같다. 거기서 수궁진미와 함께 죽었던 심청이의 모친이 나와 심청을 맞이하며 모녀상봉이 이루어진다. 후일 심청은 황후가 되어 아버지를 상봉하고 결국 아버지의 눈을 뜨게 한다. 그리고 노후 말년에 새장가도 가게 된다.

  여기서도 말에서 내려온 고치녀가 부친과 상봉하면서 슬퍼하지 말란다. 자신은 천상에서 복마신군(伏馬神君)의 비빈(妃嬪)이 되어 부귀와 영화를 누리고 있다고 했다. 그리고 고치녀의 친구에게는 아버지와 결혼하여 아들 낳고 잘 살라고 부탁을 한다.

  심청가에서도 심청이가 물에 빠지면서 아버지는 어서 눈을 떠서 새장가를 들어 70에도 아들 낳고 잘 사시라고 기도한다. 결국 고치대인과 심봉사에겐 그런 딸들의 꿈이 현실로 이루어진 것이다. 이처럼 예로부터 아버지 새장가를 걱정하는 것은 역시 딸들뿐이다. 아들들은 감히 생각지도 못할 일이다. 우선 제 장가갈 생각이나 먼저 할 것이기 때문이다.

  또 춘향가는 어떠한가? 춘향전의 모티브는 그간 여러 설이 있었다. 그러나 최근 새로 알게 된 고구려 안장왕(安藏王)과 백제의 한주(韓珠)란 어여쁜 아가씨가 주인공이라는 설이 매우 흥미를 끈다.

  장수왕의 증손자인 22대 왕인 안장왕은 그가 왕이 되기 전에는 흥안태자(興安太子)로서 백제 땅을 탐색하기 위해 상인 행색을 하고 백제 개백현

(皆伯縣 : 지금의 경기도 고양시 한강유역) 잠입한다. 그러다가 백제관군에 쫓겨 급히 여염집에 숨어 피신을 하며 보내다가 그 집 주인의 딸 한주와 사랑에 빠지게 된다. 그러다가 흥안태자는 다시 고구려로 돌아가면서 자신은 고구려의 태자이며, 언제 다시 군사를 몰고 와서 한주낭자를 데리고 가겠다고 약속을 하고 이별을 한다. 고구려로 돌아온 왕자에게 부친인 21대 문자명왕은 혼인할 것을 강요한다. 그러나 태자는 백제에 혼인을 기약하고 온 여인이 있다고 했고, 이에 왕은 크게 노했다. 백제에 가서 정탐하라고 했더니 엉뚱한 짓을 하고 왔다고 힐책했다. 그리고 태자는 선왕이 죽자 제 22대 안장왕(安藏王)이 되는 것이다. 약 1,500년 전의 일이다.

한편 백제에 남아서 오직 낭군 오기만을 기다리던 한주는 새로 부임한 태수에게 청혼요청을 받는다. 그런 청혼을 거절한 한주는 감옥에 갇혀 있다가 마침내 태수의 생일잔치에 다시 죽게 되는 처지에 이르게 된다. 태수는 생일잔치마당에서조차 청혼을 거절한다면 한주를 죽일 계획이었다.

이런 사실을 소문으로 알게 된 고구려 안장왕은 을밀장군과 군사를 보내 한주를 구출하고 국경지대에서 기다리던 왕과 극적인 상봉을 하게 된다. 이때 현주를 구하였음을 왕에게 빨리 알리기 위해 봉화를 올렸다는 곳을 고봉산(高烽山)이라 하고, 왕과 한주가 다시 만난 곳인 지금의 행주산성 부근을 왕봉현(王逢縣)이라고 불렀다는 이야기다. 이런 이야기는 '삼국사기'와 '동국여지승람'에도 나온다. 이때 한주를 구한 공으로 을밀(乙密)장군은 그가 사랑했던 안장왕의 여동생과 결혼을 하게 되고, 지금도 평양에는 을밀대가 세워져있다. 춘향전에 관한 감동적인 사랑이야기이다.

이처럼 판소리의 소재는 여러 설이 있게 마련이다. 그러나 이러한 여러 설은 하나의 흥미 거리로 참고삼아 알면 좋은 이야기이지, 지금 와서 별다른 큰 의미는 없다고 본다. 왜냐하면 우리는 이미 거대하고 유유히 흐르는 한강의 물줄기를 보고 있기 때문이다. 그리고 우리민족의 그 한강은 이미 큰 바다를 향해 오늘도 쉼 없이 흐르고 있기 때문이다. 지금 그 한강의 원류가 경기도 어느 산 물줄기네, 강원도 태백산 검용소(儉龍所)네 하고 따지는 것은 한강에게는 아무 의미가 없다는 말이다.

  지금 와서 흥보네 성씨가 박씨요, 연씨요, 또는 장씨요, 하는 것이 무슨 의미가 있겠는가? 이 모두의 고전소설과 판소리가 이미 우리민족의 이야기로 크게 자리 잡고 있기 때문이다. 이 모두가 오늘도 거대한 민족의 산으로 버티고 있고, 거대한 강줄기로 도도히 흐르고 있기 때문이다.

변강쇠가 살았던 곳도 지리산 줄기이다

옹녀가 양서(兩西)에서 살다가 내려오면서 변강쇠를 만나 다시 지리산으로 들어온다. 양서라면 황해도와 평안도를 말함인데 둘이서 들어와 사는 곳은 지리산 줄기 경남 함양군 동구 마천이다. 지금은 지리산 밑 동구 마천이라고 하지만 옛날에는 둥구마천이라고 불렀던 것이다.

흥보가 살았던 곳은 운봉이었지만 지금은 인월(引月) 또는 동면(東面)이라고 한다. 이 곳에서 지리산 산내(산내면도 옛날에는 운봉이었다)쪽으로 들어가다 보면 함양군 동구마천이 나온다. 그 곳에 옛날 변강쇠와 옹녀가 살았다는 마을이 있다.

변강쇠타령의 사설로 보면 변강쇠와 옹녀가 지리산 속에서 헌 집 하나를 발견하고 가보니 임진왜란 때 누가 산속으로 피난 와서 집짓고 살다가 난이 평정되니 집은 그냥 남겨둔 채 이사 간 집이 있었다. 둘이는 그곳에 들어가 솥단지만 하나 걸어놓고 산다.

동네 아이들은 동구마천 백모촌으로 나무하러 간다. 그런데 판소리 사설에는 당시 가장 유명했던 명창들이 다 나온다.

"그 중에서도 앞선 놈이 다 떨어진 통영 갓에 벌이줄 매어쓰고 소매없는 베중치막 권생원에게 얻어 입고, 세목동옷 때 묻은 놈 모동지께 얻어 입고, 안만 남은 누비저고리 신선달께 얻어 입고, 다 떨어진 전등 거리 송선달께 얻어 입고 부채를 부치는데…"

여기서 권생원은 권삼득(權三得)을, 모동지는 모흥갑(牟興甲)을, 신선달은 신만엽(申萬葉)을, 송선달은 송흥록(宋興錄)을 말한다.

그렇게 네 명창이 변강쇠타령의 사설에 다 올라 있으니 본인들로서는 영광인지, 아니면 아니 실려 있을 데가 없어 하필이면 자신들의 이름이 그런 음란한 소설인 변강쇠 놈과 옹녀편에 올라있느냐고 덜 좋아할지 모를 일이다. 아무튼 이렇게 사설 속으로만 보면 변강쇠타령도 수궁가와 마찬가지로 임진왜란 뒤에 쓰여진게 확실하고 네 명창들이 살았던 18세기에 불리어진 것 같다. (나의 이론)

한국에서 성(性)문화의 선구자였던 이 두 연인은 지리산 속으로 들어가면서 '인월역(引月驛)'을 지나간다.

그런데 변강쇠타령 사설을 풀이하고 정리하는 책들도 인월역이 어디이며 그게 무슨 말인가 하고 미상(未詳)이라고 표시하고 있다. 그러니 판소리 하는 사람 중에 운봉 사람이 아니면 이를 어찌 알겠는가? 하지만 나는 운봉사람이기에 그 곳을 안다. 마치 춘향가에서 나오는 '나만'이란 말이 남원(南原)을 의미한다는 것을 남원에서 자란 사람 아니면 소리를 하면서도 제대로 그 뜻을 알지 못하듯이 말이다.

인월이란 말은 있지만 인월역이란 말은 생소하고 또 언제부터 썼던 지명인가하고 황산대첩 기록을 찾다가 1380년 고려말에도 사용하는 지명이었음을 발견했다. 이성계 장군이 왜구들과 황산대첩을 하기 직전 왜구들이 주둔했던 곳이 바로 그 인월역 이었음을 확인했다.(나의 정리) 그 기록의 일부를 간단히 소개하면 이러하다.

"…당시 왜구는 진포에서 원수 나세와 최무선의 화포로 격파 당한 왜선 500여척의 패잔병들이었다. 해상 퇴로를 잃은 왜구의 잔여 세력은 소백산 줄기를 따라 남하 하다가, 고려 우왕 6년(1380) 8월 함양의 사근내 역(수동)에 진을 치고 아군을 괴롭혔다. 한 때 많은 군사로 승세를 잡은 왜구는 다시 남원성을 공격하다가 물러가 운봉현을 불사르고 '인월역'에 주둔하였다…"

이 때 고려 조정에서는 이성계를 보내어 황산에서 치열한 전투 끝에 열 배나 많은 적들을 물리쳐 공을 세운 것이다.

인월역(引月驛)은 그 뒤 인월(引月) 또는 동면(東面)이라고 불렀으며 지금까지도 두 가지 이름을 같이 쓰고 있다.

지금은 지명이 동면, 산내면, 아영면, 운봉읍으로 각각 나누어져 있는데 전에는 이들이 모두 하나의 운봉현(雲峰縣)이었다. 그래서 예로부터 이 지역을 운봉 4개면이라고 불렀다.

그 때 당시 역(驛)이라고 하는 것은 지금의 기차역 개념이 아니다. 그때는 경상도 함양에서 남원을 가기 위해서는 운봉의 연재(여원치汝院峙)를 거치게 되어있는데 인월에서나 운봉에서 잠자고, 말 먹이고, 또 쉬면서 머물다가 가곤 했다. 또 인월과 운봉 사이에 황산의 점촌이 있었으며 이곳은 당시 주막과 여관이 많았으며 항시 지나가는 행인들도 많았다고 한다.

인월이란 말은 1380년 고려 말 이성계 장군이 왜구를 물리칠 때 치열한 전투에서 밤이 되어 사방이 어두워지자 달을 끌어올려 사방을 환하게 밝힌 다음 전쟁을 해서 이기게 되었다는 전설에서 끌어올릴 인(引), 달월(月)해서 '인월(引月)'이라고 붙여졌다고 한다.

그러니 그 때부터 인월역은 큰 곳이었고 교통의 요지였으니 변강쇠 신혼부부가 과연 그 곳을 지나갔으리라 짐작이 된다. 어차피 동구마천을 가기위해서는 그 곳을 지나야하니까.

필자도 25년 전쯤 학술연구팀과 함께 변강쇠 마을에 가본 적이 있는바 당시만 해도 그 곳 주민들은 변강쇠 말만 꺼내도 고개를 설레설레 저으면서 자리를 피했었다.

그 동리가 변강쇠와 옹녀가 살았던 곳이라고 소문이라도 나면 처녀들 시집보내기는 다 틀렸다고 펄쩍 뛰었기 때문이다. 모두들 서로 자기 마을이 아니라고 했었다. 그런데 지금은 서로 자기네 마을이라고 외친단다. 관광객을 한 사람이라도 더 끌어드리고 싶고, 또 요즘은 정력이 세다는 것은 하나의 자랑거리가 되기 때문이란다.

정력을 상징한다는 그 쪽 지방 술인 변강쇠 이름이 들어간 술도 나오고, 정력을 길러준다는 변강쇠란 건강 보조식품도 나온다. 이렇게 옛날과는 달리 어떤 인물이 서로 자기네의 연고지라고 주장하는 경우는 여기 말고도 많이 있다.

홍길동의 연고지가 강원도 강릉이라고 하여 각종 행사를 거행하니 이번에는 전남 장성에서 홍길동의 고향이라고, 또 다른 행사를 추진하며 서로 싸우다시피 하고 있다. 왜 그런가하고 알아본즉 홍길동의 실지 고향은 전남 장성이 맞고, 그 홍길동을 쓴 작가인 허균의 고향은 강원도 강릉이었다.

허균이 젊은 나이에 과거급제를 한 후 황해도 도사를 하면서 한양에서 기생을 불러들여 사생활이 말썽이 되어 파직 당하고부터 계속 여러 문제를 일으키어 관직에서 물러나 전라도 부안으로 내려가 있으면서 부안의 기생이며 여류시인인 매창(梅窓)도 만나고, 신태인(新泰仁)에 머물면서 소설 홍길동전도 썼던 것으로 나타난다. 그러니 사실 홍길동전을 가지고 양쪽 지방에서 행사를 할만도 하다.

심청의 고향이 황해도 또는 백령도(임당수)라고 하기도 하고, 전남 곡성이라고도 했으며, 서로 각각 자기네 고을이 심청이 고을이라고 매년 행사를 거나하게 치러왔다. 그러다가 최근에는 주로 전남 곡성에서 판소리대회 등 각종 행사를 화려하게 치루고 있는 중이다.

판소리 보성제의 정응민 등 걸죽한 명창들이 배출된 곳이 지금의 행정구역으로는 전남 보성(寶城)이나 옛날에는 그 곳이 장흥(長興)이었다. 그래서 지금도 판소리의 고장이 서로 자기네 고장이라고 주장하기고 한다.

또 앞서 말 한대로 흥보가의 고장이 옛날에는 운봉이었다. 운봉이 지금은 동면과 아영면 산내면, 그리고 운봉읍으로 분리되었는데 인월(동면)과 아영면 두 고장이 서로 자기네가 흥보네 연고지라고 싸운바 있다.

흥보네 고장은 결국 절충안으로 흥보가 태어난 곳은 인월 성산마을이요, 살았던 곳이 아영면 성리라고 합의를 봐서 지금은 아예 남원시에서 같이 행사를 하고 있는 중이다. 이 들의 각 마을 입구에는 '흥보마을'이란 간판이 커다랗게 서있음을 볼 수 있다.

김삿갓 시인은 강원도 영월군 사람이기도 하고 전남 화순 동복(東福)사람이라고도 한다. 강원도 영월군내에는 아예 행정구역을 '김삿갓면(面)'으로 바꿔 놓은 곳도 있다. 김삿갓이 전국을 방랑하며 살다가 늙어 죽기 전에는 주로 화순 쪽에서 살다가 죽었기 때문에 화순 동복 사람들은 거기가 김삿갓 고향이라고 부른지도 모른다.

이처럼 여기의 변강쇠 고장의 경우도 마찬가지이다. 전에는 아니라고 부정했던 마을들이 이제는 동면에서 지리산 산내로 들어가는 입구에서부터 여러 모양의 장승을 깎아 세워두고 변강쇠의 마을이 다가옴을 미리부터 홍보하고 있다.

장승만 보아도 변강쇠가 떠오를 정도의 그런 우락부락 힘 센 모양의 장승들도 많이 서있다. 장승은 변강쇠 판소리와 인연이 많다. 변강쇠에게 나무를 해오라고 하였더니 나무하러 간답시고 실컷 잘 얻어먹고 낮잠이나 푹 자다가 일하기가 싫으니 괜히 마을 입구에 수호신으로 서있는 죄 없는 장승을 뽑아서 짊어지고 집으로 간다. 그 장승을 장작으로 패서 불을 땠으니 동티가 나서 변강쇠가 큰 벌을 받게 된다는 내용이다.

그런데 앞에서도 언급하였지만 고(故) 정광수 명창은 평소 판소리 중에서 변강쇠타령같이 좋은 소리는 들어본 적이 없다고 했다. 소리가 조금 음란한 소재라는 것 외에는 흠 잡을 데가 없다는 얘기다.

사설도 당시 조선시대에는 유교사상이 심해서 좀 상스럽게 들렸는지 모르지만 지금 같으면 오히려 해학적이고 참신한 소재가 아닐까 하는 생각도 든다. 어차피 인간이 사는 곳이라면 언제 어느 때나 그러한 성적으로 기괴한 사람들이 심심찮게 나타나고, 또 그런 사람들이 나타남으로 인해서 세상이 재미있고 지루하지 않은지도 모를 일이다.

서양의 카사노바 같은 사람이나 그와 비슷한 사람도 많고 세상에는 또 다른 별별 사람들이 많이 있지 않은가?

변강쇠나 옹녀는 남녀 간의 성행위에 너무 집착하고 그 정도가 너무 심해서 그렇지, 남을 크게 해치거나 지금처럼 성폭행해서 칼로 난도질하거나 암매장해버리는 그런 흉악한 범죄를 저지르지는 않았다. 그런 점으로 본다면 변강쇠나 옹녀가 저지른 행각은 사회적으로 큰 잘못이 아니다. 다만 그들이 할 수 있는 일은 오직 그쪽 길 뿐이요, 그 쪽 분야에 주특기가 있을 뿐 다른 방도가 없었기에 자기네가 잘 할 수 있는 길로 매진했을 뿐이다. 한 마디로 시대를 잘못 타고 났을 뿐이다.

그러다보니 남자들의 팔자가 사나워서 그랬는지 옹녀와 결혼한 사람마다, 아니 옹녀의 손만 잡았다거나 옹녀를 쳐다만 봐도 성욕이 생기고 그로 인해 죽임을 당하는 숫자가 무려 8명이나 되고, 줄줄이 동시에 쌍초상을 당하게 된다. 그리고 판소리 변강쇠타령은 이러한 재미있는 사건들을 해학적으로 잘 풀어나가는 작품이다.

문학적으로나, 역사적 인물들의 배경이나, 사회적인 배경으로 볼 때 상당한 지식층이 즐길 수 있는 수준 높은 성적인 콘텐츠이다.

옛날에는 그러한 소설과 판소리가 있어 같이 웃고 즐기면서 간접 경험으로 욕구를 달래고 넘어갔기에 사회적으로는 별 문제가 없었다. 이렇게 해서 또 하나의 간접적인 성교육 효과도 얻을 수 있었다고 본다. 하지만 그런 문화가 은근히 점잖지 못하다고 멀리하다보니 성을 표현하는 오락물이나 공연물은 사라지고 마는 상태가 되었다. 그러다보니 성적인 문화는 음으로 스며들고, 가정집으로 파고들고, 또 집단적이며 비정상적인 성행위로 전락하였으며 그 정도가 너무 심하여 이제는 사회적으로 큰 문제가 되고 있다.

마약에다 음란비디오에다, 유명인들의 성행위 장면을 노골적으로 인터넷 동영상에 올린다거나 배포하는 시대가 온 것이다. 또 그 것을 마구 즐기는 시대가 온 것이다.

판소리나 창극이나 만담이나 소위 가벼운 음담 같은 것을, 요즘 말하는 소위 와이담 같은 것을 해학적으로 듣고 나면 누구나 크게 한번 웃어넘기게 되고, 모든 것이 해소 내지 정화되며 그렇게 함으로써 사회적으로 별 문제가 없어진다. 이러한 공연예술은 결국 개별적인, 또 동물적인 성적 욕구와 이성적인 판단의 중간에서 완충제 역할을 하게 된다. 모든 것이 아무 탈 없이 해결되고 모두가 흐뭇하게 웃어넘긴다.

옛날에는 시어머니와 고부간의 갈등을 며느리는 설움타령으로 풀었다.

들에 나가 밭 매면서 시어머니 욕을 하는 노래도 불러보고, 며느리들이 모여 놀면서 시집살이가 고추 당초보다 맵다는 민요도 부르면서 속을 삭였다.

남도민요 진도아리랑에 이런 대목도 있다. 아니 그 가락에는 누구건 어떤 대목이나 가사로 붙일 수 있으니 그저 생각나는 대로 지어서 부르면 되는 것이다.

"시어머니 죽으라고 지성축수로 빌었더니 친정어머니 죽었다고 부고장이 왔네."

고부간의 갈등은 예나 지금이나 어쩔 수 없는 것이다. 아니 인류가 생기고 나서부터 그 갈등이 생긴다는 것은 어쩌면 당연하고 극히 정상적인 사랑의 표현이라고 본다. 그만큼 어머니의 아들에 대한 사랑과 아내의 남편에 대한 사랑이 서로 크게 작용하다보니 생긴 충돌의 여파라고 볼 수 있다.

사실 이러한 가사보다 조금 더 심한 경우도 있다. 좀 심한 욕을 하는 며느리가 지어서 부른 것이지만 장본인이 없는 곳에서야 무슨 욕을 못하겠나.

"씨엄씨 ㅇ년아 생강짜 말어라. 니 아들이 엽엽하면 내가 밤 마실 가겠냐?"

며느리가 이 정도가 되면 고부간이 상당한 위험수준에 와 있다고 볼 수 있으나 이런 욕을 하고 나서 오히려 속이 풀리게 되면 며느리는 또 다시 시어머니를 잘 모시고 사는 수가 있다. 그래서 옛날에는 이런 노래를 불렀기 때문에 지금처럼 이혼은 하지 않고 잘 살았던 것이다.

만약 옛날에 시어머니에 대한 시집살이 한을 노래로서 풀지 않았으면 그 한이 응어리져 병이되어 죽었거나 아니면 며느리가 오래 살지 못하고 집을 뛰쳐나갔을 것이다. 오히려 며느리에게는 시집살이의 두려운 대상인 시어머니가 가정을 든든하게 딱 버티고 있어주었기에 감히 딴 생각을 안 하고 어려운 결혼생활을 잘 극복하고 지탱할 수 있었는지도 모른다.

지금은 시어머니의 역할이 점차 없어지고 며느리의 자유 활동반경이 넓어지면서 오히려 결혼의 어려움을 참지 못하고 걸핏하면 헤어진다는 소리가 나오고 있는 것이다.

 이런 면으로 볼 때 변강쇠도 나무랄 수 없는 사람이고, 그 판소리도 우리나라만의 독특한 문화 장르라고 본다. 성(性)을 자연스럽게 해학적으로 잘 표현하여 하나의 예술로 승화시켰다는 이야기다. 물론 지금까지는 변강쇠타령이 음란한 소설이나 판소리로 치부되었지만 그 사설을 읽어보면 참으로 재미있고 잘 써지고 잘 짜여 진 판소리인 것 같다.

 아마 현대 감각에 잘 맞게 좀 더 다듬어 뮤지컬로나 창극, 또 판소리로 다시 선을 보이면 세계적으로 큰 관심을 끌 수 있다고 본다. 세계적인 문화콘텐츠가 될 것이다. 이것도 한류가 될 수 있다.

 특히 미국 등 서양의 TV 토크쇼에서 한국의 변강쇠가 판을 칠 것이다. 그래서 언젠가는 변강쇠와 옹녀가 우리를 먹여 살릴 날이 올 것으로 믿는다.

 그 동안은 판소리하는 사람이 줄어들었고 한동안 우리가 먹고 사는데 바빠서 미쳐 눈을 돌리지 못했던 이러한 좋은 판소리가 빛을 못보고 있었다는 것이 안타까울 따름이다. 사실 따지고 보면 변강쇠타령은 작품이 좋았으니 일찍이 신재효 선생 같은 분도 사설을 정리해서 소개했고, 고 박동진 명창도 다시 개작내지 부분창작을 해서 불렀을 터이다.

 감히 여기서 필자가 변강쇠와 옹녀를 소리 높여 한 번 불러본다.

 "변강쇠야 나오너라! 옹녀야 나오너라! 이제는 당신들이 세계 속에서 활동할 때가 되었으니 지리산 속에서만 쳐 박혀 잊지 말고 세상 밖으로 당당히 나오너라! 너의들 주특기를 죽이지 말고, 기죽지도 말고 나와! 어서."

 (나의 주장)

수궁가도 우리의 소리이다

 수궁가도 소재는 우리 영토 밖이고, 전에부터 내려오는 소재를 각색하여 판소리로 부르고는 있지만 내용을 들여다보면 완전히 우리의 생활, 우리의 풍속 그대로를 이야기하고 있다. 수궁가 첫머리의 아니리는 이렇게 시작한다.

'지정(至正) 갑신년중(甲申年中) 하지절(夏之節) 남해 광리왕(廣利王)이 영덕전(靈德殿) 새로 짓고 대연(大宴)을 배설(排設)하여 삼해용왕(三海龍王)을 청래하니 군신빈객이 천승만기(千乘萬騎)였다.(중략) 남해 용왕이 영해천열풍(瀛海天熱風)을 복중(腹中)에 과히 쐬여(그리하여 중병을 얻었다는 이야기며 이하 생략)

여기서 지정 갑신년이면 중국 원나라 순제 때의 연호로 서기 1344년을 뜻한다. 그 해 여름에 남해 광리왕(廣利王)이 소위 수궁가의 주인공인 용왕이다.

광리왕은 남해를 관장하는 신으로 당나라 현종(玄宗 685-762)이 재위 10년(서기721)에 '축융(祝融)'으로 봉해준 바다의 왕이다.

당나라 현종은 중국역사상 4대 미인이라는 그 유명한 양귀비와 깊은 사랑을 남긴 황제이며, 문장가로서, 또 음악가로서도 잘 알려진 왕이다.

당현종이 지었다는 노래는 능파사(凌波詞), 우의곡(羽衣曲) 등이 있는데 능파사는 능파 못에 사는 선녀가 꿈에 나타나서 부탁하는 것을 듣고 꿈을 깬 뒤에 지었다는 노래이다.

여기서 판소리 속에 자주 나오는 그 유명한 미인 양귀비에 대한 이야기는 왜 하지 않고 넘어가느냐고 독자들이 서운해 할지 모르나 여기서는 잠시 접어두기로 한다.

아무튼 현종은 바다의 용왕을 제대로 대우하고 잘 모셔야 바다가 잠잠하고 백성들이 평안히 배를 타고 다니며 잘 살 수 있다고 믿었기에 동서남북 사대용왕(四大龍王)을 각각 임명하여 제를 지내주었다. 동해신은 아명(阿明)이며, 서해신은 거승(巨勝)이며, 북해신은 흑룡(黑龍)이며, 남해신은 축융(祝融)인 것이다. 이 때 남해의 왕인 축융이 영덕전이란 궁전을 바다속에다 그럴듯하게 잘 지어놓고 낙성식 때 나머지의 삼해 용왕과 여러 신하들을 초청하니 아주 거창한 연회가 되었었다.

며칠간의 잔치에 술과 안주, 그리고 음악을 곁들이며 배불리 잘 먹고 난 후에 큰 병을 얻은 것이다. 그 때가 한여름으로 남해의 더운 천열풍이라고 했으니 아마 당시에도 바다 온도가 높아지며 일어나는 녹조현상 또는 적조현상 같은 것이 있었나보다.

중국의 '본초강목'이라는 책에도 바다의 더운 바람은 사막지대에서 불어오는 열기를 품은 바람으로 열병이 일어나게 한다고 쓰여 있다.

지금도 녹조현상이 일어나고 바닷물이 뜨거워지면 바다 양식장의 물고

기들이 거의 다 죽게 되는 일들이 자주 일어나고 있다. 남해 용왕이 이 열병으로 해서 죽을 고비에 있는 장면부터 수궁가는 시작된다.

수궁가는 '전등신화'라고 하는 옛날 인도의 불경으로부터 시작 되었다는 말이 있고, 각 나라마다 이와 비슷한 이야기도 있으며, 우리나라에도 '자라와 원숭이' '토끼전' '토끼와 거북이' 등 여러 가지 이름으로 불리어져 내려왔다. 정확한 시대적인 배경이나 창작연대가 별 의미가 없으나 판소리는 사설 속에 나오는 시대적 사건들을 음미하면서 소리를 하면 더욱 소리 맛이 나는 법이다.

예를 들면 앞에서 설명한 지정갑신년이 서기 1344년이고 지난 2004년도가 11번을 다시 돌아온 갑신년이었다. 그러니 60갑년을 11번이나 지나고 다시 갑신년에 판소리 수궁가를 하면서 첫대목을 아니리로 시작할 때는 이러한 역사적 배경을 알고 소리를 하게 되면 더욱 좋다는 뜻이다.

아무런 뜻을 모른 채 그저 "지정갑신년중 하지절에…" 하고 소리를 하는 것보다 그 때가 1344년 갑신년이었지, 지금부터는 몇 백 년 전이었지, 남해 광리왕이 영덕전을 새로 짓고 잔치를 했었지, 하고 생각하며 소리를 시작하면 훨씬 살아있는 소리가 될 것이란 뜻이다.

수궁가를 하다보면 토끼와 자라가 처음 만나 서로 자신을 소개하면서 자존심대결과 자신의 위치를 상대방에게 자랑하는 대목이 나온다. 먼저 자라가 자기소개를 하면서

"나는 수국전옥주부 공신 사대손 별주부 별나리라고 하오. 오늘에야 이렇게 만나게 되니 하상견지만만무고불측(何相見之晚晚無故不測)이요 그려."

하여놓니 토끼가 깜짝 놀란다. 자라가 대단히 문장을 잘 쓰는 유식한 사람, 아니 유식한 수국의 물고기로구나 하고 토끼 자신도 좀 유식한 체하며

문자를 써보기로 작정을 한다. 그때 토끼는 소위 문자를 쓴다고 하면서 말이 되건 안 되건 간에 그저 이것저것 뒤죽박죽 섞어가며 한자음을 갖다 붙인다.

"법안 홍안이요, 홍안백발이요, 아가사창이요, 이불가독식이요, 홍불감장이요, 여담절각이요, 홍동백서, 좌포우혜, 탄탄대로, 어동육서, 일구이언 이부지자요…"

여러 한자음이 들어 갈만한 말을 다 주어 섬긴다. 제사지낼 때 상 차리면서 사용하는 언어인 좌포우혜(左脯右醯), 홍동백서(紅東白西), 어동육서(魚東肉西)란 말도 집어넣는다. 젯상 차릴 때에 마른 포의 고기들은 고인으로 볼 때 왼쪽인 좌측에 배치하고 식혜는 우측에 놓는다는 말이다.
 또 붉은 색깔의 사과나 대추, 밤과 같은 과일은 동쪽에, 배(梨)와 같이 하얀 과일은 서쪽에 놓는다는 말이다. 여기서 동쪽은 제사상을 받은 고인으로 봐서 좌측에 해당한다. 또 어동육서란 말은 물고기는 동쪽에, 육류(肉類)고기는 서쪽에 놓는다는 말이다. 토끼는 이러한 말들을 이것저것 순서 없이 마구 붙이다가 나중에는 화투짝까지 집어넣는다.

"일삼오 대감이요, 오육칠은 두루송이요…"란다.

일삼오(1,3,5)라면 합하여 아홉이니 화투칠 때는 대감이다. 최고의 숫자인 갑오(9)이다. 그 다음으로 오육칠(5,6,7)을 합하면 8이니 이것도 두루두루 해 볼만 하는 좋은 끝발이다. 뱃장이 있는 사람이면 무조건 내기를 거는 8의 숫자이다. 그러다가 크게 망하기도 하지만. 흔히들 토끼를 꾀 많은 짐승이라고 한다. 수궁가에서도 토끼는 순 꾀만을 가지고 매번 위기를 극복한다. 용왕은 물론 다른 물고기, 산짐승, 들짐승, 아니 심지어 인간들까지 거짓으로 속여 넘긴다. 그러나 그때마다 밉지는 않다. 해학적이기 때문이다.

토끼가 용궁에서 죽을 고비를 넘기고 살아나와 자라에게 용왕의 약 처방을 알려준다고 하면서 도저히 이루어질 수 없는 불가능의 집합체인 약 처방을 자진모리 빠른 장단으로 알려준다.

우선 "너희 수궁에 복쟁이가 많더라. 그 복을 서너 섬 잡아 가루로 만들어 오자대환으로 하여 하루에 서 너 되씩 사흘 아침만 먹여라. (꼭 죽을 것이다), 그래도 안 나으면 또 있다. 너의 수궁에 암자라 예쁜 것 많더라. 그 암자라를 하루에 2,500마리씩 석 달 열흘만 달여 먹여라. 그러면 죽든지 살든지 할 것이다(석 달 열흘이면 100일이고, 250,000마리의 암자라를 잡아 죽이면 너희 노모도 해당된다. 하하) 그리고 하나 더 알려주마.

"이 약 이름을 들어라. 이 약 이름을 들어. 약 이름은 가미허랑탕(加味虛浪湯)이라. 두꺼비 쓸개에 새새끼 발톱을 각각 작말 서되하고, 빈대 월경수와 하루살이 쓸개를 흰 구름 단지에 은하수로 물을 부어 번갯불에 얼른 달여 거름재 수건으로 꽉 짜서 먹이면 곧 나을 것이다."

약 이름부터서가 가짜란 뜻으로 '허랑탕(虛浪湯)'이다. 그런데 누가 들어도 그럴 듯하게 '가미허랑탕'이다. 당장 용왕의 병도 낫게 할 수 있는 명약의 이름 같다. 그러나 여기서 그 명약의 약재부터가 문제다.

우선 두꺼비 쓸개와 새의 발톱이라. 그것도 두꺼비와 새 새끼는 바다에서 구하기도 어렵고 그 양이 얼마나 될 것인가? 그 다음의 약재가 더 어렵다. 아니 불가능하다. 빈대의 월경수라! 그 작은 빈대의 암컷에서 나오는 월경수(月經水)를 어찌 구한다는 말인가? 한 달에 한 번 월경을 하는지, 보름에 한 번 하는지도 모르는 판에다 그 양은 또 얼마나 될까? 이럴 땐 토끼가 너무나 얄밉다. 이어서 하루살이 쓸개도 마찬가지다. 여기에 약단지는 흰 구름 단지란다. 모두가 불가능하다. 또 물은 은하수 물을 부면 된단다. 은하수가 어찌 물이란 말인가? 약을 짜는 수건은 그림자수건으로 하여 짜서 먹이면 된다는데 어찌 그림자를 떼올 수가 있다는 말인가? 이 모든 게 전부 불가능의 연속이다. 토끼가 해도, 해도 너무한다. 그래도 토끼가 양심은 있어 마지막에는 자신의 똥을 싸서 자라 등에다 실어 보낸다. 그리고 용왕은 결국 이 약을 먹고 낫는다. 그러니 토끼가 얄밉다가도 어찌 보면 우리를 웃겨주는 깜찍한 꾀돌이이며 귀염둥이 인 셈이다. 토끼가 있어 우리는 행복하다. 그리고 토끼의 지혜로 한민족은 어려운 고비를 슬기롭게 헤쳐 나왔다. 그래서 요즘도 산토끼나 집토끼만 보면 친근감을 느끼고 이 녀석이 정말 꾀가 그렇게 많은가하고 다시 한 번 지켜보게 된다.

아무튼 토끼가 이렇게 엉터리 약 처방을 해주었지만 사실 수궁가에서 한의원의 한약처방은 동의보감 수준으로 정확하고 특효가 있게 나온다. 한 예로 자라가 토끼를 구하러 세상에 나왔다가 온갖 짐승들이 모여 있는 곳에 응당 토끼가 있을 것으로 믿고 토끼를 불러보는 대목이 있다. 수궁에서 그려준 토끼의 화상을 가지고는 왔지만 무조건 부르면 대답할 줄로 알았다.

"저기 주둥이 벌겋고, 온 몸에 바둑 점 박혔고, 얼숭덜숭하게 털이 나있는 것이 토생원 아니요?"

하고 부른다는 것이 수로만리 바다를 턱으로 밀고 나왔으니 턱이 약간 내려앉아 발음이 제대로 되질 않았다.

토생원을 부른다는 것이 토, 토 하다가 '호생원'하고 소리가 잘못 나갔다. 그 때 호랑이가 자신을 호생원이라고 불러준데 대하여 얼마나 반가운지 정신없이 단숨에 뛰어내려왔다가 자라를 만난다. 자라는 호랑이더러 서로 통성명이나 하자고 하니 호랑이가 자신은 호생원이라고 소개를 했다. 자라가 호생원이라는 말을 듣고 놀라 그만 자신이 자라라고 사실대로 일러주고 만다.

 자라라는 말에 호랑이는 좋아서 평생 자신이 먹고 싶어 했던 몸보신 약인 용봉탕(龍鳳湯)을 먹겠구나하고 좋아하며 먹으려한다. 자라는 이제 자신이 자라가 아니라 두꺼비라고 얼른 둘러 붙인다. 호랑이는 그러면 더욱 좋단다. 두꺼비를 산채로 불에다 살라서 술에 담근 후에 먹으면 만병회춘의 명약이라고 좋아한다. 자라는 다시 자신이 두꺼비가 아니고 남생이라고 둘러 붙인다. 호랑이는 그럼 더 좋다고 좋아한다. 어찌하던 간에 남생이는 습기, 종기 날 때 제일 좋은 처방약이라고 더 좋아한다. 호랑이가 어서 먹어보겠다고 덤벼들려 할 때 자라가 하는 말이

"아이고 저 놈은 동의보감(東醫寶鑑)을 살라 먹었는지 화타, 편작 못지않게 모르는 약이 없구나."

하고 한탄한다.

 동의보감은 허준이 조선중기 선조 때에 왕의 특명으로 쓰기 시작하여 광해군 때에 마쳤으니 시대가 거의 임진왜란과도 같은 시기이다. 그러니 수궁가가 그 이후에 쓰여 졌음을 다시 한 번 짐작할 수 있다. (나의 추정)

 아무튼 수궁가는 삶의 지혜를 알려주기도 하고 삶이 지치고 어려울 때 우리에게 해학과 용기를 선사하는 한민족 문화콘텐츠인 판소리이기도 하다.

적벽가도 우리 소리이다

　세간에는 '삼국지 세번 읽은 사람하고는 이야기도 하지 말라'는 말이 있다. 그만큼 세상의 정세와 술책에 강하다는 뜻이다. 나는 말한다. '판소리 여러 바탕을 한 사람 곁에는 아예 가지도 말라.' 그만큼 모든걸 통달했다는 뜻이다. 단 그가 판소리 속의 뜻을 제대로 알고서 소리를 하는 경우를 말한다.
　판소리 적벽가 소재의 원산지는 물론 중국이다. 그러나 판소리 적벽가는 순전히 우리의 것이다. 마치 인도네시아에서 원목을 들여와 가구로 잘 만들어 국내에서 팔거나 수출하면 우리나라 제품의 상표가 붙어나가는 것과도 같다.
　원유를 중동지역에서 들여와 기술적으로 잘 정제한 다음 다시 수출하면 우리의 제품이 되는 것과도 같다. '원유의 제 1고향은 중동이요, 제 2고향은 한국'이라는 어느 광고문구가 생각난다.

적벽가 판소리는 중국의 삼국지연의(三國誌演義) 중에서 적벽강 싸움을 주제로 한 것이다. 옛날에는 '화용도(華容道)'라고 부르기도 했다.

이렇듯 중요한 소재만 삼국지에서 따 온 것이지만 판소리로 만든 것은 완전히 우리의 판소리 스타일 그대로이다.

해학적이며 섬세한 인간의 심리와 정을 빠뜨리지 않고 잘 묘사하여 관객에게 웃음과 서러움을 맛보이고 때로는 통쾌한 복수까지 해주니 그 소리에 매료될 수밖에 없게 만들었다.

다시 말해 소설 속의 큰 줄거리를 우리 식대로 요리하고, 양념하고, 손질하여 맛깔스럽게 내놓은 것이 바로 판소리 적벽가란 말이 된다.

'적벽강 불지르는대목'이랄지, '군사 설움타령'이랄지, '동남풍 비는 대목'이랄지, '장승타령' 등은 소설에도 없는 완전히 우리가 사설을 써서 만든 우리 스타일이다. (나의 이론)

우선 적벽강 불지르는대목 중 조조 군사 죽어가는 모습은 우리 말, 우리 한글이 아니면 도저히 그렇게 자세하고 생동감 있게 표현 할 수가 없는 일이다.

조조군사들 죽어나가는 대목을 들어보면 그 풍부한 언어적 구사가 어찌 다른 나라 말로 대신 할 수 있겠는가? 영어로? 불어로? 일어로? 중국어로? 스페인어로? 독일어로? 표현해 보려면 얼마든지 한 번 해보시라고 말하고 싶다. 과연 몇 개의 죽음이나 묘사할 수 있을지 한번 시도라도 해보라고 권하고 싶다. 적벽가에서처럼 오십 가지가 넘게 죽어 갈 수 있을까? 우리말이 이만큼 훌륭함을 전 세계에 입증해 보이는 대목이다.

동편제 적벽가 유성준제인 정광수의 적벽가는 이렇게 나간다. 자진모리로 신나게 죽어나가는 대목이다. 고수도 흥이 나서 땀을 뻘뻘 흘리면서 정신없이 소리를 따라서 북을 치게 된다. 그래야 고수도 북치는 재미가 있지, 그저 중모리 장단이나 또박또박 치고 앉아있다 보면 북치는 자신도 졸릴 뿐만 아니라 북도 늘지 않는 법이다. 그렇게 늦은 장단을 딱딱 정박만

치고나갈 때 듣는 관객도 졸린다는 것은 더욱 말 할 필요가 없다.

이런 데는 창자도 암기력이 좋아야 빨리 외우고 또 자신의 장끼로 만들어 언제 어디서나 잘 할 수가 있는 법이다. 그러나 판소리를 잘 했던 옛날 명창들은 이렇게 그저 암기만 해가지고 빨리빨리 주어 섬긴다고 해서 잘 한다고는 하지 않았다.

이런 대목은 별 목도 들어가지 않으니 하기가 쉽다고 생각한다. 그들은 자진모리 중에서도 '적벽강 불지르는대목'을 별로 그렇게 높이 쳐주지를 않았다.

이 대목은 밀고 당기고 하면서 졸깃졸깃한 맛이 있다거나, 또 여러 목을 써서 공력을 필요로 하는 것도 아니고 그저 말하듯, 아니면 크게, 또 빨리 외치면 되는 것이라고 생각하기 때문이다.

그렇다하더라도 이 대목은 소리를 자진모리장단으로 아무리 빨리해도 6~7분 소리는 되는데, 그 죽어나자빠지는 대목에서는 정신이 하나도 없다. 어떻게 죽어 가는가를 우리말 표현 방법을 보여주기 위해 이 대목 전체를 소개한다. 한민족의 우리말이 아니면 불가능하기 때문이다. 또한 우리민족은 죽음도 하나의 예술이요, 미학이라는 것을 해학적으로 풀이한 것이라고 볼 수 있다.

"… 가련할 손 백만 군병은 날도 뛰도 오고가도 오비락 꼼짝 달싹 못하고 숨막히고, 기막히고, 살도 맞고, 창에도 찔려, 앉아 죽고, 서서 죽고, 오다가다 죽고, 울다 웃다가 죽고, 밟혀죽고, 맞아죽고, 애타죽고, 성내어 죽고, 덜렁거리다 죽고, 죽어보느라고 죽고, 무단히 죽고, 원통히 죽고, 불쌍히 죽고, 애써 죽고, 똥 싸죽고, 하릴없이 죽고, 졸다 죽고, 진실로 죽고, 재담으로 죽고, 함부로 덤부로 죽고, 때때그르르 궁굴다 아쁠사 낙상하여 가슴 쾅쾅 뚜다리다 죽고, 어이없이 죽고, 가이없이 죽고, 꿈꾸다가 죽고, 참으로 죽고, 거짓말로 죽고, '이놈 네기' 욕하며 죽고, 한 놈은 떡 큰 놈 입에 물고 뻐리적 뻐리적 하다 넘어가고, 한 놈은 코를 들들 골다 죽고, 한 군사 돛대 끝으로 꾸역꾸역 오르더니만 '아이고 하느님! 나는 오대 독신이요, 제발 덕분에 살려주오.' 빌다 물에가 풍 빠져 죽고, 또 한 놈은 뱃전으로 통통 나가더니만 고향을 바라보며 앙천통곡 호천망극으로 '아이고 아버지! 나는 하릴없이 죽습니다. 언제 다시 뵈오리까?' 하고 외치다 죽고, 어떤 놈은 나는 이런 다급한 판에 먹고 죽으려고 비상사서 넣었더니라. 와삭와삭 깨물어먹고 죽고, 또 한 놈은 그런 다급한 판에도 한가한 체 하느라고 시조 반장 빼다가 죽고, 흉하게 죽고, 찢어져 죽고, 등터져, 오사, 급사, 익사, 압사, 횡사, 겁사, 직사, 전사, 몰사할 제 대해수중 깊은 물에 사람을 모두 국수 풀듯 더럭더럭 풀었구나. 접급총집 귀약통 남날개 도래송곳 돛바늘 적벽풍파 떠나갈 제 일등 명장이 쓸데가 없고 날랜 장수가 무용이로구나
(이하 생략)

이 얼마나 많은 죽음인가? 백만 대병이 몰살당했다고 하지 않았는가?
또 판소리 적벽가에서 하나 알아둘 일이 있다. 초두에 삼고초려 장면에서 유현덕이 관우와 장비를 데리고 제갈량에게 찾아간다. 거기에서 유황숙인 유비를 묘사하기를 "당당한 유현주(劉賢主) 신장은 칠척오촌(七尺五寸)이요, 얼굴은 면여관옥(面如冠玉)하고…"로 되어 있다.
키가 칠 척 오촌이면 엄청나게 큰 키라고 묘사한 것이요, 얼굴은 아름답고 위엄이 있는 자태를 말하고 있는데 여기서 키를 재는 자(尺)는 과연 어느 척도를 사용했다는 말인가?
한 동안 많이 썼다는 주척(周尺)은 한 척이 20cm이고 우리의 영조척(英祖尺)은 한 척이 30cm이다.
그러니 칠 척 오촌이면 주척으로 치면 150cm밖에 안되어 너무 키가 작고, 영조척으로 치면 225cm이니 너무 크다. 그렇다면 여기서 주척이나 영조척은 말이 안 된다. 그렇다면 이 중간의 척도인 '예기척(禮記尺)'으로 재야한다. 예기척은 1척에 27.7cm이니 유비의 키가 2m7cm가 된다. 이

판소리는 실존 인물을 소재로 하였다 101

때는 아마 예기척을 사용한 모양이다. 키가 크다는 것을 상징적으로 표현하는 말이다 보니 이 말은 어느 정도 일리가 있다고 본다. 그러니 유비의 키는 실지는 아마 1m 80~90cm는 되지 않았나 하고 짐작이 간다.

또 심청가 중에서 심청이가 물에 빠져 수궁을 가는 도중에 옛날에 죽은 여러 귀신들, 특히 물에 빠져 죽거나 한을 품고 죽은 충신들이 인사하러 마중을 나온다.

요임금의 두 딸이며 순임금의 아내인 아황과 여영이 나오고, 오나라에서 충성을 하다가 백비의 참소로 오왕(吳夫差)에게 미움을 받아 억울하게 눈을 빼이고, 오왕이 준 칼로 스스로 목을 찌르고 죽은 오자서(伍子胥)하며, 진(秦)나라 소(昭)왕의 속임수에 넘어가 무관(武關)에서 잡혀 원통하게 죽은 초회왕(楚懷王)의 모습도 보인다. 또 억울하게 죽은 원귀 굴원(屈原)이 보이기도 한다.

이 때 오자서의 키는 구척이나 된다고 했다. 여기서 유비가 썼던 '예기척'이라면 오자서의 키는 2m49cm나 된다. 이건 너무하다. 이때는 다시 '주척'을 써야한다. 주척으로 재면 198cm가 되기 때문이다.

결론적으로 말하면 2,500년 전 오나라, 월나라 때에는 주척(周尺)을 써서 키 큰사람을 보고 9척이나 된다고 했고, 1,800년 전 춘추삼국시대에는 유비의 키가 예기척으로 해서 7척 5촌이라고 함으로써 키 큰 대장부를 표현했던가 보더라. (나의 이론)

우리나라 조선시대 세종 이후에 왕이 죽으면 능에 아악기, 당악기, 우리 속악기를 모형으로 작게 만들어 함께 매장하는 기록이 있다. 물론 정조 때부터는 아악기만 부장하게 되어있는데 이때 쓰는 모형 악기의 척도는 주척이나 영조척을 썼을 것이다. 이때 부장한 모형악기 금슬(琴瑟)의 긴 것이 6촌 5푼이었으니 약 20cm가 되는 크기이다.

영조 이후부터는 최근까지도 영조척(1척은 30cm)을 사용한 기록을 또 볼 수 있다.

1923년 9월 20일자 조선일보를 보면 소년야구선수권대회의 기준을 나이로 하지 않고 키의 크기로 삼는다는 기사가 나왔다. 종전의 방식에서 난동문제가 생기고 싸움이 있어 유소년과 소년의 기준을 나이로 하지 않고 키로 규정한다는 기사이다.

유소년 대회는 4척(尺)6촌(寸)이니 영조척 30cm로 환산하여 139cm이고, 소년대회는 5척1촌이니 154cm가 된다.

이러니 수 천 년 동안 각 시대마다 그 재는 척도가 다르다는 것을 판소리를 통하여 알 수 있다. 그러므로 키가 9척이나 된다고 하는 것과 7척5촌이나 된다고 하는 것은 결국 키가 엄청나게 큰 사람이란 것을 표현하는 같은 뜻이다.

여기서 참고로 다시 더 자세히 말하자면 주척은 20cm, 예기척은 27.7cm, 영조척은 30.3cm, 황종척은 1척에 34.6cm이고, 포백척은 49.1cm나 된다.

영조의 국장도감 중 재미있는 기록 하나를 소개하고자 한다. 영조께서 돌아가시자 한양에서 양주 월릉까지 상여가 나가는데 그 상여 길이는 세로 11m이고 가로는 8m이며 능에 안장할 때까지 상여를 메고 가는 일꾼을 12번 교체하게 된다.

한 번 교체할 때마다 190명의 인력이 필요하고 추가로 4명의 여유인원이 따라갔으니 한 번에 모두 194명이 필요한 셈이다. 여기에 12회를 교체한다고 추산할 경우 총 2,328명이란 연인원이 필요했음을 알 수 있다. 어마어마한 인원이다.

하긴 1795 정조대왕의 '화성행행반차도(華城幸行班次圖)'의 그림 속의 인원을 필자가 대강 세어보았더니 2,000명은 될 법했다. 실지로 그림 속엔 1,779명이 있고, 말은 779필이었다. 그러나 의제기록을 보면 거동에 동원된 실제 인원은 거의 6,000명에 달했다고 한다.

또 왕이 승하할 때 왕릉에는 각종 악기를 매장하게 된다. 여기서 악기는 실지 악기를 매장하는 것이 아니라 작은 악기모형을 만들어 매장하되, 그것도 아무렇게나 함부로 만드는 것이 아니라 모두 엄격한 규격이 있다. 이러한 규정은 국장도감(國葬都監)에서 자세히 관리하고 있는 것이다.

예를 들어 금(琴)의 경우 4.7촌(寸)이었으니 주척으로 계산하면 9.4cm이고 슬(瑟)의 경우는 6.5촌이니 그 크기가 13cm가 된 셈이다.

참고로 세종이후로 왕릉에 아악기(雅樂器), 당악기(唐樂器), 속악기(俗樂器)를 같이 매장하다가 정조(正祖)때부터는 아악기만 부장하게 된다.

이렇게 우리 왕실의 모든 생활상이 자상하게 잘 기록되고 또 그림으로 잘 채색되어 지금까지 잘 보존되어 왔다는 것은 정말 놀라운 일이며, 그래서 우리의 기록문화는 유네스코 세계문화유산으로 등재되어있는 있는 것이다.

적벽가를 설명하다가 키를 재는 주척, 예기척, 영조척 이야기를 하면서 여기까지 오게 되었으니 이제 다시 적벽가 이야기로 돌아가기로 한다.

앞에서 여러 모로 보았듯이 적벽가는 임금이나 대신들, 또 사대부들이 자주 듣고 그 호탕한 맛에 흠뻑 빠지는 판소리이다. 그러나 부르기가 힘이 들고 가사가 한자로 된 것이 많고 내용이 복잡한 데다 빠른 자진모리장단이 많이 나오며 전쟁 사극이다 보니 여자들은 별로 좋아하질 않는다.

또 소리 자체가 남자의 엄우조(嚴羽調)의 호령소리라야 전쟁의 현장감을 맛볼 수 있고, 무서운 장수들의 위상이 서다보니 자연히 여자들은 적벽가 하는 사람이 많지 않게 된 것이다. 또 전쟁에서 장수의 그 무서운 호령소리를 남자의 목으로 내 질러야 군사들이 무서워하지, 여자의 가냘픈 소리로 외쳐댄들 적이 하나도 무서워하지 않기 때문에 예로부터 적벽가는 남자들이 주로 불러왔다.

적벽가에도 역사가 왜곡 된 곳이 있다

적벽가에서 싸움타령이 나온다.

"습용간과(習用干戈) 헌원씨 염제(炎帝)로 판천(板川)싸움, 능작대무(能作大霧) 치우장수(蚩尤將帥) 사로잡던 탁록(涿鹿)싸움, 주나라 쇠한 천지 분분하다 춘추(春秋)싸움, 위복진황(威福秦皇) 늙은 후에 잠식산동(蠶食山東) 육국싸움, 봉기지장(峰起之將) 요란할 제 팔년풍진 초한(楚漢)싸움, 태공여후 잡히겠다. 서북대풍 회수(淮水)싸움, 칠십여전 공이 없다 항도령(項羽)의 우격(遇激)싸움, 마상천하(馬上天下) 하였구나. 한유방(漢劉邦)의 지혜싸움, 통일천하 언제 할고? 오위한(吳魏漢) 삼국싸움, 동남풍이 훨훨 불면 위태하다 적벽(赤壁)싸움…."

이렇게 계속해서 중국의 역대 유명한 싸움들이 다 나온다. 우리나라 군인들, 특히 전술을 연구하는 장교들이나 사관학교생도들이 알아두어서 좋을 만한 싸움들이 나온다.

여기서 처음 나오는 헌원씨(軒轅氏)는 현재 중국의 시조가 되고 있으며, 헌원을 주인공으로 하여 썼으니 중국을 위주로 해서 쓴 사마천의 사기를 보고서 그들의 입장에서 판소리를 만든 것 같다.

판소리 심청가에서도 "헌원씨 배를 무어(作) 이제 불통하였으니…" 하고 나온다. 헌원이 배를 무어(만들어) 바다를 서로 통하여 다닐 수 있게 하였다는 뜻으로 중국의 시조라고 하여 헌원은 판소리나 단가에서 자주 등장한다.

위의 '싸움타령'으로 볼 때 헌원과 판천싸움에 나오는 염제(炎帝)는 신농씨(神農氏)의 후손 유망을 말한다.

신농씨는 춘향가 농부가에서도 나오는 농사법을 개발하여 보급했던 농사의 신(神)이며, 약초를 개발하여 오늘날 우리가 살아가는데 공헌을 한 한의학(韓醫學)의 선구자이며, 우리나라 최초의 강(姜)씨 성을 가진 우리 배달한국의 조상이다.

또 '치우장수(蚩尤將帥)'는 말할 것도 없이 우리의 배달한국의 제 14세 천황으로 등극하여 아시아를 제패한 역사상 가장 넓은 땅과 인구를 가졌던 우리의 조상 치우천황(蚩尤天皇)이다. 치우천황 당시 우리 땅이 횡으로 2만리요, 종으로 5만리였다.

이 사실은 중국 뿐 만이 아니라 아시아 전역의 역사가들이 다 알고 있다. 아니 러시아의 유엠 푸틴이라는 역사학자는 "배달한국의 고조선 역사를 빼면 아시아가 없다"고 말하면서, 그런데도 한국은 고조선 역사를 왜 일부러 빼려고 하는지 이해할 수가 없다고 했다. 일본이나 중국 등을 비롯하여 세계의 모든 나라가 어떻게 해서든지 자기네의 영토와 역사를 길게 거슬러 올라가려고 하는데 유독 한국은 엄연히 있었던 고조선 역사도 신화라고 하고 있으니 이상한 나라라는 것이다.

치우천황은 고조선이 시작하기 350년 전에 살았던 한웅시대의 14세 천황으로 우리가 2002년 월드컵 축구를 응원할 때 '붉은악마'로 잘 알려지고 있는 무서운 장수이자 전쟁에서 승리의 신이다.

신농씨, 치우천황 그리고 헌원은 애초에 다 같이 4,700년 전 황토족이 아닌 동이족(東夷族)의 같은 배달민족이었다.

동이족의 이(夷)자는 본래 크다는 대(大)자와 활이란 뜻의 궁(弓)자, 두 글자가 합쳐진 어질고 크다는 뜻이었다. 그래서 동이족하면 동쪽에 사는 어진 사람이었다. 처음에는 중국 사전에도 이(夷)자의 뜻이 '어질다'는 뜻이었는데 그들이 동이족을 무서워하고, 동이족에게 피해를 보고, 동이족을 미워하면서부터 야만족이니, 흉노족이니 하면서 지금은 그 이(夷)자를 본래 의미와는 달리 '오랑캐 이(夷)'자로 부르면서 주로 오랑캐의 의미로 쓰고 있는 실정이다.

방금도 말했지만 그 이(夷)자는 대(大)자에 궁(弓)자를 합친 것이다. 그래서 우리 동이족은 지금도 활을 제일 잘 쏘고 있지 않는가?

역대 올림픽에서 우리의 양궁이 세계를 주름잡고 있다. 지난 영국 런던의 올림픽에서도 우리의 양궁은 전 세계에서 독보적인 위치를 보여주었다. 선수뿐만이 아니라 이제는 전 세계의 양궁 코치가 거의 한국 사람들로 이루어져서 매 경기장마다 각국대표로 온 한국코치들이 서로 인사하고 반가워하는 모습을 자주 볼 수가 있었다.

이렇듯 본래 우리 동이족은 점잖고, 평소 큰 호랑이를 몰고 다니며 활을 잘 쏘는 민족이라고 중국의 상고사에도 적혀있음을 재차 실감할 수가 있다. 그런데도 그간 우리들은 무슨 뜻인지도 모르고 그저 그들이 하는 대로 동이족의 이(夷)자가 오랑캐라는 뜻이라고 알고 있다. 그게 아니다. 본래 헌원(軒轅)과, 신농(神農)씨와 치우(蚩尤)천황은 다 같은 동이족이며, 같은 시대에 살았던 배달민족이었다.

그러나 헌원이 우리에게서 떨어져나가면서 배달국의 제후였던 신농의 후예에게 자주 싸움을 걸었고 그때마다 신농은 헌원을 쳐서 이겼다. 헌원은 안 되겠다 생각하고 화친정책으로 신농에게 정책결혼을 청하였다.

헌원의 여동생을 신농에게 시집을 보내서 둘은 처남매제 사이가 된다. 또 신농은 딸 뉘조를 헌원의 둘째부인으로 주어 둘은 장인 사위 사이가 된다. 그래서 서로는 겹사돈이 되는 것이다.

신농 집안의 딸이며 헌원의 부인이 된 뉘조는 후일 누에를 길러 비단을 만들고 아름다운 비단 옷을 만들어 인류에 공헌한 누에의 조상이라고 해서 뉘조(嫘組)라고 부른다. 누에 누(嫘)자는 여자(女)가 밭(田)에 나가 실(糸)을 뽑는 누에를 기른다는 뜻이다.

아무튼 이렇게 혼인관계를 맺은 헌원과 신농이었지만 그 것도 잠시뿐 헌원은 다시 신농에게 여러 차례 도발하여 결국 판천(板川)싸움에서 신농을 이기고 땅을 빼앗았으며 그 때 신농은 깊은 산속에 들어가 신선같이 세상을 등지고 혼자 살게 된다. 이것을 본 배달한국의 중앙정부에서 더 이상 두고만 볼 수 없다고 해서 치우천황이 앞장서서 헌원을 공격하고 전쟁마다 치우군이 헌원을 이기게 된다.

헌원도 복수를 다짐하고 몇 번이고 도전을 하였지만 매번 패하게 된다. 이러기를 10년에 73회 전쟁에서 전승을 하는 것은 치우천황이었다.

황토인들의 상고사마다 한결같이 '치우는 바람과 안개를 일으키고 돌과 쇠를 먹어치우는 동이족의 무서운 장수이며 귀신이라'고 표현하고 있다. 치우장수 머리에는 처음 보는 구리로 된 머리와 철로 된 이마를 가지고 있다고 무서워했다. 정확하게 동두철액(銅頭鐵額)이라고 표현했다.

중국의 사마천이 기원전 97년에 쓴 사기에도 이를 어느 정도 인정하면서 쓰다가 중요한 부분에 가서는 자신들이 유리한 방향으로 역사를 왜곡하고 있다. 다만 중국의 술이기(述異記)나 송나라의 장군방이 쓴 '운급'의 '헌원기'에도 '치우가 처음으로 갑옷과 투구를 만들어 쓰니 그 때 사람들이 이를 알지 못하였고, 치우의 머리는 구리요, 몸은 쇠로 되었다고 생각하였다'고 적고 있다. 또 산해경(山海經)이라고 하는 책에도 이와 같은 우리의 역사가 많이 기록되어있다. 산해경은 비록 정식 역사기록은 아니지만 그 지방에서 일어났던 일들이며, 설화며, 풍습 등을 기록하는 책으로 당시 동이인 이었던 백익이 직접 제작에 나섰기 때문에 아시아 전역 기록 18편 중 조선에 대한 기록이 5편이나 되어 우리민족사가 가장 많이 실려 있는 귀중한 자료이기도 하다.

이러한 기록을 썼던 중국의 상고사들을 다 나열한들 무슨 큰 의미가 있을까마는 우리나라 상고사들도 모두 이런 점을 잘 기록하고 있다.

여기서 다 열거할 수는 없지만 우리나라의 주요 상고사들은 이러하다. 〈삼성기 상(上)〉(안함로 579-640), 〈삼성기 하(下)〉(원동중), 〈단기고사〉(발해를 세운 대조영동생 대야발), 〈단군세기〉(이암, 고려말), 〈태백일사〉(이맥, 16세기), 〈규원사화〉(북애노인, 17세기), 〈부도지(符都誌)〉(박제상. 신라), 〈진역유기(震域遺記)〉(이명), 〈북부여기〉(범장), 계연수의 〈한단고기〉 등이 있다.

운초 계연수는 1911년에 우리의 상고사를 묶어 〈한단고기〉(桓檀古記) 란 책을 내놓으며 기다렸다가 70년이 지나서 다음 경신년(1980)에 세상에 내놓으라고 유언을 했다. 당시 일제의 위험이 있음을 예상하고 늦어도 1980년경에는 광복이 될 것으로 믿었기 때문이다.

여기서 한 가지 애석하고 원통한 일은 우리의 상고사 책들이 조선 초기 세조, 예종, 성종 때 세 번에 걸쳐 명나라에 잘 보이기 위해서인지 왕명으로 수거하여 없애버린 것이 우리의 역사가 왜곡되고 있는데 큰 역할을 했다는 것이다.

책을 일정 기한 내에 자발적으로 반납하거나 신고하지 않으면 8대를 멸족시키는 큰 죄로 다스렸다. 대신 반납하면 계급상승(특진)을 시켜주던가 재물을 원하면 상금으로 보상하여 주었다.

그러기에 귀중한 우리 역사책들이 다 없어지고 그저 삼국사기와 삼국유사 정도 밖에 없는 실정에서 그나마 일부라도 남아있어 전해 내려오니 천만다행으로 알고 있다.

그러나 중 일연이 쓴 '삼국유사'는 민족역사를 불교적으로 편향적인 해석을 하였기에 문제가 있다고 하고, 김부식이 1145년에 완성한 '삼국사기'는 중국의 사대주의 사상에 젖어 그 쪽이 쓴대로 따라 쓰고 있기에 우리의 역사를 제대로 쓰지 않아 문제가 많다고 들 한다.

그 한 예를 들어 역사학자들은 김부식을 비난한다. 김부식은 우선 그의 삼국사기에서 사대주의적인 특이한 점을 아래와 같이 지적을 하고 있다. 김부식은 우리가 중국에 대하여 역사상 큰 잘 못을 저질렀다는 것이다.

첫째: 신라의 법흥왕이 스스로 연호를 사용한 것은 역사 이래 가장 큰 오류를 범한 것이다. 신라가 중국에 귀속 않고 건원(建元)이란 연호 사용은 그릇된 처사이다.

둘째: 고구려가 수나라와 당나라에 굴하지 않고 맞서 싸운 것은 불의(不義)였다.

셋째: 백제가 당나라에 굴복하지 않고 항전한 죄로 망한 것은 당연한 일이다. 고구려, 신라, 백제가 오랜 역사를 보전할 수 있었던 것은 지나인(중국) 후손이었기 때문일 것이다. 위대한 지나인 피를 이어받은 민족이 아니고서는 절대로 오랜 역사를 유지할 수 없다.

김부식은 삼국사기를 이렇게 쓰면서 우리의 〈조대기〉 〈고조선비기〉 〈지공기〉 〈삼성밀기〉 등의 자료는 아예 무시하고 지나인 기록만을 가지고 썼다. 또 그는 묘청대사가 주장한 단군조선의 자주적인 상고사 기록을 완전히 빼버렸다. 그뿐 아니라 우리 민족국가인 발해(대진국)를 완전히 삭제했다. 어디 그 뿐인가? 백제가 400년간 중원대륙을 지키고 경영했던 사실도 빼버렸다. 이 기록은 중국의 사서(史書) 25사(史)가 인정하고 있는데도 말이다.

판소리를 하는 사람이 여기에까지 신경을 쓰고 흥분하다보면 목소리가 제대로 나오지 않아 무대에서 소리를 제대로 할 수 없게 된다.

어지간하면 필자도 이런 것을 사학자들에게 맡기고 넘어가고 싶었지만 앞에서 말한 치우천황 만큼은 그대로 넘어 갈수가 없다. 왜? 판소리는 우리 민족음악인데 우리가 우리 조상을 욕보이게 하면서 그것도 모르고 판소리를 열심히 하고 있으니 하늘에 침 뱉기요, 조상 앞에 큰 죄를 짓고 있기 때문이니라.

적벽가를 판소리로 쓰고 곡을 만들 때는 과거의 상고사 책들이 없어서 그랬다고 치자. 그래서 지나인들이 자기네 마음대로 써 놓은 것을 보고 따라 작사를 하고, 작곡을 하고, 또 지금까지 불러왔다고 하자. 때로는 중국에 초청되어 그 곳에 가서 판소리 적벽가를 불렀다고 하자. 몰라서 그랬으니 어쩔 수가 없지. 그러나 이제는 아니다. 당장 그 대목을 고치거나 아니면 빼거나 해야 한다. (나의 이론)

아예 그 대목을 추천한다면 '습용간과 헌원씨 염제로 판천싸움. 능작대무 치우천황에게 헌원이 패했던 탁록싸움'이라고 하면 장단에도 맞고 음정도 맞힐 수가 있을 것이다.

위의 "습용간과 헌원씨 염제의 판천싸움"에서 주인공은 어디까지나 중국인들의 조상인 헌원이요, 판천싸움에서 신농씨와의 싸움이라고 했으니 묵시적으로는 헌원이 이겼다고 하는 소리지만 그 대목은 그냥 넘어가도 큰 문제는 없다. 사실 헌원은 신농씨와의 전쟁에서 계속 패하여 오다가 끝판에 이겼다. 그리고 여기서의 신농은 본래 신농씨보다 500년이 지나서 신농의 후예 유망을 뜻한다.

또 그 다음 판소리에 나온 헌원이 "능작대무 치우장수, 사로잡던 탁록싸움"을 앞으로 판소리 할 때는 절대로 더 이상 옛날처럼 그렇게 불러서는 안된다.

적벽가뿐만 아니라 단가 중에 '낙풍가(樂豊歌)', '역대가(歷代歌)', '역려가(逆旅歌)'도 그 대목이 그렇게 나오는데 하루 빨리 이를 고쳐 부르는 것이 시급하다. (나의 주장) 우리가 알지도 못하고 우리 조상을 욕하고 있으니 얼마나 한탄스러운 일인가?

능작대무(能作大霧) 치우장수라면 바람과 안개를 일으키는 치우천황을 말한다.

그네들도 치우장수라면 큰 안개를 일으키는 무서운 장수라고 인정하고 있다. 하지만 실지로는 치우장수가 아닌 치우천황이다.

4,700년 전의 치우장수는 배달한국 제14세 천황으로 화백회의에서 정식으로 선출 된 천황이었다. 그런데 그들은 우리의 천황을 일개 장수로 격하시키고 있고, 헌원에게 반란을 일으킨 치우장수를 사로잡았다고 거짓말로 큰 소리 치고 있다.

그들이 사로잡은 것은 치우천황이 아니라 그의 동생 치우비(蚩尤備)였다. 치우천황은 형제와 친족인 장수가 81명이었으며, 치우비는 그 형제 중 한 명으로 흉려계곡(凶黎溪谷) 싸움에서 죽었다.

그것도 치우천황이 작전을 지시하면서 적군이 오는 길에 매복하였다가 적이 나타나면 함성을 지르고 북과 꽹가리를 치면서 적이 놀라게만 하라고 했는데 천황의 명을 듣지 않고 젊은 혈기만 믿고 적을 따라가며 싸우다가 많은 수의 적에게 죽고 말았던 것이다.

이것을 보고 헌원군은 좋아라고 군의 사기를 올려줄 겸해서 치우가 죽었다고 했다. 그러나 죽었다던 치우천황이 다시 나타나자 적들은 죽은 귀신이 나타났다고 더욱 놀라 혼비백산하여 도망을 갔던 것이다.

왜 지나인들이 치우천황을 무섭고, 패배를 모르는 승리의 신으로 모시고 있는지를 알 수 있는가 하면 한(漢)나라를 세운 유방도 전쟁터에 나가거나 승리를 하고 돌아오면 꼭 치우묘 앞에 가서 제를 지내고 전승기념 보고를 했던 것이다.

자기네 헌원을 제쳐놓고 치우천황묘 앞에 가서 절을 했다. 치우천황이 전쟁의 신이라고 믿어왔기 때문이다. 임진왜란 때 이순신 장군도 전쟁에 승리하고 나서 꼭 치우천황을 모시는 곳에서 둑제를 지냈다는 기록이 있다.

여기서 우리들은 우리가 흔히 쓰고 있는 말의 뜻을 다시 한 번 더 집고 넘어가자. "쥐뿔도 모르는 놈들" 또는 "개 좆도 모른 놈들"이란 말이다.
여기서 '쥐뿔도' 라는 말은 본래 '지 뿌리도'라는 말이다. 또 '개 좆도 모른 놈이'란 뜻은 본래 욕(辱)이 아니고 "가짜 조(祖)도 모른 놈이" "자기의 조상도 모른 놈이"란 뜻이다. '개'자는 가짜를 더욱 비하하여 강조하는 뜻이니 개 좆도 모른다는 것은 자기 조상도 모른다는 것에다가 개(가짜)를 더한 것이다.
'개꽃', '가화(假花)'는 가짜 꽃을 의미하며 '참꽃'의 반대말이다. 우리들도 어려서는 진달래를 참꽃이라 하고 철쭉은 개꽃이라고 불렀다. 참새는 진짜 새요, 참 말은 진짜 말이다.
우리는 그런 조(祖)도 모르는 놈, 쥐뿔(지 뿌리)도 모르는 놈이란 소리를 듣지 않도록 지금부터라도 바로 알 것은 꼭 알고 넘어가야겠다.
그래서 하는 말인데, 아니 헌원이야 지나인 자기네 조상이라고 해도 괜찮겠지만 왜 우리 조상인 태호복희씨, 신농씨와 치우천황을 자기네 조상이라고 우기는지 모르겠다. 양쪽 모두가 낯이 뜨거울 일이다.
이처럼 지나인들이 모시고 싶어 하는 치우천황은 과연 어떠한 사람인가? 그들의 여러 상고사마다 묘사하기를 치우는 항시 '동두철액'이니 구리로 된 머리와 철로 된 이마라.
거기다가 치우는 4개의 눈에다, 6개의 손, 어깨에는 외날 칼, 몸통에는 갑옷, 양손에는 창과 칼을 지니고 다니며 쇠와 돌을 먹는다고 두려운 마음을 소개했다. 헌원군은 치우장수만 보면 귀신이 나타났다고 겁을 먹고 도망가는 실정이었다. 치우천황은 세계 최초로 철을 캐고 대장간을 만들어 철로써 철갑과 투구 등 군장비를 만들었고 그 창과, 칼, 방패를 들고 싸웠다.

어디 그뿐인가? 개와 곰을 길들이고, 호랑이까지 길들여 싸움에 이용했으며 독수리도 길들여 통신병으로 썼다. 치우천황은 중국 북부 고비 사막의 황사바람과 유황을 잘 이용하여 싸웠고, 적진에서는 그 것을 보고 치우가 누런 안개를 일으키는 귀신이라고 더 무서워 한 것이다. 4,700년 전의 전쟁이 이리 치열하고 신출귀몰한 전술이었으니 당사자가 아닌 구경꾼의 입장이었다면 정말 재미있고 신나는 전쟁이었으리라.

필자도 이런 〈치우천황의 탁록대첩〉을 판소리로 쓰고 작곡하여 공연하면서 많은 것을 배우고 느꼈다. 왜 이런 중요한 사실을 모르고 살았던고? 또 그 훌륭한 치우천황이 조상인 것도 모르고 그저 중국의 조그만 지역의 제후국 사람으로 헌원황제에게 패하기만 한 장수로 알고 있었다.

그간 판소리 사설집의 해설마다 '치우는 헌원에게 반기를 들고 싸우다 헌원에게 탁록싸움에서 잡혀 죽었다.'라고 주석을 달아놓았기 때문에 미처 몰랐던 것이다. 그러한 훌륭한 조상들이 먼 이국에서 버림받고 있음을 생각하면 지금도 분을 삭이지 못하고 흥분하고 있는 것이다.

관왕묘는 중국의 관운장을 모시는 사당이다. 우리나라 전국에 20여 군데 남아있고, 그 중 7군데는 우리의 지방자치단체의 경비로 제사를 모신다고 한다.

진정 우리의 조상들인 치우천황이나 단군조상들은 모른 채 우리의 세금으로 중국의 위인의 제사를 모시는 것도 가슴 아픈 일이다.

하루 빨리 역사가 다시 바로 잡히고 우리의 조상을 제대로 알아보는 날을 학수고대한다. 이래서 아마 판소리가 더욱 민족적인 음악인가보다. 판소리 속에 태호복희씨, 신농씨, 그리고 치우천황이 그대로 살아서 우리를 부르고 있다. 아니 단군조선의 47분의 임금인 단제들이 우리의 역사를 다시 복원시켜 달라는 간절한 소망을 품고 계신다. 그 조상들이 지금도 적벽가 속에서 울부짖고 계신다.

판소리가 특별한 이유

소리에도 격(格)이 있다

사람마다 격(人格)이 있듯이 소리에도 엄연히 격이 있다. 소리의 품격이 있다는 이야기다. 사대부집 양반의 아들인 이 도련님이 있고 그 밑에 방자가 있다. 또 춘향이가 있는가 하면 향단이가 따로 있다. 이들의 소리와 성음은 분명히 서로 다르다.

주상전하의 소리풍이 있고, 신하의 성음과 소리 모양이 다르며, 또 내시의 그 소리가 다르다. 심봉사의 그 것이 다르고 뺑덕이네 소리가 다르다.

수궁가 초두에서 용왕이 병이 들어 죽음을 앞두고 탄식하는 대목은 왕의 성음이 어떠하고 어떤 식으로 탄식을 해야 하는지를 잘 말해주고 있다.

"탑 상 을 탕. 탕. 뚜우 다 아 리 며, 시인세 자아타안 울음으으을 운 다. …"

'탑상을 탕탕 뚜다리며 신세 자탄 울음을 운다.'의 진양소리인데 여기서 다른 사람이 아닌 용왕의 울음이니 그 울음이 얼마나 묵직하고 품위가 있어야하며, 또 얼마나 느린 동작으로 해야 하는가는 미리 짐작할 수가 있다.

그래서 장단도 의례 느린 진양으로 하고, 탕탕 두드리는 것도 그냥 쉽게, 아니 급하게 탕탕 뚜드리는 것이 아니다.

마치 오늘날 국회에서 법을 통과시킬 때 혹시 반대당에서 만류하며 덮칠까봐 국회의장이 급히 치고 일어서는 그런 식의 빠르게 두드리는 것이 아니다.

용왕답게 어수로 탕. 하고 두드린 다음 다시 천천히 탕. 하며 두드린다. 소리도 엄성(嚴聲)으로 내야하며 묵직하게 왕의 품위를 유지한다. 이 때 남자의 소리면 더욱 좋다.

심봉사를 황성길로 안내하는 뺑덕이네 같으면 소리도 뺑덕이네 답게 해야 한다. 심봉사가 딸 팔아먹고 받은 돈 좀 있는 것을 어떻게든지 빼돌리려하는 뺑덕이네가 소리를 뺑덕이네 답지 않고 점잖게, 마치 장승상댁 부인같이 한다면 주객이 전도된다. 뺑덕이네가 현모양처가 되고 말기 때문이다. 어디까지나 뺑덕이네는 몹쓸 여자가 되어야한다. 그러기 위해서는 소리의 성음이나 발음까지도 천하고 방정맞게 해야 한다.

심봉사가 황성을 가기위해 도화동 집을 나서면서 언제 다시 이 고향집을 오게 될지 모르니 마음이 착잡하여서 노래를 부른다.

"도화동아 잘 있거라. 무릉촌도 잘 있거라. 내가 이제 떠나가면 어느 년 어느 때 다시 오리. 어이가리너. 어이를 갈꼬. 황성 천리를 어이를 갈꼬…"

하면서 앞에 가며 안내하는 뺑덕이네를 부른다.

"여보 여보소, 뺑덕이네."

이 때 뺑덕이네가 "예!" 하고 대답한다.
 여기서 "예"하고 대답하는 것도 정상적으로 점잖게 하면 안 된다. 생 매(鷹) 소리가 나야한다. 귀가 아프도록, 아니 심봉사가 깜짝 놀라 정이 뚝 떨어지도록 크게 대답을 해야 한다. 그리고 방정맞게 하여 인격과 소리 격이 맞아야 한다. 깜짝 놀란 심봉사는 속으로 '아이고 저것 참, 내가 아쉬우니까 데리고 살지' 하면서 자신의 처지를 한탄할 정도가 되어야만 비로소 소리는 성공한 것이다. 심봉사는 또 속없이 뺑덕이네를 추어준다. 어서 길 매기는 소리나 좀 해보란다. 황성까지 가려면 지루하지 않게 소리라도 들으면서 가야 되겠다고 생각한 것이다.
 뺑덕이네는 정식으로 소리를 배워서 하는 것이 아니고 그저 여기저기서 들어온 풍월이 있어 하되 그 것마저 방정맞고 엉터리인 자신의 스타일로 뽑아 본다. 어디서 전라도 밭 맬 때 부르는 노래 가락도 들어서 알고, 강원도 태백 쪽의 정선 아리랑 같은 메나리조도 들어서 나름대로 마구 섞어서 부른다.

"어이가리너. 어이를 가알꼬오. 황서엉(황성). 처어얼. 리 러얼(천리를). 어이를. 가알꼬. 날개 돗인 학이나 되면 수루루루 펄펄 날아 이날 이시로 가련마는 앞. 못. 보는. 봉사. 가장(家長). 다리고. 몇. 날을. 거어러허(걸어). 황성으을. 가알꼬…"

 이것이 소위 뺑덕이네 노래 스타일이다. 인격에 맞는 소리 격이다. 입은 야무지게 벌리지 말고, 또 똑바로 벌리지도 말고, 어정쩡하게 벌리고 나서 소리는 방정맞게 똑똑 끊고 발음도 제대로 알아듣지 못하게 하는 것이다. 정통파 소리꾼같이 하면 큰일이 난다.

 수궁가에서 소리 격을 알아보는 가장 좋은 대목은 '날짐승 상좌다툼'과

'들짐승 상좌 다툼'이 있다.

　자라가 수궁에서 육지로 나와서 짐승들을 보게 되는데 처음에 보는 것이 이 날짐승 상좌다툼이다. 여러 새들이 서로 자기가 어른이라고 우기는 대목이다. 이 날짐승 상좌다툼이 끝나면 다음으로 들짐승 상좌다툼이 나온다. 그런데 판소리 제(制)에 따라 이 날짐승 상좌다툼이 있는 제(制)가 있고 없는 제가 있다.

　같은 동편제라도 동편조 시조인 송흥록으로부터 내려와 송우룡에게서 갈라져 송만갑(송우룡의 아들)에 이어서 내려온 박봉술이 하는 수궁가에는 이 날짐승 상좌다툼이 없다.

　반면 송우룡에게서 갈라져 유성준으로 내려와 정광수에게로 내려온 수궁가에는 이 날짐승 상좌다툼이 있다.

　우선 날짐승 상좌다툼을 한 번 보자. 앵무새가 나와서 자기가 새 중에 가장 어른이 되어보겠다고 나서자 봉황새가 꾸짖는다. 네가 감히 어찌 최고사령관이 되겠다고 나서느냐고 자신의 이력을 들어보라는 대목이다. 필자는 이 대목을 '봉황조(鳳凰調)'라고 발견한다. (나의발견) 그동안 봉황조가 있었다고만 들어왔지 어느 대목이었는지는 알려지지 않았다. 그러나 필자가 이 대목을 봉황조라고 말한 이유는 이러하다.

　우선 소리 자체가 판소리 여섯마당(변강쇠타령 포함)중 다른 마당에서는 한 번도 들어보지 못한 아주 특이한 성음이다. 소리 성음이 아주 고고하고 가장 한가롭고, 여유롭고, 위엄이 있으며, 품위가 있어 과연 새들 중에서 최고의 자리에 오를 만도 하다는 느낌을 준다. 육지에서 호랑이가 모든 동물들의 제왕이라면 새 들 중에서는 마땅히 봉황의 그 자태가 천하의 제일이라 봉황이 제왕에 오를만하다는 뜻이다. 사납고 용맹스러운 새로 따진다면야 의당 독수리라고 하겠지만 점잖고 품위 있고 고고하기는 어디까지나 봉황이다.

　그래서 우리민족이 옛날부터 민족의 새로 봉황을 모셔왔고, 중국은 용으로서 황토인들을 상징했다. 그래서 옛날 상고사를 보면 헌원황제(軒轅黃帝)와 치우천황(蚩尤天皇)과의 싸움을 용과 봉황으로 그려놓았다. 그 그림을 보게 되면 용이 봉황에게 패하여 용의 그림이 나중에는 용이 아니라 이상한 짐승 같기도 하고 바다 속의 해마 같기도 하게 그려지고 있음을 볼 수 있다.

우리는 지금도 대통령 집무실이나 대통령을 상징하는 새로 봉황을 그려 넣고 있다. 아무튼 이러한 봉황이 최고 사령관이 되겠다고 나선 앵무새에게 자신의 입장을 알려주는데 참으로 자존심 관계도 있는 일이지만 아무튼 아무것도 모르는 앵무새를 조용히 타이른다. 청우조(淸羽調)와 엄우조(嚴羽調)가 섞여 위엄이 있고 묵직하면서도 아주 깨끗한 성음으로 천천히 중모리로 타이른다.

본래 우조란 항우가 말달리며 큰 소리로 호령하듯 쩌렁쩌렁 내지르는 소리를 의미한다. 청(淸)우조는 그 소리가 맑고 깨끗하게 나가는 소리요, 엄(嚴)우조는 그 소리가 마치 장수가 내지르는 소리같이 매우 엄하고 위엄 있게 울리는 소리를 말한다.

누가 상좌가 될 것인가 하고 논의하고 있을 때 앵무새가 감히 제가 상좌를 하겠다고 하니 봉황이 나서며 조용히 타이른다.

"니 내말을 들어봐라. 순(舜)임군 남훈전(南薰殿)에 오현금(五絃琴) 가지시고 소소구성(蕭韶九聲) 노래할 제 기산(岐山) 높은 봉 아침볕에 내가 가서 울음을 울어 팔백년 문물이 울울(鬱鬱)하야 주문무(周文武) 나계시고 만고대성 공부자(孔夫子)보다 내가 먼저 탄생허니 천 길이나 높이 날아 기불탁속(飢不啄粟) 하여 있고 영주산(瀛州山) 석상오동(石上梧桐) 기엄기엄 기어올라 소상오죽(瀟湘烏竹) 좋은 열매 내 양식을 허였으니 그 아니 좋을 손가. 내가 어른이 아니시냐?"

순임금이 남훈전(南薰殿)에 앉아 오현금을 키는 모습과 음악소리가 그 분위기를 말해준다.

아침 일찍 높은 기산(岐山)에 먼저 햇살이 비쳐올 때 봉황이 제일 먼저 해를 보고 울음을 울면 모든 문화와 학문을 창달하는 인간들의 역사가 자신과 함께 펼쳐졌다는 이야기다. 하지만 봉황새인 자신은 아무리 배가 고파 죽을지언정 오직 죽실(竹實)인 대나무 열매가 아니면 일반 곡식은 절대로 먹지 않고 사는 고고한 새라는 것이다.

더구나 나이로 따져도 3,000년 전의 주(周)나라 문왕(文王)과 무왕(武王)보다도, 또 2,500년 전의 공자보다 더 먼저 태어났으니 나이로 보아도 자신이 모든 새들 중에서는 의당 최고 어른이 된다는 얘기다. 여기서 내용도 어른답지만 그 장단이나 성음으로 보아서도 아주 고상하며 품위가 있는 성음이다.

지금까지는 날짐승들의 상좌다툼으로 새들의 품격인 소위 조격(鳥格)에 대하여 알아보았다.

이제는 들짐승들의 상좌다툼을 알아볼 차례다. 수궁에서 토끼를 구하러 나온 자라가 이 산 저산을 돌아다니며 토끼를 만나러 가다가 온갖 짐승들이 모여앉아 상좌 다툼을 하는 것을 보고 저기에는 틀림없이 토끼가 있을 것으로 짐작하고 그 곳으로 엉금엉금 기어가서 구경을 한다.

모든 짐승들이 다 모여 앉아 놀다가 어느 누가 먼저 일어나서 제안을 한다. 이럴 것이 아니라 올해부터는 제일 연장자를 어른으로 모시고 놀자고 한다. 모두가 그거 좋다고 동의를 한다. 그래서 저기 앉은 장도감(노루)이 일어나서 말하란다.

각자 언제 태어났는지 말하게 되면 누가 제일 어른인지 자연스럽게 뽑을 수가 있다는 이야기다. 먼저 노루(獐)가 일어나 말한다. 직책이 도감인지라 장도감(獐都監)이라 부른다. 아주 착실하고 순진한 노루는 자기를 소개하는 말솜씨도 매우 점잖으면서도 한 치의 거짓이 없다.

여기서 노루의 소리 성음도 순박하고 높낮이가 없이 편안한 소리를 느리게 하여 그의 성품을 그대로 잘 나타내고 있다.

노루는 이태백(李太白)과 같은 연배(年輩)라고 했다. 이태백은 중국 광산(匡山)에서 노루와 10년 간 같이 공부를 한 동기동창이라 했다. 이태백은 술에 취해 강물에 빠져 달 속으로 올라가서 선인(仙人)이 되었고, 자신은 미물 짐승이라서 달에 올라가지 못하고 이렇게 산속에서 살고 있으나 꽤 나이가 먹었으니 아마 이중에서 제일 연장자가 아닌가 싶다고 했다. 상당히 겸손한 태도로 소리의 성음을 낸다.

여기서 이태백이 고래 등을 타고 하늘로 올라갔다는 이야기는 참으로 중요한 사건이며 판소리에 자주 등장한다.

"기경상천(騎鯨上天) 하던 이태백과 연갑이 되니 내가 상좌를 못하겠나?"

고래를 타고 하늘로 올라간다는 '기경상천(騎鯨上天)'이다.

그런데 이따금 이것을 '기경산천(騎鯨山川)'이라고 소리하는 사람들이 있음을 볼 수 있다. 이럴 때는 관중들이 적당한 때에 창자에게 알려주어서 고치게 해야 한다.

또 자라가 토끼를 보고 반가워서 '토선생(兎先生)!' 하고 부를 때 토끼가 좋아라하면서 누가 날 찾느냐고 물으며 뛰어내려오는 대목이 나온다.

거 누가 날 찾나? 거 누가 날 찾아… 기경상천 '하던길' 함께 가자고 날 찾나?

여기도 마찬가지이다. "이태백이 고래를 타고 하늘로 올라갔던 그 길에 같이 가자고 부르냐?"고 묻는 소리이다.

그런데 소리하는 많은 사람들이 이 대목을
"기경상천 '험한 길' 함께 가자고 날 찾나?" 하고 소리를 한 사람이 있으나 이는 뜻을 모르고 하는 소리다. '험한 길'이 아니다.

사실 이태백은 물에 빠져 죽어 고래를 타고 하늘로 올라가 신선이 된 게 아니라 나이가 들어 친구의 친구인 이양빙(李陽氷)의 집에서 병사했다는 설도 있다. 그리고 보면 이태백이 물에 빠져 고래를 등을 타고 하늘로 올라가 신선이 되었다는 중국인들의 과장은 정말로 알아주어야 한다.

여기서 이태백(701~762)의 나이와 같다고 한 노루는 지금의 나이로 보면 1,300살은 되는 셈이다. 그러니 아마도 제일 어른이 될 거라는 장도감 노루의 이야기도 일리가 있다. 이 때 노루의 나이를 듣고 있던 달파총 너구리가 나서면서 장도감 노루는 자기 손자뻘뿐이 안된다고 했다.

모든 짐승들이 좀 무식하게 말하고 나온 너구리를 신기한 듯 바라보며 의아해했다. 너구리의 말로는 자기는 조맹덕(曹孟德)과 같이 놀았던 사람이라고 했다. 아니 조조와 같은 연배인 짐승이라고 했다. 옛날 조조가 동작대(銅雀臺)에서 글을 짓고 놀면서 자신과 즐거운 한 때를 보냈다고 했다. 그러면서 조조가 이교여(二喬女)에 뜻을 두었다고 진술도 함으로써 실지로 같이 동갑이라는 것을 강조했다.

조조(155~220)라면 서기 200년대 사람이니 지금부터 1,800년 전의 인물이다. 다시 말해 여기서 너구리의 나이는 1,800살이다. 그러니 너구리가 제일 어른이라고 으쓱 할만도 하다.

이 소리를 가만히 듣고 있던 멧돼지가 꺼시렁 눈을 끔적끔적하면서 나온다. 과연 멧돼지답다.

제랑청(猪郎廳)이란 직책을 가지고 있는 멧돼지는

"달파총도 내 아래요!"

하고 크게 외친다. 목소리도 우락부락하게 무뚝뚝하다. 소리 성음만 들어도 힘만 세고 무식하며 품위도 없어 보인 생김새이다. 툭 튀어나온 주둥이로 입맛을 쩍쩍 다시며 나온다. 멧돼지에게 한 놈 걸리면 소리 없이 죽을 판이다. 모두가 그 쪽을 바라보며 저것은 또 나이가 도대체 얼마나 되는가하고 걱정스러우면서도 궁금해 한다. 모두가 동시에 묻는다.

"그럼 제낭청은 언제 낳소?"

멧돼지가 말하기를 자기는 한(漢)나라 사신으로 흉노국(凶奴國)에 갔다가 거기서 억류되어 19년 만에 겨우 돌아올 수 있었던 소중랑(蘇中郎)과 연갑이라고 한다.

소중랑이라면 중국 전한(前漢)때의 충신 소무(蘇武)를 뜻하며 흉노에 사신으로 갔다가 거기에 인질로 잡혀있으면서 아내를 맞아 소통국(蘇通國)을 낳게 된다. 그러나 19년간 억류된 후에 돌아올 때는 아내는 같이 올 수 없으니 아내를 그 곳에 두고 아들 통국이만 데리고 온다. 어머니와 아들과의 이별 슬픔이 얼마나 컸겠는가?

여기서 멧돼지가 말한 소중랑은 BC 140-80으로 보았을 때 지금 나이로 따지면 2,100살이 넘는다. 그러니 마땅히 제랑천이 우두머리이다. 어느 누구 하나 여기에 이의를 제기하거나 확인해보자고 나서지를 못한다. 잘 못하다가는 멧돼지에게 밉보여 제일 먼저 멧돼지 밥이 될지도 모르기 때문이다.

멧돼지가 막 회심의 미소를 짓고 있으려니 꾀보인 토끼란 놈이 감히 팔짝 뛰어 나오면서 한 마디 한다. 소리도 토끼답게 방정맞고 가볍게 한다. 그 것이 토끼의 격에 맞는 소리다.

"자네들 내 나이를 들어보소. 자네들 내 나를 들어봐. 한광무(漢光武)의

시절에 간의대부(諫議大夫)를 마다 허고 부운(浮雲)으로 차일삼고 동강 칠리탄(七里灘) 엄자릉(嚴子陵)의 시조(始釣)하고 날과 둘이 연갑이 되니 내가 상좌를 못하겠나?"

여기서 토끼가 동년배라고 말한 엄자릉(嚴子陵)은 후한을 세운 한광무의 친구를 말한다. 한광무는 유수(劉秀 BC 6-AD 57)를 말하며 광무제인데 엄자릉(BC 39-AD 41)하고 어려서 서로 같이 공부를 하였다.
한광무가 임금이 된 후 엄자릉에게 간의대부(諫議大夫) 자리를 줄 터이니 오라고 하였으나 엄자릉은 이를 사양하고 부추산으로 들어가 낚시나 하면서 세월을 낚았다.
그런데 토끼가 엄자릉하고 친구라고 했으니 그러면 토끼의 나이가 2,000살이 되는 것이다. 이렇다면 실지로는 앞에 나온 멧돼지보다 토끼가 약간 후배가 된 셈이다.
들짐승 상좌다툼 판소리 중 처음 노루에서부터 너구리, 멧돼지까지는 모든 것이 역사적으로 거슬러 올라가는 순서, 다시 말해 나이 많은 순서대로 잘되었는데 토끼부터 그 순서가 안 맞는다. 약 100년 차이로 멧돼지와 토끼가 순서가 바뀐 것을 제외하고는 잘 맞아떨어진다.
오늘날같이 컴퓨터나 다른 정보 자료도 없었을 때에 어찌 그리 순서에 맞게 판소리를 잘 만들었는지 모르겠다. 감탄할 따름이다.
그래서 판소리보존회이사장 송순섭 명창은 앞의 노루와 너구리까지는 같게 하고 토끼서부터는 순서를 수정하여 토끼가 먼저 나오고 다음에 멧돼지, 그 다음 마지막으로 호랑이가 나오게 앞뒤를 바꾸어 실지 연대를 찾아 수정된 판소리로 부르기도 한다.
아마 송순섭 명창이 세밀하게 출생연도를 따져 알아보고 실지에 맞게 바꾸어 부른 것 같다. 바쁜 중에도 여러 가지로 노력하며 소리하는 열정에 경의를 표하고 싶다. 물론 이 대목을 그렇게 고쳐서 부른 방법도 있고, 종전 그대로 놓아두어도 큰 무리는 없을 것으로 본다.

왜냐하면 토끼가 생각하기에 자기보다 멧돼지가 나이가 많다고 인정하더라도 그 꾀 많은 토끼가 가만히 있을 리가 없다. 자기가 모른척하고, 아니 사실인 것처럼 주장하며 밀고 나가면 다른 짐승들이야 그런가보다 하고 따라가지 누가 거기서 일일이 확인하고 아니라고 앞장서겠는가? 어찌 토끼의 꾀를 따라가겠는가? 더구나 피해 당사자인 멧돼지는 무식하니 토끼가 열변을 토하면 듣고만 있지 무슨 실력으로 자신이 나이를 더 먹었다고 주장을 하겠는가? 그런 의미에서 보면 오히려 본래대로 부르는 것이 좋을 듯하다. 다만 소리하는 사람들은 그 내용의 실상이 그러하다는 것을 알고 하면 더욱 좋다는 것이다.

마침내 토끼가 그 자리에서 어른 노릇을 하고 상좌에 앉아 앞으로 자신이 지도자로서 여러 짐승들을 어떻게 이끌고 나갈 것인가를 훈시하고 있을 때 느닷없이 호랑이가 이 자리에 쑥 나타난다. 호랑이가 얼쑹덜쑹한 몸으로 미친 듯이 들어오면서 "이놈들, 너희들끼리 여기서 무엇하고 있느냐?" 하고 으르릉 하며 호통을 치자 모든 짐승들이 깜짝 놀라. "아이고 장군님, 어디 갔다가 이제 오시오?" 하고 한 마디씩 한다. 모두가 잘 보이려고 한 마디씩 한다. 미리 눈도장을 찍으려는 속셈이다.

"오, 이놈들 잘 만났다. 내가 시장한 판에 너희들 한 놈 잡아먹어야겠다. 빨리 살찐 놈 하나 봉승(奉承)하여라."

이리하여 노니 멧돼지는 자신이 바로 영(0) 순위라는 것을 알고서 미리 떨고 있다. 멧돼지는 한숨을 쉬면서 마지막으로 한 마디 한다. 자신이 이 잔치를 하지 말자고, 말자고 했는데 이제 어쩔 수 없이 잘 죽는다고 한탄한다.

이를 보다 못한 여러 짐승들이 의리는 있어 호랑이에게 한 마디 한다.

"장군님, 우리는 지금 연치를 찾아 상좌(上座)를 정하고 놀고 있습니다."

"그래? 그래서 누가 상좌가 되었는고?"
"저기 앉은 토끼가 상좌가 되었그만이라우."

토끼는 무안하기도 하고 죄송스럽기도 하여 감히 몸 둘 바를 몰랐다. 호랑이가 토끼를 가소롭다고 째려본다. 토끼는 몹시 무서워 숨이 막힐 것 같았다.

"이놈들, 내가 없는 데에서 너희들끼리 상좌니 중좌니 하고 놀아, 이놈들?"

다른 짐승들이 용기를 내어 말하기를 "장군님은 언제 나셨소?" 하고 묻는다.
이때에 산짐승으로 제일 어른인 호랑이가 어 헝! 하고 포효를 하며 비로소 자신에 맞는 소리를 내 뱉는다. 드디어 자신의 품격에 맞는 판소리의 성음이 나온다.
온 산천이 쩌렁쩌렁 울린다. 위엄이 있고 묵직한 엄성(嚴聲)이다. 통성(筒聲)이다. 인간의 어느 장수가 이렇게 무서운 소리를 토해낼 것인가? 항우가 말 위에서 호령하는 우조의 호통소리보다도 더 무섭다. 장비의 호통소리보다 무섭다. 번개가 번쩍번쩍하고 천둥이 우루루 쾅! 쾅! 하는 것 보다 무섭다. 호랑이의 포효를 다시 한 번 들어보자.

"이 놈들, 내 나를 들어봐라. 혼돈미분 태극 초에 사정없이 너른 하늘 한편 쪽이 모자라 하늘을 때우듯 여와씨(女媧氏) 동갑이니 내가 어른이 아니냐? 어헝 어르르르 달려드니 뭇 짐생들이 깜짝 놀라며 아이고 장군님, 장군님 상좌로 앉으시오."

아예 호랑이는 자신의 나이를 최고로 높이 올라갈 수 있는 데까지 거슬

판소리가 특별한 이유

러 올려놓는다. 어디 돈 드는 것 아니니까 한없이 거슬러 올라간다.

　태초(太初)에 하늘이 열리고, 땅이 생기고, 하는 태초로 거슬러 올라간다. 이 때 하늘이 열리고 땅이 생길 때부터 자신이 탄생하였다는 이야기를 시작한다.

　호랑이는 하늘이 넓고 넓다는 뜻으로 '사정없이 너른 하늘'이라고 했다. 여기서 '사정없이'란 말이 참으로 마음에 든다.

　판소리 다섯 마당 어디에도 이러한 파격적인 표현은 없을 뿐 아니라 성음도 특이하다. 무한대의 넓은 의미로의 풍부함, 어느 제약도 받지 않는 자유스러움, 또 배부른 성음이 들어 있어 마음껏 길게 내어 뱉는다. 판소리에서는 찾아 볼 수 없는 예외적인 성음으로 아주 파격적인 발상이며 재미가 있는 대목이다. 이런 대목을 해야 비로소 소리 맛을 알 수 있다. (나의 의견)

　마치 정조대왕(正祖大王)이 한자로 편지를 쓰면서 그 한자들 속에 한글로 '뒤죽박죽'이란 말을 써 놓은 것과도 같이 파격적이며 흥미롭다.

　정조대왕이 당시에 어찌 그러한 말을 쓸 수 있었을까 하고 아주 친근감을 느끼게 하고 또 신기하다고 생각이 들었던 것과도 같은 이야기다.

　호랑이가 자신의 나이를 노래한 중에 나오는 여와씨(女媧氏)는 5,500년 전 우리 배달한국 태호복희(太皞伏犧)씨의 여동생이다.

　하늘을 받치고 있는 일이며, 하늘이 찢어지거나 떨어져나가면 여와씨는 광석으로 그 곳을 때우는 일을 맡아 하였다. 여러 색깔의 사람을 만들고 인종을 퍼트리는 일도 하였다. 아무튼 들짐승 상좌다툼에서는 당연히 호랑이의 나이가 제일 많으므로 호랑이가 상좌에 앉고 만다. 아예 경쟁자가 없다. 또 호랑이의 생일이 '태초'라는 말을 썼으니 아예 나이를 비교할만한 대상도 없다.

　참고로 지금 우주의 실지 나이는 138억 살이나 된다고 하니 호랑이의 언변도 참 대단한 편이다. 그리하여 상좌에 앉은 호랑이는 결코 그 자리에서 함부로 살생을 하지 않았다. 이것이 바로 판소리이다. 판소리는 언제나 서로 피를 보거나 무자비하게 살생하는 장면이 없다. 적벽가에서 조차도 처참하게 죽이는 대목은 없다.

"앉아죽고, 서서죽고, 울다 웃다죽고, 애타죽고, 성내죽고, 덜렁거리다죽고, 복장 덜컥 살에 맞아 물에가 풍 빠져죽고, 어이없이 죽고, 가이없이 죽고, 꿈꾸다가죽고, 이놈 네미 욕하다죽고…"

이렇게 그저 죽는 형태만 말하지 잔인무도하게 죽이는 대목은 없다. 소위 목불인견(目不忍見)의 장면은 없다는 뜻이다. 판소리는 항상 사랑과 자비를 염두에 두고 만들었다. 그래서 판소리가 더욱 교육적인 가치가 있다는 것이다. (나의 이론) 그런 정황을 잘 알고 있는 호랑이는 드디어 한 마디 한다.

"내 비록 백수지장이나 오늘 같이 좋은 날 너희들을 함부로 잡아먹을 수가 있겠느냐? 이 먹고 싶은 입맛을 조금만 참으면 될 것이 아니냐?"

이래서 멧돼지가 살아남는다. 모두가 행복한 잔치를 맞는다. 역시 산짐승 중에서 왕(王)중의 왕다운 판단이다. 이처럼 사람이나 짐승이나 모두 제가 가지고 있는 격(格)이 서로 다르게 있다는 것을 알 수 있다. 여기서 우리는 자신에 대하여 되돌아 볼 필요가 있다.

"과연 나 자신의 인품을 판소리의 격(格)으로 표현한다면 내 인생은 어떠한 성음으로 어떻게 소리 내야하는가?" 하고 고민해볼 필요가 있다.

판소리에서 적당한 성적(性的) 표현은 흥미와 관심을 끄는데 좋다

판소리에 성적인 묘사를 은은하게 해 놓은 것이 또 있다. 앞에서도 말한 수궁가중 날짐승 상좌다툼 하는 대목이다.

그 날짐승들의 상좌놀이를 보면 처음 앵무새가 상좌를 하겠다고 한다. 그러니 봉황새가 나 앉아 어디 네가 감히 상좌를 하겠느냐고 나무란다.

이번엔 다음으로 까마귀가 나앉으며 자신이 상좌가 되겠다고 한다. 그러자 부엉이가 견제를 한다. 주둥이 길고 전신에 검은 창 뿐인 놈이 재수없게 어찌 어른이 되겠다는 것이냐고 나무란다. 그러자 까마귀가 일장 자신의 억울함과 자신이 학식과 효심을 갖춘 가장 어른 될 자격이 있는 자라고 역설한다.

첫째 이 주둥이가 긴 것은 월왕구천(越王句踐)을 닮아서 그렇다고 했다. 월나라 구천이라면 어떤 왕인가? 오나라와 월나라가 철천지원수로 싸울 적에 와신상담(臥薪嘗膽)이란 사자성어(四字成語)를 만들어 낸 장본인이다.

이처럼 20년간을 비참하게 살아남아서 결국 복수를 하였던 구천왕의 얼굴상(頭相), 특히 입모양(인중)이 까마귀 주둥이 모양같이 길고 앞으로 튀어나왔었나보다. 그러니 까마귀가 감히 자신의 주둥이가 월왕구천(越王句踐)을 닮았다고 했다. 여기서 필자는 그 이유를 겨우 알아냈다.

평소 필자는 왜 까마귀가 구천왕을 닮았다고 했는가, 또 무슨 연관이 있는 것이 아닌가 하고 늘 의아하게 생각하고 또 고심하면서 알아보려고 했다. 그러다가 결국 우연하게 그 답을 찾아낸 것이다.(나의 발견)

관상학에 월왕구천(越王句踐)과 같이 입 위의 인중이 긴 사람은 평소 어려운 시기에는 서로 고난을 같이 하며 살아갈 수가 있지만, 평시에는 그러기가 어렵다고 했다. 다시 말해 당시 월왕인 구천이 오나라에서 어렵게 살아갈 때는 범려와 마음이 맞아 같이 살아갈 수가 있었지만, 다시 월나라를 찾아 왕으로 돌아갈 때는 옛날 어려울 때와 같이 공존하며 살 수가 없다고 해서 그 신하 범려도 그 곁을 떠나고 만다. 범려(范蠡)는 자신의 애인인 서시(西施)를 데리고 멀리 떠나 배를 띄우고 낚시질이나 하면서 큰 부자가 되어 지금도 판소리 속에서 잘 살아가고 있다.

판소리나 단가에 자주 나오는 "범상공(范相公)의 낚시 밴가?" 하는 대목은 이 범려를 말함이니라.

아무튼 여기서 까마귀는 부엉이에게 이 주둥이 긴 것도 다 큰 의미가 있다고 변명을 한다. 비유를 해도 주로 월나라나 오나라 왕들하고 비유를 하지 너, 부엉이 같은 녀석들과는 차원이 다르단다.

또 이 몸 전체가 검은 것은 다름이 아니라 왕희지(王羲之)가 글씨 공부하면서 붓을 빨던 연못에 잘 못해 빠져 온 몸이 검게 물들었다고 했다. 그 곳을 지나가다 잘못 해서 그 연못에 빠졌기 때문이라고 했다. 곧 죽어도 이러한 위인들하고 교분이 있음을 말하려한 것이다.

어디 그 뿐인가? 까마귀는 자신의 자랑도 한다. 태초에 이 우주 은하수가 생긴 이후에 칠월 칠석이면 오작교(烏鵲橋)다리를 놓아 견우와 직녀를 일 년에 한 번씩 만나게 해준다고도 했다.

견우와 직녀가 일 년에 한 번씩 만난다고 하니 우리는 두 별이 아주 가까운 것으로 알고 있다. 그러나 실지로는 18광년의 거리이니 빛이 쉬지 않고 날아가도 무려 18년이나 가야 하는 거리임을 참고로 알려준다. (나의 의견)

다시 까마귀로 돌아가서 까마귀의 공로는 더 있다. 조조 군사가 적벽강에서 오나라와 싸울 때에 까마귀가 하늘에 둥 둥 떠 있는 것을 보고 조조가 까마귀 시를 지어 읊는다. 단가행(短歌行)이다. '달이 밝고 별빛도 없는데 웬 까마귀가 울고가는고?' 하고 시를 읊으니 유복이가 나서서 하는말이 "전쟁시에 까마귀가 울고가면 불길한 징조"라고 알려주었다가 조조의 칼에 찔려죽었다. 조조가 그걸 모를 리가 없는데 괜히 입이 방정이다. 모난 돌이 정 맞았다. 이런 일이 있었기에 까마귀가 삼국흥망을 이야기 했다고도 했다.

까마귀는 이렇게 적벽가 중에서도 삼국흥망을 논하며 나오는데, 수궁가에서도 다시 자신의 위치를 확인시켜주려 애를 쓴다.

까마귀는 또 자신이 모든 짐승과 인간들 중에서 가장 효(孝)를 잘 이행한다고 했다. 반포은(反哺恩)의 주인공은 역시 까마귀라는 것이다. 어린 새끼가 커서 먹이를 물어다가 부모에게 먹이는 효심은 까마귀가 그 효시이고. 특히 요즘과 같이 인간들이 부모를 섬기지 않고 오히려 부모에게 큰 불효를 저지르는 시대에는 까마귀가 그 귀감이 된다고 역설하고 있다. 이러한 자신들을 사람들이, 아니 짐승들이 왜 미워하며 피하는지 정말 억울하다고 울어댄다.

"아이고 아이고 서러운지고. 아이고 아이고 아이고 서름이야. 아하하아 서름이야."

이렇게 울어대자 부엉이가 하하 하고 비웃는다. 그리고 그것이 다 거짓이며, 까마귀가 너무나 음탕하고 음흉하여 평소 과붓집 여자나 넘보는, 그래서 인간들에게도 재수가 없는 날짐승이란 것을 설명해준다. 그러면서 부엉이는 자진모리장단으로 신나게 까마귀를 씹는다.

부엉이 허허 웃고 니 암만 그런대도 니 심중 불길하여 열두 가지 울음을 울어 과붓집 남기 앉어 도홍할제, 까옥까옥 또락또락 홍압홍압 괴이헌 음성으로 수절과부 유인허고 니 소리 꽉꽉 나면 세상 인간이 아니 미워라. 돌을 들어서 날릴 제 너 날자 배 떨어지니 세상에 미운 것은 너 밖에 또 있느냐? 빈 통이나 찾아가지 이 좌석은 불길하다.

부엉이는 이렇게 까마귀를 씹는데 사람들은 네가 날자마자 배가 떨어진다(오비이락烏飛梨落)는 사자성어까지 있다고 비웃는다. 그러면서 또 덧붙인다. 까마귀는 과부 혼자 사는 집 근처 나무 위에 앉아 '까옥 까옥 또락 또락 홍합 홍압' 하면서 이상하고 응큼한 성적인 성음으로 울어대어 과부가 바람이 나도록 부추기는 새라고 비하한다.
비로소 여기서 성적인 은유법이 나온다. 점잖으면서도 사람을 흥분시키는 소리방법이라는 것이다. 이 말 한마디 해주고 싶어 길고 긴 말이 필요했다.

이런 은유법은 춘향가에서도 나온다. 판소리 사랑가는 처음부터 진양, 중모리에 가까운 중중모리, 또 중중모리에 이어 자진모리장단의 네 가지로 이어진다.
처음에는 진양으로 16세 이도령과 15세 춘향이가 아주 점잖게 한자(漢字)놀음 판소리로 주고받으며 시작되다가 점점 짙어지는 성적표현으로 이어지더니 마지막 자진모리장단에서는 성적인 표현이 노골화된다.

이번에는 사랑가 2번이다. TV에서 자주 비치는 사랑가가 바로 이 2번의 사랑가대목이다. 여기서 주의 할 점은 남자가 이 대목을 소리할 때는 큰소리로 자신 있게 해야 된다. 그래야 춘향이가 아하 이 남자에게 업혀도 되겠구나하며 안심하고 업히지, 만약 조그마한 소리로 자신 없이 작은 목소리로 "이리 오너라. 업고 놀자" 한다면 비실비실한 남자에게 바보천치가 아닌 이상 누가 감히 업히려고 하겠는가? 더구나 요즘같이 남자들이 나약한 세상에 말이다.

도련님은 네가 무엇을 먹으려느냐? 네가 무엇을 먹으려느냐? 하고 이것저것 주고 싶어 한다. 춘향이는 이것저것 다 싫다고 한다. 수박도, 참외도, 가지도, 앵두도 싫다고 한다. 도련님은 여자가 임신하면 개살구가 먹고 싶다는 소리를 어디서 들었던지

"그러면 작은 이도령 서는데 먹는 개살구를 먹으려느냐?"

하고 묻고 춘향이는 그것도 싫다고 아양을 떨며 간드러지게 사양한다. 이것도 다음 과정을 가기 위한 하나의 단계이다. 사랑가 2번이 끝나면 3번이 기다리고 있다. 도련님이 춘향을 업었으니 이제는 춘향이더러 자기를 업어달라고 보챈다. 춘향이가 놀랜다.
춘향이도 이제 그 분위기에 젖어서 부끄러운 마음은 멀리 가고 도련님을 업고 놀면서 한마디 한다. 나긋나긋하게 흥이 나는 중중모리 장단이다. 춘향이가 업었다고는 하지만 춘향이는 그냥 걸어가고 이도령이 뒤따르며 춘향 어깨 위에 손을 얹고 업혀가는 시늉을 하면서 걸어간다. 춘향이 하는 소리다.

"둥둥둥 내 낭군 어허 둥둥 내 낭군. 도련님을 업고 보니 좋을호(好)자 절로 나…"

이 때 도련님도 그 순간은 얼마나 좋았는지 몰랐다. 경상도 봉화군 물야면에서 태어난 성이성 도련님은 아버지 따라 난생 처음으로 산 좋고 물 좋은 지리산 아래 남원 땅에 와서 맛있는 전라도 음식도 마음에 들었지만 이렇게 어여쁜 춘향이와 업고 논다는 게 그저 꿈만 같았다.

도련님은 혹여나 이게 꿈이 아닌가 하고 아마 자신의 허벅지도 꼬집어 보았을 것이다. 그래서 그는 그가 알고 있는 정(情)자로 끝나는 단어는 다 갖다 붙인다.

너와 나와 유정(情)하니 정(情)자 노래를 들어라. 담담장강수 유유원객정(情), 하교불상송하니 강수의 원함정(情), 송군남포불승정(情), 무인 불기의 송아정(情), 하염태수의 희유정(情), 삼태육경의 백관조정(情), 주어 인정(情), 복 없어 방정(情), 일정(情) 실정(情)을 논정(情)하면 니 마음 일편 단정(情), 내 마음 원형 이정(情), 양인 심정(情) 탁정(情)타가 만일 파정(情)이 되거드면 복통절정(情), 걱정(情)이 되니 진정(情)으로 완정(情) 하잔 그 정(情) 노래라.

정(情)자가 무려 23개나 들어간다. 참으로 대단한 실력이다. 그런 실력이니 과거급제를 안 할 수 있겠으며, 암행어사를 안 할 수 있겠는가?

이제 춘향이도 한 통속이 되었다. 도련님은 너무나 말씀을 잘한다고 했다. 춘추전국시대의 달변가이며 모사였던 소진(蘇秦)과 장의(張儀)에 비하였다.

자, 이런 3단계가 끝나고 나니 마침내 4단계가 남아있다. 3단계의 중중모리까지 오다가 보니 이제는 몸과 마음이 급해졌다.

중중모리 빠른 장단은 사람을 신나게도 하고 흥분하게도 한다. 맥박이 빨라지고 피가 솟아오른다. 중중모리는 사람을 매우 자극하고 흥분하여 슬픔과 노여움을 더욱 극에 달하게 하고 제 정신을 잃게 하는 힘이 있다.

(나의 이론)

그러나 우리의 판소리에는 이렇게 빠른 중중모리나 자진모리를 이용하여 슬픔을 승화시켜 결국에는 신이 나고 마음이 홀가분하게 하여 개운한 마음을 갖게끔 하는 신비한 마력이 있다. 마치 먼지가 자욱한 마당에 소나기 한 바탕 지나가고 나면 모든 게 깨끗해지고 상큼해지는 것과도 같다.

아무튼 이 중중모리가 끝나고 나니 이제 도련님은 숨이 가빴다. 아니 춘향이 자신도 그리 느꼈을 것이다. 다음에는 기다리고 있던 사랑가 4번이 남아있다. 먼저 도련님이 아니리(말로써)로 보챈다.

"야 춘향아, 좀 상스럽기는 하다마는 단 둘이 있으니 무슨 허물이 있겠느냐? 너 궁(宮)자 노래를 한 번 들어 볼래?" 하면서 도련님은 다급해진다. 빠른 템포의 자진모리장단이다.

"궁자 노래를 들어라. 궁자 노래를 들어. 초분천지 개탁(開坼)후 인정으로 창덕궁, 진시황의 아방궁, 용궁에는 수정궁, 왕자진의 어목궁, 강태공의 조작궁, 이궁 저궁을 다 버리고 이궁 저궁을 다 버리고 너와 나와 합궁하면 이 아니 좋더란 말이냐? 어허 이리와. 어서 벗어라 잠자자. 어서 벗어라. 잠자자" "아이고 나는 부끄러워 못 벗겠소" "아서라, 이 계집 안 될 말이로다. 어서 벗어라 잠자자" 와락 뛰어 달려들어 저고리, 치마, 속적삼 벗겨 병풍 위에다 올려놓고 뚱 뚱 땅 법중여(呂)로다. 싸나운 상마 암말 덮치듯 양각(兩脚)을 취하더니 베개는 위로 솟구치고 이불이 벗겨지며 촛불은 저절로 꺼졌구나. 이리 한참 요란 할 적 말하지 않더라도 알리로다.

이것이 바로 '궁자노래'라는 것이다. 궁(宮)자는 갓머리변(지붕)밑에서 입이 두 개가 합쳐지는 모양이다. 집안에서 남녀가 입을 맞추어 합쳐지는 모양이다.

본래 남녀 간의 사랑도 집에서 이루어져야 정상이다. 그러나 요즘 우리 젊은이들, 아니 세계의 모든 사람들은 장소가 따로 없다. 비행기 내에서, 자동차 안에서, 공원의 벤치 위에서 사랑놀이를 하고 있다. 심지어 지하철 안에서도 보기 사납게 너무한다.

아무튼 이 때 이도령과 춘향이의 첫날밤은 황홀했다. 판소리는 이래서 좋다. 상상에 맡긴다. 이불바람에 저절로 촛불이 꺼지고, 베개가 위로 솟구치고 야단이 났는데 그 뒤로는 더 이상 말 할 필요 없이 상상에 맡긴다고 했다. 어느 판소리를 하던 온 세상이 이처럼 상상의 무대가 되기 때문에 그 무대의 한계가 없다.

다행이 춘향은 그 때 임신을 하지 않아서 좋았다. 만약 임신이라도 했더라면 어찌 할 뻔 했나? 그 땐 피임약도 없었고, 또 애를 감옥에 데리고 갈 수도 없었을 테니 임신을 안 한 것이 참으로 다행한 일이었다.

춘향가중 농부가에서도 이러한 사랑대목은 나온다. 농부가에서도 역시 마찬가지로 처음에는 중모리로 천천히 서술적으로 나온다. 두리둥둥 두리둥둥 꽤괭매 깽매깽. 하고 깽매기 소리를 입으로 내면서 농부가는 시작된다.

한참 흥이 나더니 다시 제 2번 중중모리로 넘어간다. 한 참 동안을 중중모리 장단으로 '농부가'를 신나게 부르다가 마지막에는 3번 자진모리로 넘어가 성적인 희열도 맛본다.

다되어간다. 다 되어간다 (어럴럴럴 상사뒤여) 이 논배미가 다 되어 간다 (어럴럴럴 상사뒤여) 이 논배미를 어서 심고 (어럴럴럴 상사뒤여) 각각 집으로 돌아가서 (어럴럴럴 상사뒤여) 보리밥 찰밥 많이 먹고 (어럴럴럴 상사뒤여) 꺼적 이불을 둘러쓰고(어럴 럴럴 상사뒤여) 어쩌고저쩌고, 어쩌고저쩌고 새끼농부를 만들어보자. 어화 어화 여루 상사뒤여.

여기서 '어쩌고저쩌고'가 과연 무슨 말인가? 사랑 놀음이 아닌가? 그리고 새끼농부를 만들어 보잔다.

그렇게 해서 만들어진 새끼농부는 정말 귀엽고, 효자이며, 우리민족을 이때껏 잘 이끌어온 장본인기도 하다. 그리고 그들은 이미 다시 땅 속으로 가셨는지도 모른다. 그렇게 우리 한민족은 지금까지 이어져 온 것이다.

판소리는 이렇듯 아무리 성적 흥미와 희열을 마음으로 맛본다하여도 그 결과로 인하여 실지로 어느 여인에게 성폭행을 한다거나 다른 사람을 상하게 하는 일은 절대로 없다. 그저 소리 자체로 느끼고, 절제하고, 삭이는 예술작업이다. 그리고 아무 일도 일어나지 않게 잘 노는 놀음이다. (나의 이론)

필자가 1980년도 1월, 알프스 융프라우에 올라서 산 아래 하얀 빙설(氷雪)을 바라보고 우리 소리 한 마당 크게 하고 왔다.

그 때만해도 융프라우 관광지엔 유리벽이 없었기에 판소리 춘향가 중에서 '천자(千字) 뒤풀이'를 하는 필자의 큰 소리는 온 알프스가 쩌렁쩌렁하게 울려 퍼졌다. 국내에서 못하던 울림을 융프라우에다 날렸다.

그 때 필자는 어쩔 수 없이 그 곳을 떠나왔지만 내가 뿌린 그 소리 씨(새끼농부, 새끼소리)는 자라서 내가 그 곳을 다시 찾았을 때는 그 아이가 열여섯 소년이 되어 융프라우를 다시 찾는 아버지를 알아보는 듯 했다. 어느덧 의젓하게 자란 아들이다.

필자가 떠나 온 이후에도 소리는 거기서 혼자 쩌렁쩌렁 울리며 자랐고, 우리민족의 소리는 지금도 그 곳에 남아있다고 말하는 것 같았다.

필자가 그때 다시 찾았을 적에는 유리벽이 둘러쳐져있어 비록 내가 뿌려놓았던 그 소리를 직접 듣지는 못했어도 나는 아들이 찾아와 어디서 아비를 부르는 것 같아 온 산을 두리번거리며 찾고 있었다.

은은한 성적묘사는 심청가에서도 나온다. 심봉사가 황성 맹인잔치에 올라가는 길에 한 마을 앞을 걸어가는데 방아를 찧던 여인들이 심봉사를 조롱한다.

"저기 가는 노인, 황성의 맹인 잔치에 가는 길인가본데 여기 와서 방아 나 좀 찧어주고 가오."

"고기반찬에 점심만 잘 주면 내 찌어주고 말고."

"아, 점심뿐이요. 밥도 주고, 술도 주고, 고기도 주고…"

"또 더 없소?"

"아이구, 저 영감님. 응큼하게 또 무얼 달라고 그런대" 하며 여인들이 와 그르르 웃으며 방아를 찧는다.

좀 더 재미있게 하기위해 창자별로 때와 장소에 따라 성적인 묘사를 좀 더 살짝 가미한 흔적들이다. 어디 그뿐인가? 디딜방아 자체의 생김새가 좀 이상하단다. 성적으로 사람을 닮았다고 한다. 가는허리에 가운데는 비녀를 찔렀고 양쪽 다리는 딱 벌어져 있어 밑을 보고 덜커덩 덜커덩 찧는 모양이 꼭 사람이 사랑하는 것과도 같이 맹랑하다고 판소리에도 나온다.

사람이 디딜방아를 찧 때 한 다리는 올려놓고, 한 다리는 내려놓고 오르락내리락 하면서 찧는 모양이 마치 그런 분위기를 연상하게 한다고 했다.

방아 찧는 장단도 처음에는 중중모리로 서서히 찧다가 나중에는 자진모리로 빨리 찧는다. 무슨 소리든지 사랑가이건, 농부가인건 처음에는 천천히, 그리고 점점 빨라져서 나중에는 자진모리로 끝은 맺는는(나의 이론)고 이미 설명한 바 있다.

이 방아타령도 뒤에 가서는 자진모리로 빠르게 달아난다. 그래야 일도 빨리하고 또 재미도 더 있다고 했다. 깨솝구나 깨방아요, 호호 맵다 고추방아란다.

이렇듯 판소리에서 성적묘사는 그럴듯하게 여러 군데 나온다. 어떤 이는 판소리가 그렇게 야한 장면까지 있느냐고 묻고, 그러면 어찌 아이들에게 들려주겠냐고 한다.

소리를 점잖하게 하겠다고 하면서 너무 신경을 쓰다보면 판소리가 엉뚱하게 싱거운 길로 가게 되는 수가 있다. 필자의 은사님인 고 정광수 명창은 누구나 인정하는 학식있는 전라도 양반이신지라 판소리 속에 욕같이 들리거나 성적인 말씨는 사설을 고쳐 불렀다. 그 예로 '19년'을 소리해야 될 곳을 '20년'으로 바꾸어 부르고 가르치다보니 내용이 엉뚱한 곳으로 가게 되는 경우도 있었다.

수궁가 중에 소중랑은 한나라 사람으로 흉노국에 사신으로 갔다가 거기서 붙들리어 19년만에야 고국으로 돌아오게 된다. 그래서 본래 판소리에는 "흉노국에 사신 갔다 주린 충절 십구년(19년)에 수발이 진백하야 고국산천…" 하는 대목이 있다.

여기서 '십구년'을 좀 세게 발음하다보면 '씹구년'으로, 듣기가 좀 거북하게 들리는 수가 있다. 그렇다고 여기서 19년을 20년으로 소리하면 큰 오해를 낫게 된다. 그리고 판소리 맛도 아니 난다. 판소리는 조심조심하다보면 제 맛을 잃게 되는 것이기 때문이다. 또 '소중랑의 19년'은 우리가 마음대로 고칠 수 없는 엄연한 역사적인 사실이고, 또 모두가 그렇게 알고 있기 때문이다. 19년이라고 소리했다고 해서 판소리를 상스럽다고 하지는 않을 것이다.

요즘 인터넷이나 영화 등에서 보는 베드신에다 비하면 어찌 이게 그리 심하다고 하겠는가? 흥미와 관심을 일으키게 하는 하나의 양념역할이라고 할 수 있겠다.

만약 청소년들이나 어린이들에게 들려줄 판소리라면 사랑가 4번 '궁자노래' 같은 것은 빼고 성인들이 감상하는 공연에서만 필요에 따라 하면 될 것이다.

동서양 문화차이로 본 판소리 감상

　지금은 모든 미디어의 발달로 동서양간 문화차이의 폭이 많이 가까워졌다. 서양인들도 우리 문화를 보고 듣는 눈이 우리네와 많이 근접해있음을 볼 수 있다.
　그러나 그들이 자주 접하지 않는 부문인 판소리 같은 고전은 아직도 생소하고 이해하기가 힘들 것으로 판단된다.
　이는 우리나라 국민들이나 젊은 학생들, 아직 어린 어린이들도 마찬가지이겠지만 우리 몸 뼛속까지 깊이 배어있는 우리 고전문화에 대하여 그 차이가 어떻게 나는지 한번 알아볼 필요가 있다고 하겠다.
　우선 간단하게 심청가 하나를 가지고 그 문화의 차이를 알아보기로 하자.
　심청이 모친 곽씨부인이 심청을 낳고 산후조리를 잘 못하여 그 후유증으로 죽게 되자 심봉사는 정신을 잃고 날뛰며 통곡을 한다. 하지만 동네 사람들이 만류하고 그럭저럭 상여를 만들어 부인을 산에다 묻고 집으로 내려온다.

그 전 심봉사는 곽씨 무덤을 안고 뒹굴며 넋을 잃고 술 한 잔 잘 따라 부어놓고 자신이 직접 지은 축문도 읽는다. 젊어 눈이 멀기 전에는 글을 많이 읽어서 몹시 유식한 편이다.

차호부인(嗟乎夫人) 차호부인(嗟乎夫人) 요차요조숙녀혜(邀此窈窕淑女兮)여, 행불구혜고인(行不苟兮古人)이라. 기백년이해로혜(期百年而偕老兮)터니 홀연몰혜언귀(忽然沒兮焉歸)요, 유치자이영서혜(遺稚子而永逝兮)허니 저걸 어찌 길러내며, 누삼삼이칠금혜(淚森森而漆襟兮)허니 진한 눈물 피가 되고, 심경경이소호혜(心耿耿而訴呼兮)허여 살길이 전혀 없네.

뜻을 풀이하면 이러하다.
- 아! 슬프도다. 부인이여! 내가 어질고 어진 부인을 맞아들였으니 행실과 예의범절이 옛날 어느 현모양처보다도 뒤지지 않는 좋은 부인이었소. 한 평생을 백년해로하려고 하였더니 그렇게 쉽게 홀연히 먼저 떠나버렸나요? 당신은 저 어린 자식을 두고 세상을 떠나다니 이제 내가 어떻게 저 어린 것을 길러내며, 눈물이 흘러 옷깃을 적시니 진한 눈물이 피가 되고, 마음이 갑갑하고 막막하니 살길이 전혀 없네 -

축문을 읽고 있는 심봉사의 소리를 듣고 있다 보면 눈물이 아니면 듣지도 보지도 못할 만큼 슬프고 애처로운 상황이 된다.
심봉사의 축문 읽는 소리가 산천에 쩌렁쩌렁 울린다. 맹인이라 소리도 맹성(盲聲)으로 엄성(嚴聲)에 가까우며 힘이 있고 무섭게 들린다. 본래 판소리에서 맹성은 맹인들이 내는 성음으로 조금은 무뚝뚝하고 날카로운 성음이다. 사실 맹인이 성질이 나면 그 음성이 무서운 법이다. 그 맹성을 찾아보는 대표적인 대목이 있다. 화주승이 쌀 300석을 보내주면 자신의 눈을 뜬다는 말에 심봉사는 얼른 그렇게 하겠다고 사인을 한다. 그러고 나서 제정신을 차려보니 전혀 불가능한 일을 약속한 것이라고 알게 된다. 이 때 심봉사는 자탄하며 운다.

살림을 팔자하니 단돈 석 냥을 뉘가 주며, 이 몸을 팔자한들 앞 보는 봉사 놈을 어느 누가 단돈 서푼이라도 주고 사가겠느냐고 울어댄다. 이 때

"…앞 못 보나안 봉사 놈을…"

하면서 푸념 섞인 성음인 '앞 못 보난' 하고 엄우조풍(嚴羽調風)의 무겁고 무서운 성음이 바로 맹인의 목소리인 맹성(盲聲)이다.

그래서 심봉사의 축문은 너무나도 슬퍼진다. 심봉사는 축문을 읽고 나서도 부인을 어찌 혼자 여기 이 깊은 산골짜기에 묻어두고 갈수 있겠느냐고 울어댄다.

당시 심봉사는 이렇듯 부인에 대한 사랑이 대단했다. 춘향이가 이 도령에 대한 열녀(烈女)라면 심봉사는 부인에 대한 열부(烈夫)라고 해야 되나 애처가라고 해야 되나 모르겠다.

심봉사는 단지 부인에 대한 사랑뿐만이 아니다. 아내가 딸을 낳았다고 서운해 할 때 심봉사는 그게 무슨 소리냐고 깜짝 놀란다. 절대 그런 생각은 하지 말라고 위안을 준다. 그리고 실지로 딸을 좋아하며 청이를 잘 돌본다. 이러한 심봉사가 마누라를 땅에다 묻고 돌아서려고 하니 도무지 발이 땅에서 떨어지지 않았다. 어린 청이를 봐서도 정신 차리고 다시 힘을 내서 집으로 내려가자고 하는 동리 사람들의 부축을 받으며 심봉사는 집으로 돌아온다.

집에 와서 보니 마누라가 누워있던 방안은 휑하니 비어있고, 부엌도 차가운 기운이 감도는데 심봉사가 빈 방안을 들어서며 느끼는 감정을 여기

판소리에 그대로 잘 표현하였고 슬픈 애조(哀調)로 잘 짜 놓았는데 그러한 판소리는 이렇게 시작된다.

(1) 집이라고 돌아오니 부엌은 적막허고 (2) 방안은 휑 비었는디
(3) 심봉사 실성발광 미치는디 얼싸덜싸 춤도 추고 허허 웃어도 보고
(4) 지평막대 흩어 짚고 이웃집에 찾아가서 "여보시오, 부인네들 혹시 우리 마누라 여기 안 왔소?"
(5) 아무리 부르고 다녀를 봐도 종적이 바이없네. 집으로 돌아와서 부엌을 굽어보며 "마누라!" 방으로 들어와서 (6) 쑥내 향내 피워놓고 통곡으로 울음 울제,
(7) 어린 아이는 기진하여 "응아 응아" 울음 우니 심봉사 기가 막혀 우는 아이를 안고 앉아 "우지 마라. 우지를 마라. (8) 너의 모친은 먼데 갔다. 낙양동촌(洛陽東村) 이화정(梨花亭)의 숙낭자(淑娘子)를 보러갔다. 죽상체루(竹上涕淚) 오신 혼백 이비부인 보러갔다. (9) 가는 날은 있다마는 오마는 날은 모르겠다. (10) 우지마라. 우지를 마라. 너도 너의 모친이 죽은 줄 알고 우느냐, 배가 고파 울음을 우느냐? 강목수생(剛木水生)이로구나. 내가 젖을 두고 안 주느냐? 응?"
(11) 그저 응아 응아. 심봉사 화가 나서 안았던 아해를 방바닥에다 내다치며 "죽거라. 썩 죽어라. 니 팔자가 얼마나 좋으면 니가 초칠 안에 네 어미를 잡아먹을 것이냐, 에이? (12) 너 죽으면 나도 죽고, 나 죽으면 너도 못 사느니라."
(13) 아해를 도로 안고 앉아 "아가 아가 우지마라. 어서어서 날이 새면 젖을 얻어 먹여주마. (14)우지마라. 내 새끼야."

위의 판소리를 동양적인 우리의 해석과 서양적인 해석을 비교하면서 서양적인 해석은 ( )내로 표시하려고 한다.

우선 (1)은 어둡고 어설픈 분위기를 나타낸다. 우리네 가난을 묘사하는 시골의 옛 부엌을 상기시킨다. 그릇을 놓은 살강에는 투박한 사기그릇 몇 개가 엎어져 있다. 요즘 아이들이 보면 비위생적이고 더럽다고 그런 그릇에 음식을 주면 아무 것도 먹지 않을 것이다. 그런 집에 들어오는 심봉사는 물론 부엌 안이 보이지는 않지만 눈에 보이듯 훤히 느낄 수는 있다. 30 전에 눈이 멀었다고 했으니까 모든 것을 느낌으로 잘 알아 볼 수 있다. 거기다가 마누라가 없으니 허탈하고 인생의 허무함을 느꼈기에 아이만 없었다면 아마 자신도 따라 죽고 싶었을 것이다. 서양 사람들이라면

(어두우면 전기를 켜면 될 것이고, 추우면 난방을 올리면 되고. 기분이 우울하면 스테레오에서 신나는 음악이나, 아니면 평소 아내가 좋아하는 음악을 틀면 되고. 상(喪)을 치루고 돌아왔으니 우선 샤워부터 해야 될 터인데 뭐하고 있지? 마누라 생각하며 양주나 한잔하면서 마음을 달래도 좋을 텐데. 마누라 유품도 빨리 정리하여 태우지 않고 뭐하고 있을까?)

(2) 마누라가 누워 있던 방안은 춥고, 냉기가 나고, 정이 뚝 떨어진다.

(조명을 밝게 하고. 그럴 때는 자동차 경주사진 같은 것을 방에 빽빽하게 붙여놓고 마누라를 잊어야하지. 다른 연예인 사진이라도 여기 저기 걸어놓던가 아니면 전자오락을 하던가, 그도 아니면 컴퓨터 놀이를 하면서 잊어야 좋을 텐데. 쯔쯔쯔…)

(3) 극한적인 상황이다. 슬픔이 너무 크다보면 사람들은 허허하고 웃는다. 넋을 잃고 정신없이 뛰기도 하고 춤도 춘다. 심봉사도 마누라 약을 지러 갔다가 오니 마누라는 그새 뻣뻣하게 죽어있었다. 그것을 보고 심봉사는 그렇게 뛰고 허허하고 웃으면서 울었다.

(그럴 때도 꼬냑 같은 독한 술을 마시거나 혹시 마약? 아니면 Sex? 아니면 악을 쓰거나, 제임스 딘이 당시 100마일로 달렸던 것 같이 자동차를 힘껏 최대한 과속으로 몰거나. 그렇게 달리다가 죽든가 살든가는 모르는 일이고)

(4) 정든 시골 풍경. 집 앞으로 개울물이 잘잘 흐르고. 동네 아낙네들이 모여 삼을 삼고 있거나 잔일을 하고 있을 때 심봉사가 거기 가서 혹시 자기 마누라가 여기 안 왔느냐고 물어본다.

(지평막대는 흉기 소지 주거침입 죄. 서양 같으면 주민들이 경찰에 신고. 불안조성에 격리신청. 파출소에다가 부인의 가출신고하면 될 터인데 왜 남의 집에 찾아다니지? 작가들의 안목으로 본다면 그런 식으로 다니다가 혹시 어느 여인과 눈이 맞아 앞으로 연애관계가 전개되지 않을까?)

(5) 여기저기 마누라 흔적이 역력하다.

(보고 싶으면 앨범 사진이나 보고 컴퓨터에 저장된 사진이나 볼 일이지. 아니면 그녀가 생전에 보냈던 편지나 읽어볼 일이고. 아차, 눈이 안 보인다고 했지? 그러면 생전 녹음이나 듣던가. 부엌에 뭐가 있다고 자꾸 부엌을 내다보는가?)

(6) 향불 피워 고인에 대한 예도 올리고 또 악취도 제거하고. 얼마나 정이 두터웠으면 남자가 큰 소리로 통곡을 하겠는가?

(위생처리 차원에서 빨리 근본적으로 병원 소독을 해야지 왜 향을 피우는가? 정말 답답한 사람들이로고. 시체가 며칠 동안 묵었던 방을 그냥 들

어가다니. 왜 방 안에다 시체를 놓아두었지? 병원 냉동시설에 보관하지 않고. 시체에서 흐르는 썩은 핏물이며 냄새. 거기에 아무래도 젖먹이 아이가 잠시라도 있었을 터인데 위생처리가 시급하구나. 남자가 슬프면 술을 마시거나 담배를 피우면 되지, 이 마당에 무슨 놈의 통곡을 한단 말인가? 참으로 한심한지고)

(7) 심봉사 혼자 젖 달라고 우는 어린 아이를 안고 앉아 이러지도 저러지도 못하는 딱한 처지에 있는데

(왜 빨리 우유를 먹이지 않고 아이를 울려? 저사람, 아비란 사람이 직무유기 아니야? 게을러빠졌군. 당장 경찰차를 부를까보다)

(8) 너의 모친은 먼데 가서 이제 돌아오지 않는다고 일러준다. 낙양성에 있는 동쪽마을로 배꽃이 피는 마을의 정자가 있는 곳이 숙향전(淑香傳)에 나오는 주인공인 숙낭자(淑娘子)를 보러갔다고 이른다.
또 요임금의 두 딸이며, 순임금의 아내가 된 아황과 여영을 보러갔다고 한다. 아황과 여영은 순임금이 죽자 어찌나 많이 울었던지 대나무 위에 눈물이 떨어져 얼룩진 채로 남아있다고 해서 후세인들은 그 혼백을 이비부인(二妃夫人)의 혼백이라 칭송한다. 그러니 너의 모친은 한번 가면 영영 돌아올 수 없는 그 곳으로 갔다고 아이에게 일러준다.

(어디 갔으면 곧 돌아오겠지. 못 오면 전화하겠지. 만약 부친이 모친과 이혼이라도 했다면 앞으로 딸과 모친은 종종 만날 수 있는 법적조치를 했을 터이니 크게 걱정할 것이 없고)

(9) 죽음을 의미한다.

(어디를 갔으면 갈 때에 오겠다고 한 날짜를 약속을 했던가, 아니면 오는 날의 시간과 장소, 교통편 등을 미리 예약을 했을 터인데 오는 날을 모른다고? 혹여나 죽었다면 매년 추모식을 해주면 되고. 어렸을 때 모친이 죽었다면 아이를 보육원으로 보내거나 아니면 해외에 입양하는 방법도 있으니 별 걱정이야 되겠어?)

(10) 이것이 홀아버지가 할 수 있는 능력의 전부이다. 아이가 젖을 달라고 보채니 안타깝고 미치겠구나. 마치 바짝 마른 나무에서 물을 찾듯이 늙은 아비에게 젖을 달라고 하면 어떡하느냐고 속이 탄다.

(어머니가 없다 해도 아버지 혼자 충분히 아이를 키우며 살아갈 수 있다. 냉장고에는 신선한 우유가, 기저귀는 편의점에서 사면되고. 편의점은 24시간 문을 열어놓았으니 걱정할 것이 없다. 그래도 힘들면 112나 119에 전화해서 보육원에 데려가 달라고 부탁하고. 아버지도 정말 한심한지고. 혼자서 해결하려고 하면 어떡해요?)

(11) 얼마나 화가 났으면 아버지가 청이 보고 '네 어미를 잡아먹은 것'이라고 욕을 했을까? 너를 낳다가 네 어미가 죽었으니 말이다.

옛날에는 애 낳다가 산모가 많이 죽었다. 단종(端宗) 모친이며 문종의 비(妃)도 산후 3일 만에 죽었고, 인종의 모친이며 중종의 비인 장경왕후(章敬王后)도 산후 6일 만에 죽고 말았다. 그 때 대신들은 의녀인 장금(長今)이가 잘 못했으니 장금에게 큰 죄를 주어야 한다고 연일 상소를 올렸다. 하지만 중종은 인명은 재천이라 명이 짧아 죽었지 의녀가 무슨 죄가 있느냐고 상소를 묵살하였다고 조선왕조실록에는 기록하고 있다.

심청모친도 애를 낳다가 죽었으니 아이가 밉기도 했지만 한편 생각하면 아이에게 다시 측은한 생각이 드는 것이 부모 마음이다. 아이고, 어린 것이 무슨 죄가 있겠느냐고 마음을 고쳐먹는다.

(친자영아(親子嬰兒)살인 미수죄이다. 어린 아이를 죽이려하다니, 당장 사법처리 할 일이다. 폭행치사, 친자보육기피죄 같은 죄목이 있는지 알아볼 일이다. 그리고 잡아먹다니? 누가 누구를 잡아먹어?)

(12) 부모 마음을 잘 표현한 대목이다.

(서로 개체가 다르고 인격이 다른데 어찌 어른이 아이와 함께 죽는다고 하지? 동반자살? 이것은 큰 죄목이다. 아이의 목숨을 부모라고 마음대로 해서는 안 된다)

(13) 그래. 아침에 해가 떠야 무슨 일이든지 할 수 있지. 해가 밝아지면 이집 저집을 다니면서 젖을 얻어 먹여줄 터이니 조금만 참고 기다려라.

(남의 젖을 먹이다니. 말도 안 돼. 위생상도 그렇고, 어찌 자기 아이에게 먹이는 젖을 남의 아이에게 빨린다는 말인가? 아 젖이 없으면 우유나 분유가 많이 있지 않는가? 따뜻한 물에 온도를 잘 맞추어 분유를 풀어먹이면 되는데. 누구나 쉽지 않은가? 또 해가 뜰 때까지 기다릴 필요가 뭐 있어. 애가 당장 배가 고픈데. 아빠도 참 잔인하다. 슈퍼도 있고 24시 편의점도 있는데 밤중이라도 얼른 가면 될 터인데. 아빠가 맹인이라 좀 게으른가? 또 젖을 얻어 먹인다고 치자. 남의 부인들이 젖가슴 내놓고 자기 아이 젖 주고 있을 때 불쑥 찾아가서 "우리 아이 젖 좀 주오"하고 부탁하면 그건 성범죄가 아닌가? 비록 앞이 안 보여 볼 것을 전혀 못 보았다고 법정에서 변론을 한다고 해도 그러면 일이 복잡하게 된다. 어느 정도가 안 보이는지가 입증이 되어야한다. 설령 앞이 전혀 안보여 상대방 부인의 가슴을

볼 수 없었다고 치더라도 일단 상대방에게는 수치심에 따른 정신적인 보상 문제가 뒤따를 것이다.

(14) 그래도 자기 새끼에 대한 깊은 정은 어디 가겠는가? 여기서 "내 새애액끼야!" 하는 성음은 부친의 자식에 대한 무조건적인 사랑이다. 동물적인 원초적 감정 그대로다. 부모는 그 대목을 소리할 때 이미 배가 빵빵하게 부른 아이를 연상하게 된다. 그리고 다시 본래 아빠의 마음으로 되돌아간다.

(당장 배가 고픈데 울지 말라고만 하면 되나? 빨리 해결책을 모색해야지. 한숨만 쉬고 있는 아빠가 참으로 더 한심하군. 심봉사 그분 참으로 이해가 안 되는 사람이로다.)

이처럼 문화의 차이는 우리의 생활에서 엄청난 서로 다른 결과를 낳게 하기도 한다. 때로는 종교적인 차이, 때로는 세대차이나, 사상적인 차이 등으로 서로 갈등을 빚기도 하고 때론 전쟁도 불사한다. 그러니 예술적인 차이야 말하면 무엇 하겠는가?
요즘 우리네의 젊은이들은 서구적인 사고가 깊이 배어 부모와 할머니, 할아버지와의 세대차는 말할 것도 없고 같은 형제간끼리도 나이에 따라 세대차가 있어 의사소통이 안 된다고 한다.
얼마 전 어느 성당에서 따뜻한 가족행사를 하는 마당에서 대표로 할머니와 손녀의 편지를 서로 읽어주는 장면이 있었다.
할머니는 중학교에 다니는 손녀가 어려서부터 어떻게 자라왔으며 지금은 대견스럽기도 하다고 사랑의 편지를 써서 읽어주었다.
다음은 손녀딸의 차례다. 편지 내내 처음부터 할머니에 대한 이야기를 하면서 서양식으로 문장마다 '당신'이 어쩌고저쩌고 했다.

"…당신은 언제나 우리들을 보살펴 주시고, 저는 당신이 얼마나 많이 사랑해준 손녀인지 알고 있어요."

어린 손녀가 할머니 앞에서 당신, 당신 하니까 듣고 있던 노인들과 다른 가족들에게도 귀에 거슬렸고 서양식 당신(YOU)이 이럴 때는 그 뉘앙스가 우리네와 너무나도 달리 느껴졌다.

'당신' 대신 '할머니'라고 했으면 얼마나 좋았을까 하는 마음이 간절했다. 만약 할머니가 돌아가시게 되었을 때 시신 앞에선 손녀가 울면서 하는 말을 판소리로 옮겨본다면

"아이고 할머니! 당신은 우리 어린 것들을 두고 어디로 그리 훌쩍 떠나셨소? 당신이 없이 우리는 어떻게 살라하고. 하며 슬피 운다."

이런 경우를 상상했을 때 그 울음이 과연 얼마나 진하게 느껴지고 그 슬픔이 얼마나 크게 우리 마음에 와 닿겠는가? 역시 자식도 남이요, 손주 녀석은 더욱 더 남이니라. 하고 탄식하지 않을까 걱정이 된다.

기생이라고 우습게 알지 말라

우리 조상들은 유교생활 하에서 남녀유별이 강하였고 여인들은 주로 가정 안에서 생활하여왔기에 다른 남성과의 교분이 거의 없었다. 그러다보니 남녀 간에 시나 음악을 주고받으며 교분을 가지고 있는 그룹은 주로 기생이란 신분이었다.

기생이라고 해서 지금 우리가 아는 남정네에게 술이나 따라주고 남정네가 시키는 대로나 하는 그런 부류의 기생은 아니었다. 남자보다도 더욱 기상이 높고 풍류가 있으며 기품이 나는 기생으로 여류 명창이며 시인들이 얼마나 많은가? 우선 조선시대만 살펴보자.

의암(義岩)부인 논개(論介)는 기생으로 잘 못 알려져 있지만 실지로 기생은 아니었다고 이미 언급했다.

논개의 고향은 전라북도 장수였다. 일찍이 14살때 아버지를 여의고 삼촌 주달무가 노름빚에 논개를 부잣집 김풍헌에게 민며느리 감으로 팔아 논개와 어머니는 할 수 없이 어머니의 친정인 전남 화순으로 가서 숨어살았다. 마침내 김풍헌의 고소에 장수 현감 최경회(崔慶會)는 그 사건을 자세히 검토해본다.

그러나 논개의 모녀에게 잘 못이 없다는 판결을 내린 최현감은 오고갈 곳이 없는 모녀에게 자기 숙소에서 묵도록 했다. 마침 현감의 아내가 몸이 아파 누가 보살펴야하는 처지인지라 서로에게는 도움이 되었던 것이다.

최현감의 부인은 병으로 죽으면서 가능하면 착실한 논개를 소실로 맞아줄 것을 간곡하게 권하였고 현감은 그렇게 받아들였다. 그 후 1591년 최현감은 다시 무장 현감으로 가면서도 논개를 데리고 갔다. 이때 논개는 18세였고 최 현감은 60세였으니 42세의 차이가 난다.

이렇듯 최경회 장군은 본래 무인(武人)이 아니었다. 평소 활을 잘 쏘았기에 문신 2품 이하의 관리들이 임금 앞에서 벌리는 활쏘기대회에서도 장원을 한 빼어난 무장이기도 하다.

그래서인지 최경회 현감이 모친상을 당하여 현감을 그만두고 모친의 묘를 지키고 있던 1592년, 임진왜란이 일어나서 같은 해 7월 의병장 고경명 장군이 순절하자 그 부하 문홍원이 최경회 장군을 찾아와 의병장이 되어 줄 것을 간청한다.

모친상 중에서도 나라를 위하여 마지막으로 보답하겠다는 각오로 그해 다시 예전에 근무했던 장수로 돌아가 금산, 무주 등지에서 왜군을 무찌르는 큰 공을 세워 당시 제1차 진주승첩을 이끄는데 외곽에서의 큰 도움을 주었다. 1593년 최경회장군은 경상우도병마절도사로 승진되어 진주성에서 힘겨운 싸움을 한다.

이때 위와 같은 직책으로 승진하여 진주성으로 가게된 것도 영남의병장인 조정(趙靖)을 비롯하여 많은 백성들이 임금에게 상소하였기 때문이다.

영남의병장 조정은 임란일기에서 '호남인은 싸움을 무서워하지 않고 싸워 이기고, 영남인들은 무서워하니 패한다. 더욱 주장(主將)은 의로서 죽겠다는 마음이 없다'며 모든 군졸들이나 백성들이 원하는 최경회장군을 보내달라고 원했다. 최장군은 그렇게 해서 진주성으로 부임하게 된다.

그러나 1593년 6월, 명나라의 원군도 철회되고 중앙에서도 어쩔 수 없어 지원군이 없는 마당에서 아군 700명을 가지고 있는 최경회장군은 가또가 이끄는 10만 명의 왜군을 물리치지 못하고 죽기 아니면 살기로 9일 동안을 주야로 싸우다가 마침내 진주 남강에 뛰어들고 말았다.

최경회 장군은 촉석루에 올라 북쪽을 향해 4배를 하고 "외로운 성(城)이 포위당했는데 밖에서 지원군은 오지 않고 형세도 불리하고 힘도 다했으니 한 번 죽음으로 나라의 은혜에 보답할 뿐이다"라고 말 한 후에 시 한 수를 지어 읊고 나더니 고종후 장군, 창의사 김천일 장군과 함께 남강의 푸른 물속으로 몸을 던졌다. 이 시가 바로 '촉석루중3장사(矗石樓中三壯土)'이다.

  일배소지장강수 一杯笑指長江水
  장강지수유도도 長江之水流滔滔
  파불갈혜혼불사 波不竭兮魂不死

술 한 잔 마시고 웃으면서 장강 물을 가리키네
장강 물은 밤낮으로 도도히 흘러가니
저 물이 마르지 않는 한 우리의 넋도 죽지 않으리

장군들과 민군의 병사들이 처한 당시 상황을 생각하고 장군의 시를 읽다보니 눈물이 나려고 한다. 판소리 하는 사람이나 판소리를 좋아하는 사람들, 아니 우리 모두는 평소 이런 시도 알고 있어야 좋을 것 같다. 이러한 충신들도 기억하고 있어야한다. 그리고 물론 논개부인도 제대로 기억하고 있어야한다.

남편의 이러한 죽음이 있었기에 논개는 그대로 있을 수가 없었다. 왜군들은 크게 승리했다고 자축하는 파티를 7월7석날 가지게 된다. 이 때 왜군들 외에는 조선인 기생들만 출입하게 되었으니 논개가 기생으로 위장하여 들어가 일을 낸 것이다. 그런데 왜 논개가 기생이란 말인가? 여기서 최경회 장군과 논개는 참으로 귀하고 고귀한 만남이 있었다는 것이다.

두 번째로 진귀한 만남은 황진이(黃眞伊)와 벽계수(碧溪守)의 만남을 이야기 하고 싶다.

황진이의 '청산리 벽계수야' 시는 누구나 알고 있다.

청산리(靑山裏) 벽계수(碧溪水)야 수이 감을 자랑마라
일도창해(一到滄海)하면 돌아오기 어려우니
명월(明月)이 만공산(滿空山)하니 쉬어간들 어떠리

여기서 명월(明月)은 황진이 자신의 호이다. 여기서 제대로의 뜻을 알고 나면 참으로 기(氣)가 막히게 좋은 시이다.

판소리에서 '기가 막히다'는 말은 자주 나오는데 사실 기(氣)막히면 사람이 죽는 것이다. 판소리에서 '기가 막히다'라고 할 때는 어쩔 수가 없어, 사태가 막막하여, 어이가 없어, 그런 뜻이다. 여기서는 죽도록 좋은 시라고 풀이해야 될 것 같다.

독자들은 황진이를 누구나 이미 잘 알고 있을 것이다. 개성의 송도3절(松都三絶)이라 하여 유명한 세 가지 명물과 사람이라고 해서 화담(花潭) 서경덕(徐慶德), 박연폭포, 그리고 황진이라고 하지 않는가? 그렇지만 시와 풍류를 벗 삼고 있었던 벽계수에 대하여는 그저 한량이며 멋있는 대감정도로만 알고 있지 그 이상은 잘 모를 것 같아 여기서 알려주고 가고

자한다.

여기서 황진이가 노래한 벽계수(水)는 본래 그 수(水)가 아니고 벽계수(守)의 수(守)이다. 벽계수의 이름(휘諱)은 종숙(終叔)으로 세종대왕의 증손자이다. 다시 말해 벽계수는 세종대왕 아들인 영해군(寧海君派의 파조)의 손자이다. 벽계수는 필자의 19대조 할아버지인 청화수(淸化守)의 친동생이기에 필자가 잘 알고 있다.

수(守)라는 품계는 왕손이 어렸을 때 받은 품계로 정 4품에 해당한다. 종숙은 처음에 정 4품인 수(守)를 붙여 벽계수(碧溪守)라고 불렀다. 그 다음에 종 3품인 부정(副正)이라고 했다가, 그 다음에는 정 3품인 도정(都正)으로 불렀다.

벽계도정의 사촌 형님인 강령군(江寧君)과 친 형님인 시산군(詩山君) 정숙(正叔)은 벽계도정과 같이 조광조와 함께 성리학에 관심을 두고 늘 중종임금 곁에 있으면서 왕에게 조언도 하고 왕자의 교육에도 신경을 많이 썼다고 기록되어있다. 특히 중종 왕비 신비가 중종반정으로 왕비에 오르자마자 일주일 만에 폐비가 되어 쫓겨났던 것이 억울하다고 연명으로 상소를 계속하다가 전라도로 유배된 눌재(訥齋) 박상(朴祥)과 김정(金淨)의 석방과 복위운동을 적극적으로 벌렸던 종친이다.

그 당시 선비들은 강령군, 시산군, 벽계도정의 형제들을 중국전한시대의 종친으로서 학자이며 충신이었던 유향에 비유하였다. 그러나 벽계수의 집안은 연산군 때와 그 이후 중종 때에도 기묘사화와 신사무옥 때에 다 몰살되고 풍비박산이 되었다.

무옥(誣獄)이란 본래 죄가 없는 것을 무고하게 뒤집어쓰는 것을 말한다. 우선 첫 번째로 연산군 때 백견(白犬)이라고 하는 나주 기생(內嬖) 김숙화 때문에 온 집안이 풍비박산이 되기 시작한다.

김숙화가 연산군과의 잠자리에서 벽계수 사촌형인 강령군(江寧君)의 집이 정원도 넓고 좋으니 그 것을 빼앗아 달라고 했다. 연산군은 즉석에서 승낙했다. 김숙화는 다음날 강령군의 집에 가서 집을 내놓으라고 하니 그 집 종인 금음동(今吟同)은 이에 불응하며 어찌 그럴 수가 있느냐고 싫은 소리 한마디를 했다. 김숙화는 당장 연산군에게 고했고, 벽계수의 친족들은 소위 말하는 사돈네 8촌까지 모두 집과 관직을 빼앗기고 남해로 귀양을 가야했다. 몇 달 후에 중종이 반정으로 왕위에 오른 후에 피해자들의 관직은 다시 복위되고 집은 주인에게 되돌려주었으며 그 기생 김숙화는 참수형을 당했다. 거기까지는 좋았다. 하지만 이어서 벌어지는 당권싸움에 또 다시 피해를 본 것이다. 기묘사화와 신사무옥 때 이들 형제들이 조광조와 같이 개혁에 꿈을 꾸고 있다하여 훈구파가 휘두른 칼에 모두가 무고하게 몰살되고 만다.

이때 벽계수는 기묘사화 때 나이 12세요, 신사무옥 때는 14살이었으니 아직 어리다고 하여 직접적인 화는 면했다. 그러니 커서도 나날이 술과 풍류로 세월을 보낼 수밖에 없었을 것이다. 마치 양령대군(讓寧大君)이 그러했듯, 또 흥선대원군이 그러했듯, 세월을 벗 삼아 물 흐른 대로 살면서 세상과 거리를 두면서 때로는 미친 듯이, 때로는 모자란 듯이 시나 읊으면서 살았을 것이다.

그러나 인물의 훌륭함을 아는 중종은 벽계수를 그의 나이 35세에 황해도 관찰사로 내보낸다. 이 전후로 해서 아마 황진이와도 알게 되고 같이 풍류를 읊으며 교류했을 것이다.

세간에서는 황진이가 도도하게 벽계수의 마음을 떠보는 식으로 해서 '청산리 벽계수야' 하고 시를 썼다고 하나 전주이씨 계보에는 황진이가 몇 번이고 벽계수에게 가까이 하려했으나 실패한 것으로 나온다.

누가 누구를 먼저 가까이 하려고 했는지 아닌지가 중요한 것이 아니라, 시를 아는 사람들끼리 같은 시대에 서로 교류하며 살다가 간 것이 더욱 중요하다고 본다. 다만 이러한 훌륭한 분들의 업적이나 시 한수도 제대로 이해하지 못하면서 그 여류 시인들을 기생이라고 마구 대하여 누구나 함부로 불러대는 사람들이 안타까울 따름이다.

　라디오에서 "황진이, 황진이…" 하고 마치 옆 집 개(犬) 불러대듯 불러대는 황진이 노래가 나올 때마다 눈살이 절로 찌푸려진다. 왜냐하면 황진이는 필자의 19대조 할아버지 애인이기 때문이다.

　황진이가 벽계수의 수(守)자를 수(水)로 바꾸어 자신의 호인 명월(明月)과 같이 조화를 이루게 하는 시를 썼던 그 아이디어를 높이 존경한다.
　그처럼 발음소리가 같게 만들어 시를 썼던 시인이 어디 황진이뿐인가? 송강(松江) 정철(鄭澈)과 시를 주고받았던 진옥(眞玉)도 대단하다고 본다. 정철이 먼저 시를 한 수 읊는다.

　　옥(玉)이 옥(玉)이라 커니 번옥(燔玉)인가 하였더니
　　오늘 와 다시 보니 진옥(眞玉)임이 분명코나
　　내 이 살 송곳 있으니 뚫어볼까 하노라.

　이에 진옥이 화답한다.

　　철(鐵)이 철이라 커니 석철(錫鐵)인가 하였더니
　　오늘 와 다시 보니 정철(正鐵)임이 분명코나
　　내 이 불무(풀무) 있으니 녹여볼까 하노라.

　자, 이 정도면 서로 막상막하 실력이지 않는가? 먼저 송강이 읊은 시의 번옥(燔玉)이라면 불에 구운 별 값어치 없는 옥을 말한다. 그러다가 알고 보니 진짜 좋은 옥이란 것을 알았다고 하니 상대방이 얼마나 좋아할 것인가? 자기를 인정해주니 상대도 가만히 있을 수가 없었다. 다시 시를 받아 읊되 철이 그냥 별 볼일 없는 주석으로 된 석철((錫鐵)인가 했더니 오늘 보니 좋은 철이라는 뜻인 정철(正鐵)임이 틀림없다고 인정해준다.

송강(松江)은 비록 글자가 다른 정철(鄭澈)의 호이지만 소리가 같은 정철(正鐵)이니 이렇게 서로 주고받을 정도이면 술 한 잔 마시면서 얼마든지 같이 시간을 보내도 좋을 것 같다. 참으로 기이하고, 진기하고, 진귀한 만남이다.

이러한 진귀한 만남은 얼마든지 또 있다. 조선시대의 기생이며 3대 여류 시인은 앞서 말한 황진이, 지금 말할 매창(梅窓) 이향금(李香今), 그리고 다음으로 이야기할 운초 김부용(雲楚 金芙蓉)이다.

매창은 부안 기생으로 38세로 요절한 시인이다. 그리고 보니 둘은 거의 같은 해에 태어나 논개는 20세에 죽고, 매창은 18년을 더 살다가 죽었다. 매창은 가사(歌詞)와, 한시(漢詩), 시조, 가곡, 현금 등 못하는 것이 없었다. 특히 가사와 한시가 70여 수에 이른다고 한다.

매창은 평소 이귀(李貴), 유희경(柳希慶) 및 허균(許均)과도 교류를 했다고 한다. 유희경의 시 속에 매창에 관한 시가 10여수가 들어있다고 하니 얼마나 가까이 지냈을까하는 부러움도 생긴다.

유희경은 매창보다 28세 많은 편이지만 나이가 무슨 관계가 있겠는가? 또 홍길동의 저자인 허균이 부안에 내려오게 되니 매창은 또 하나의 귀중한 문우(文友)를 만나게 된다.

허균은 강릉에 살다가 과거급제한 후에 황해도 도사(都事)로 갈 적에 한양에서 젊은 기생을 데리고 가서 가깝게 했다고 하여 파직당하고 말았다. 이어서 삼척부사로 있을 때는 또 염불과 참선을 하여 정부의 억불정책과 상충이 되니 다시 파직을 당했다. 그리고서 그는 전라도 부안에 내려와 있으면서 매창을 알게 된다.

두 문인들은 서로 통하는바가 많아 가깝게 지내다가 매창이 일찍 죽게 되니 허균은 그녀의 죽음을 몹시도 슬퍼하며 시를 한수 남긴다.

그녀의 신비한 글귀는 비단을 펴놓은 듯
청아한 노래는 가는 바람을 멈추는 듯
복숭아를 딴 죄로 인간 세계에 내려왔는가?
선약을 훔쳤는지 이승을 떠나는구나.

이제 운초(雲楚) 김부용(金芙蓉)에 대하여 얘기해보자.
판소리 춘향가에서 춘향이가 매를 맞고 기절해 있을 때 여러 기생들이 달려 나와 데모를 한다. 차라리 이참에 춘향이가 매를 맞고 죽었으면 좋겠다고 한다. 만약 춘향이가 죽으면 다른 기생들처럼 춘향이란 그 이름이 영원히 남을 것이라고 생각했다.
그러면서 역대 훌륭한 기생들을 열거한다. 진주에 의암부인 나고, 평양에 월선부인 나고, 안동기생 일지홍은 산 열녀문을 세웠고, 청주기생 화월이는 삼층각에 올라있다고 했다.
그러면서 '성천(成川)기생은 아이로되 칠거학문이 들어있다'고만 했다. 성천기생 이름을 제시하지 않았기에 필자는 그녀가 실지인물인지, 아니면 가공인물인지 몰랐었다. 나름대로 잘 알려진 연구서적 마다 미상이라고만 표시해 놓았다. 그러나 필자가 찾아내었다고 위에서 언급한바가 있다.
여기서 기생들을 다시 한 번 더 설명하자면 진주의 의암부인은 논개이고, 평양의 월선부인은 계월향(桂月香)이다. 그러면 필자가 찾았다고 하는 춘향가에 나오는 성천(成川)기생은 과연 누구인가? 바로 운초(雲楚) 김부용(金芙蓉)이다.

운초 김부용은 어려서 부모가 돌아가셨다. 그러나 부용은 삼촌 일화당의 밑에서 글공부를 제대로 하여 훌륭한 시인이 되었다. 앞에서 이야기한 논개는 노름빚에 몰린 삼촌이 부자에게 논개를 팔아넘겼다고 했는데, 여기 김부용의 삼촌은 그녀를 큰 시인으로 길러주었다.

어린 부용은 12살에 기적(妓籍)에 올리고 기생으로서의 수업을 잘 받았다. 당시 김부용이 살던 성천(成川)에는 유관준(劉寬埈)이 부사로 부임했다. 부용을 본 그는 대단한 관심을 가지고 지켜보고 있었다. 그때 평양에는 평양감사로 김이양(金履陽)이 있었는데 이 김이양은 유관준이 스승으로 모신 상관이시다. 자신의 직속상관이기도 한 김이양에게 유관준은 김부용을 평양으로 데리고 가서 소개한다. 그리고 그 영특하게 생긴 운초 김부용을 맡아달라고 권한다.

그 때 김이양의 나이는 77세였고 운초 김부용은 19세였으니 58세의 나이 차가 난다. 물론 처음에 김이양 평양감사는 싫다고 했다. 나이가 그리 차이가 나는데 어찌 그리할 수가 있느냐고 했지만 시로 서로 뜻이 통하는데 나이가 무슨 문제가 되겠느냐고 김부용은 말했고, 평소 자신의 시에 관심을 가지고 있었다는 김감사의 말에 부용은 그를 좋아하게 되었다.

김이양은 후일 한양으로 올라와 호조판서를 비롯하여 여러 판서를 두루 거치면서도 부용을 사랑하게 된다. 그가 평양에서 한양으로 올라가면서 다른 감사가 내려오면 또 부용을 건드릴까 봐서 아예 부용을 기적에서 빼주었다. 그러나 한양으로 올라 간지 일 년이 다 되어도 소식이 없자 부용은 긴 한숨을 쉬면서 임을 그리며 그 유명한 '보탑시(寶塔詩)'를 남긴다.

필자는 이제 운초 이야기만 들어도 가슴이 설렌다. 정말 대단한 시인이다. 시를 구상하고 시상을 떠 올리는 그 발상과 상상력이 그림으로 치면 마치 피카소와 같이 엉뚱하면서도 놀랍기만 하다.

우리 그림으로 치면 이 중섭의 '황소'같이, 김기창 화백의 소나무 위에 앉은 독수리처럼 힘이 불끈 솟는다.

일반 보통 사람으로서는 전혀 예상하지 못할 참신하고 기발한 발상을 한 것이다. 필자가 서예는 잘 모르지만 춘향가 판소리에서 노래하듯 왕희지(王羲之)가 일필휘지로 써 내려간 글씨를 보듯, 조맹부(趙孟頫) 글씨체로 사정없이 힘 있게 내려쓴 글씨를 연상하듯, 부용의 시 구성은 옛날 우리 조상들이 전혀 생각하지 못했던 혁신을 일으킨 것이 아닌가 한다. 부용은 시 첫 구절의 첫 글자를 단 한자로 딱 던져놓는다.

'別'. 이별별자다.
또 그 아랫줄에 '思'자를 쉽게 적어 놓는다. 생각사자다.
이별이라. 그리고 생각과 그리움이라. 좀 당차고 당돌하리만큼 획기적이다. 여기 이러한 착상에서 필자는 감탄하고 또 그녀를 좋아하게 되고 만다. 시는 여러 말이 필요 없다. 시는 본래 이렇게 사족(蛇足)이 필요 없다는 것이다.

판소리도 마찬가지다. 판소리 자체가 장편의 시(詩)이니 말은 간단명료하게 전달해야 설득력도 있고 호소력도 있다. 그래서 판소리는 웅변과도 같은 맥락의 장르라고도 할 수 있겠다. 그런 의미에서 운초의 시는 획기적이다. 더구나 젊은 여자의 가슴에서 처음부터 어떻게 그러한 큰 스케일의 구도가 잡혔을까하고 놀라움과 존경심이 절로난다. 아마 많은 남정네들이 여기에 홀딱 반했을 것 같다.

어느 남자가 이렇게 큰 포부와 큰 가슴을 가지고 있었을까? 마치 태고적 우리조상들이 흰 눈이 내리는 날, 높은 산 정상에 올라 흰 소 잡고 동이 술을 부은 후에 하늘에 제사를 정갈하게 올리는 그런 장엄하고 엄숙한 분위기를 연상케 한다.

운초의 시는 또 필자가 1980년 정초, 알프스 융프라우 얼음산 정상에 우뚝 서서 만년설을 내려다보며 우리의 판소리 한 대목을 목청껏 뽑아 만년의 정적을 깨우면서 느꼈던 감정을 떠올리게도 한다. 머리가 저절로 개운해지고 맑아진다. 이러한 이야기를 하게 된 것은 그녀가 남긴 '부용상사곡'이라는 이 보탑시(寶塔詩)를 보고서 하는 말이다. 우선 시어의 배열을 보는 그 자체만으로도 하나의 예술이다.

　처음의 첫 행에 이별별(別)자 하나를 딱 올려놓고, 그 다음에 생각사(思)로 시작하더니 그 밑으로 두자씩, 또 그 밑으로는 세자씩, 그리고 네 자, 다섯 자씩으로 점점 늘려가면서 마지막에는 열여덟 자로 끝을 맺는 그 발상에 너무 감탄했고 존경스러웠다.

別
思
路遠
信遲
念在彼
身留玆
紗巾有淚
雁書無期
香閣鍾鳴夜
鍊亭月上時
依孤枕驚殘夢
望歸雲 遠離
日待佳期愁屈指
晨開情札泣支
容貌憔悴把鏡下淚
歌聲嗚咽對人含悲
銀刀斷弱腸非難事
珠履送遠眸更多疑
朝遠望暮遠望郎何無信
昨不來今不來妾獨見欺

浿江成平陸後鞭馬過否
長林變大海初乘船欲渡之
見時少別時多世情無人可測
好緣短惡緣長天意有誰能知
一片香雲楚臺夜神女之夢在某
數聲良甥柰樓月弄玉之情屬誰
欲忘難忘强登浮碧樓可惜紅顏老
不思自思乍倚牡丹峯每歎綠髮衰
獨宿空房下淚如雨三生佳約寧有變
孤處香閨頭雖欲雪百年貞心自不移
罷春夢開竹窓迎花柳少年總是無情客
推玉枕攬香衣送歌舞者 莫非可憎兒
千里待人難待人難甚矣君子薄情豈如是
三時出門望出門望悲哉賤妾苦懷果何其
惟願寬仁大丈夫決意渡江舊緣燭下欣相對
勿使軟弱兒女子含淚歸泉哀魂月中泣相隨

위의 시를 풀이하면 아래와 같다.

이별하옵니다 (別)
그립습니다 (思)
길은 멀고 (路遠)
글월은 더디옵니다 (信遲)
생각은 님께 있으나 (念在彼)
몸은 이 곳에 머뭅니다 (身留玆)
비단 수건은 눈물에 젖었건만 (紗巾有淚)

소식은 기약이 없습니다(雁書無期)
　향각서 종소리 들려오는 (香閣鍾鳴夜)
　연광정에서 달이 떠오르는 이때 (鍊亭月上時)
　쓸쓸한 베개에 의지했다가 (依孤枕驚殘夢)
　잔몽에 놀라 깨어 돌아오는 구름을 바라보니 멀리
　떨어져 있음이 슬픕니다 (望歸雲 遠離)
　만날 날 수심으로 날마다 손꼽아 기다리며 (日待佳期愁屈指)
새벽이면 정다운 글월 펴 들고 턱을 괴고 우옵니다 (晨開情札泣支)
용모는 초췌해져 거울을 대하니 눈물 뿐이고 (容貌憔悴把鏡下淚)
목소리도 흐느끼니 사람 기다리기가 이다지도 슬픕니다 (歌聲嗚咽對人含悲)
은장도로 장을 끊어 죽는 일은 어렵지 않으나 (銀刀斷弱腸非難事)
비단신 끌며 먼 하늘 바라보니 의심도 많습니다 (珠履送遠眸更多疑)
어제도 안 오시고 오늘도 안 오시니 낭군님께서 어찌 그리 신의가 없습니까 (朝遠望暮遠望郎何無信)
아침에도 멀리 바라보고 저녁에도 멀리 바라보니
첩만 홀로 속고 있는 것은 아닌가요 (昨不來今不來妾獨見欺)
대동강이 평지가 된 뒤에나 말을 몰고 오시려 합니까 (浿江成平陸後鞭馬過否) 장림이 바다로 변한 뒤 노를 저어 배를 타고 오렵니까 (長林變大海初乘船欲渡之)
이별은 많고 만남은 적으니 세상사를 누가 알 수 있으며 (見時少別時多世情無人可測)
악연은 길고 호연은 짧으니 하늘의 뜻을 누가 알 수 있겠습니까 (好緣短惡緣長天意有誰能知) 운무산에 행적이 끊기었으니 선녀의 꿈을 어느 여자와 즐기시나요 (一片香雲楚臺夜神女之夢在某)
월하봉대에 피리 소리 끊기었으니 농옥의 정을 어떤 여자와 나누고 계십니까 (數聲良甥奈樓月弄玉之情屬誰)

잊고자 해도 잊기가 어려워 억지로 부벽루에 오르니
홍안만 늙어가고 (欲忘難忘强登浮碧樓可惜紅顔老)
생각지 말자해도 절로 생각나 몸을 모란봉에 의지하니
슬프도다 검은 머리 자꾸 쇠해가고 (不思自思乍倚牡丹峯每歎綠髮衰)
홀로 빈 방에 누우니 눈물이 비 오듯 하나 삼생의 가약이야
어찌 변할 수 있으며 (獨宿空房下淚如雨三生佳約寧有變)
혼자 잠자리에 누웠으나 검은 머리 파뿌리 된들 백년
정심이야 어찌 바꿀 수 있으랴 (孤處香閨頭雖欲雪百年貞心自不移)
낮잠을 깨어 창을 열고 화류소년을 맞아들여 즐기기도 했으나
모두 정 없는 나그네뿐이고 (罷春夢開竹窓迎花柳少年總是無情客)
베개를 밀고 향내 나는 옷으로 춤을 춰 보았으나
모두가 가증한 사내뿐입니다. (推玉枕攬香衣送歌舞者 莫非可憎兒)
천리에 사람 기다리기 이토록 어려우니 군자의 박정은
어찌 이다지도 심하십니까 (千里待人難待人難甚矣君子薄情豈如是)
삼시에 문을 나가 멀리 바라보니 애처로운 천첩의
심정은 과연 어떠하겠습니까 (三時出門望出門望悲哉賤妾苦懷果何其)
오직 바라건대 관인하신 대장부께서 강을 건너오셔서
구연의 촛불 아래 흔연히 대해 주시고 (惟願寬仁大丈夫決意渡江舊緣燭下欣相對)
연약한 아녀자가 슬픔을 머금고 황천객이 되어
외로운 혼이 달 가운데서 길이 울지 않게 해 주옵소서 (勿使軟弱兒女子含淚歸泉哀魂月中泣相隨)

(이상은 시의 해석이 비교적 잘되었다고 생각되는 효창초교45회 카페에 올린 글을 그대로 옮긴다)

운초가 여기서 어필하고자하는 의미는 다름 아닌 이별이다. 이별별(別)자를 가지고 처음부터 끝까지 시로 읊고 싶었던 것이다. 이별하고, 그립

고, 편지는 늦어지고, 애간장은 타들어가고. 인류 역사상 이렇게 이별은 항시 우리 곁에 남아 사람들이 희(喜), 노(怒), 애(愛), 락(樂)을 맛보며 살아가게 만들고 있다. 이별이 있기에 오히려 사람들은 더 사는 맛이 나는지도 모른다. 이별의 슬픔이 없다면 또 인생이 너무 팍팍하지 않을까? 눈물이 없으니 팍팍할 수밖에.

춘향가에서도 춘향은 이별의 강한 맛을 본다. 이별의 정의도 내린다.

도련님이 한양으로 떠나가고 없을 때 홀로 앉아 이별의 쓴 맛을 톡톡히 보면서 노래한다. 진양으로 이어지는 이 노래는 춘향이 아무 정신없이 향단의 부축을 받으며 방으로 들어서면서 절규한다.

춘향이도 이별별자(別)가 원망스럽다고 노래했다. 이별별자(別)를 내었으면 뜻정자(情)를 내지말거나, 또 뜻정자(情)를 내었으면 만날봉자(逢)를 내지 말아야 하지 않았냐고 원망한다.

그러면서 춘향은 계속해서 임을 그린다. 이별의 아픔을 노래한다. 또 춘향가와 여기 운초의 시에서 눈에 띄는 대목이 몇 군데 있음을 소개한다. 춘향가중 이별가에서는 이렇게 나온다.

금강산 상상봉이 평지가 되거든 오실라요. 동서남북 너른 바다 육지가 되거든 오실라요. 마두각(馬頭角)하거든 오실라요. 오두백(烏頭白)허거든 오실라요.

사실 이루어질 수없는 불가능한 일들을 나열한 것이다. 금강산이 평지가 되어야 도련님이 올 것이며, 너른 바다가 육지가 되어야 오실 것이며, 말 머리에 뿔나기를 기다려야 오실 것이며, 아니면 검은 까마귀의 머리가 흰색이 되어야 오실 것이냐고 춘향은 도련님에게 묻는다.

판소리에 그런 말이 있는가 했더니 여기서도 운초는 시로서 그리운 임 김이양 대감을 그리며 기다린다.

패강(浿江)이 평지가 된 후에야 말을 타고 오실는지요?(浿江成平陸後鞭馬過否) 여기서 패강(浿江)은 대동강을 말한다. 큰 숲이 바다로 변한 후에야 배를 타고 오시려는지요?(長林變大海初乘船欲渡之)
모두 이루어지기 힘든, 아니 아예 불가능한 일들을 나열한 것이다.

운초 김부용이 이러한 시를 보내서였던지 김이양 대감은 바로 김부용을 한양으로 불러와 남산 밑에 '녹천당(綠泉堂)'이란 초당(草堂)에 신방을 꾸미고 이따금 자신의 친지들도 그 곳에 불러들여 시와 풍류를 논했다고 한다. 그런 연유로 주위에서 운초를 '초당마마'라고 부르게 된 것이다.
김부용이 아직 한양으로 올라가지 못했을 때 운초 소식을 듣고 운초에게 관심을 가졌던 강순황이란 예조참판이 평양에 와서 김부용을 만나 시를 주고받으면서 즐기다가 부용에게 푹 빠진 후 헤어지길 싫어했다. 그러나 어쩔 수없이 부용을 떠나보내면서 시 한수를 건넨다.

魂逐行人去 (혼축행인거)
身空獨倚門 (신공독의문)
나의 혼은 그대를 쫓아가고, 빈 몸만 문에 기대어 서 있다오. 하고 화두(話頭)격인 시어를 던지자 부용의 실력에 가만히 있을 그녀가 아니었다.

驢遲疑我重(려지의아중)
添載一人魂(첨재일인혼)
나귀걸음이 하도 느리기에 내 몸이 무거워 그런가했더니
이제 보니 남의 혼 하나를 함께 싣고 있었군요.

깜찍하다. 얄미울 정도로 깨물어주고 싶은 그녀이다. 이정도면 서로 통하는 맛에 인생이 제법 사는 맛이나지 않을까 한다.

강순황 참판이 조금은 체면에 구김이 가는 것 같지만, 이렇게 서로 통할 수 있다는 것만이라도 강참판은 이 자체가 하나의 기쁨이었고, 아마도 틀림없이 당시에 그런 시를 주고받으면서도 희열을 느꼈을 것이다.
 "어허, 이거 봐라!" 하면서 허허하고 한바탕 크게 웃어넘겼을 것이다.
 이쯤 되면 나이가 무슨 상관이 있으며, 남녀 간이 무슨 벽이 되겠는가? 참으로 귀한 만남인 것이다.

능우자기인(能遇者幾人)

능우자기인(能遇者幾人)이라.
이 말은 참으로 진기(珍奇)하고 고귀한 만남은 과연 몇이나 될까하고 계섬(桂纖)이 남긴 말이다. 한 평생 서로 진실 된 만남이 몇 번이나 될까? 하는 말을 남긴 여류음악가는 계섬(桂纖)이란 여류 명창으로서 정조대왕 때 경기 화성(華城)에 소속되어 있었던 예술인이었다.

관에서 행하는 공식적인 행사에서 노래하고 춤추며 자리를 빛내주었던 여류 명창으로서 훌륭한 음악가로 평가되고 있다. 그 계섬(桂纖)이란 음악가가 말했듯이 참으로 진실 된 만남은 한 평생 몇 번이나 될까하고 누구나 자신에게 자문하게 된다.

앞에서 우리는 나이와 상관없이 남정네와 동등하게 만난 통 큰 여인들을 많이 보았다. 시(詩) 실력으로 보나 음악으로 보나 남자들에게 하나도 뒤떨어지지 않는 여류 시인들을 보았다.

소위 기생들이라고 하는 그들은 우리의 문화와 전통의 맥을 이어온 중요한 계층이며 상류층과 서민, 또는 상류층과 하류층 사이에서 가교역할을 한 사람들이다. 훌륭한 예술인이었다.

일제강점기 이후로만 보아도 기생들은 정말 많은 예술과목을 혹독하게 연마하고 습득한 여성들이었다. 우선 평양에 있었던 기생학교 평양기성권번(平壤箕城券番)의 수업과목을 한 번 살펴보자.

3년간 엄격한 수업을 받는 과정에서 학예부 규칙이 엄하였고 그 과목이 무려 20과목 이상이나 되었다. 시조, 가곡, 검무, 당나라 궁중 연례악이면서 흰옷을 입고 춤을 추는 '예상우의무', 현금(玄琴), 양금, 가야금의 음악과 춤, 한문, 시문, 서(書), 행서, 혜서, 도화, 사군자, 영모, 산수(山水)인물, 국어(일본어), 독본, 회화 등으로 하루 종일 쉴 시간이 없다.

이런 정규과목 외에도 틈틈이 일본음악도 듣고 공부해야한다. 공부는 물론 이론과 실기를 공부하며 수시로 시험을 보고 그 결과에 의해 진급도 하게 되니 열심히 하지 않을 수가 없게 되어있다. 요즘의 대입시험보다도 더 힘들었다.

이는 조선시대에도 거의 마찬가지였을 것이다. 이렇게 어렵게 배우고 익히며 이어온 우리 문화를 일정시대부터 무당이네, 미신이네, 단골네 음악이네 하면서 천시하여왔다. 그래서 점차 무시당하고, 그래서 배우기를 꺼려하고, 그래서 점점 사라져 버린 것이 실제로 많이 있었다.

본래 당골네라 하는 '당골' 또는 '단골'은 우리민족의 뿌리인 단군조선의 단군뿌리란 뜻으로 '단골(檀骨)'이 그 어원이다. 단조(檀祖)께서 끼친 풍속을 행하는 자(者)를 일컬어 단골이라고 했다. 그래서 그들은 하늘에 제사를 지내고, 굿을 하며, 하늘의 뜻을 전하는 사람들이다.

안파견(安巴堅) 한임의 한인(桓仁)시대에도 그랬고, 배달한국의 한웅(桓雄)시대에도 그랬고, 고조선시대에도 임검은 하늘에 제사를 지내는 제사장 역할을 했다.

하늘의 뜻을 백성에게 전하는 일을 하였으니 어찌 보면 임검(임금)도 단골과 같은 업무를 수행한 것이다. 우리민족뿐만이 아니라 모든 민족이 가장 엄숙한 제사를 지낼 때는 항시 제일 어른인 국왕이나 그 고을의 추장이 제사장을 맡아 진행하여왔다. 그래야 그만큼 지성과 정성이 곁들인 것으로 간주되어왔기 때문이다.

댕기는 한자로는 단기(檀綺)요, 단군조선 때부터 우리가 머리를 길고 곱게 땋고 다녔던 것이 지금까지 '댕기'란 말로 내려오고 있다.

또 바지 끝에 매는 댄임(또는 댓임)은 단임 이요, 그 한자는 단임(檀袵)으로 표기된다. 이 모두가 우리의 조상들이 처음으로 만들어 쓰기시작하면서 붙여온 이름들이다.

그러고 보면 '단골(檀骨)' 또는 '당골'이란 말은 얼마나 자랑스러운 말인가? 단군의 뼈대가 있다는 말이 아닌가? 앞으로 우리는 서로 '당골네 자손'이라고 스스로 당당히 말해야 될 것이다.(나의 주장)

이상에서 우리는 소위 기생이란 이름의 여인들에 대하여 대충 알아보았다. 그리고 멋있는 여러 남자들도 만나보았다.

앞에서부터 찾아본다면 논개는 42살 많은 최경회 장군을 만났기에 나라를 위해 순국하여 주논개(朱論介)라는 그 이름을 천추에 남겼다.

황진이는 서경덕과 벽계수를 만나 온 천하에 자신의 존재를 널리 알렸다. 부안기생 매창(梅窓)은 유희경과 허균을 만나 귀한 교분을 가졌다. 그녀가 죽었을 때 허균은 그녀를 하늘에서 내려온 선녀라는 시도 읊었.

운초 김부용은 58살이나 연상인 김이양 대감과 정신적이며 예술적인 오르가즘을 진하게 맛보았다. 또한 김부용은 강순황 참판과도 짧은 만남이었지만 서로가 통하는 정(情)으로 강한 인상을 남겼다.

이제 능우자기인(能遇者幾人) 이라고 말을 남긴 계섬(桂纖)에 대하여 알아볼 때다.

계섬은 1736년에 태어나 7살 때 아버지가 돌아가신다. 어머니는 12살 때 돌아가셨으니 앞에서 언급한 운초 김부용과도 너무나도 닮은 입장으로 고아가 된다. 고아가 된 계섬은 공노비(公奴婢)에 적을 올린다.

16세가 되던 해에 주인집 구사(丘史)가 되었는데 이 때 창(唱)을 배우기 시작한다. 아이가 하도 영특하고 눈망울이 초롱초롱하여 계섬은 항시 귀족들 잔치판에 초대되곤 했다. 당시 시랑(侍郎) 원의손(元義孫)은 계섬을 자기 집 소속 성비(聲婢)로 두었다. 원의손은 계섬보다 열 살이 더 많았다. 계섬은 원의손 밑에서 10년간 일하다가 드디어 이정보(李鼎輔)란 음악가 후원자 대감을 만난다.

이정보는 영조대(英祖代)에 대제학을 지내면서 예조판서를 겸하였으며 음악을 매우 좋아해서 자신의 집에다 음악인들을 여러 명을 두고 공부를 하게 했다. 이때 이정보의 나이 71세요, 계섬의 나이는 28세였다.

훗날 심노숭(沈魯崇)은 계섬과의 대화를 통하여 들었던 이야기를 자신이 쓴 계섬전(桂纖傳)에다 적고 있다.

"이정보는 계섬을 가장 좋아하여 항시 그의 좌측이나 우측에 앉게 했으며, 그 것은 사심이 있어서가 아니라 그녀의 재주가 기특하였기 때문이라고 했다.

…最愛纖, 常置左右, 奇其才, 實無私好…
(최애섬, 상치좌우, 기기재, 실무사호)

이렇게 가깝게 대해주었던 이정보대감이 막상 돌아가시자 계섬은 마치 자신의 아버지가 돌아가신 것같이 울어댔다고 적고 있다. 그리고 매일 이 공(公)의 묘를 찾아가 술 한 잔(一盃) 따라 놓고 소리 한 번(一歌) 하다가, 곡(哭)도 한번 하다가(一哭), 해가 지면(終日) 다시 돌아오곤 했다고 했다. 아마 돌아가신 대감님도 흐뭇했을 것이요, 울었다가, 소리도 했다가, 대감님께 올린 퇴주 술도 한잔 마시다가 해가 져서 되돌아가는 그녀의 발걸음도 훨씬 가볍고 후련했을 것이다.

사제지간의 정(情)이 이런 정도는 되어야 비로소 인생의 맛이 난다고나 할 것이다.

계섬은 이정보 대감이 돌아가시고 나니 나이 40세가 훌쩍 넘었다. 이때 또 다시 여러 음악인을 후원하던 심용(沈鏞)을 만난다. 심용은 계섬보다 25세 연상이며 조선후기 역시 많은 음악가들을 후원하여 평양감사 회갑연에도 계섬을 포함하여 여러 음악인들을 대동하고 평양을 간다.

예로부터 평양은 대동강 가에서 소리를 했다. 강가에 배가 떠다니며 배 위에서도 많은 사람들이 구경을 했다. 그리고 거기엔 언제나 부벽루와 연광정이 판소리 속에서도 자주 나온다.

대동강가에서 평양감사 생일잔치에 모홍갑이 부채 들고 소리를 하고, 모든 백성들은 흰 옷 입고, 갓을 쓰고, 즐거운 표정으로 구경도 하고, 놀이도 하고, 엿장수는 빵빵하게 부른 배를 내밀고 엿을 팔고, 여러 가지 재미있는 표정들이 다 들어있는 김준근 그림은 요즘 판소리대회 포스터나 전단지 그림으로 자주 실리고 있다.

계섬은 정조대왕의 어머니이며 사도세자의 부인인 혜경궁홍씨 회갑연(1795)에도 제일 나이 많은 창자로서 후배들을 인솔하고 공연을 한다. 그러고 나서 계섬은 심용을 만난 후부터 그녀의 시골집이 있는 경기도 파주로 옮기고 다양한 음악활동을 하게 되고 거기서 그녀의 음악도 더욱 완숙해진다. 그녀가 62세가 되었을 때 계섬은 후일 논산 현감을 지낸 바 있는 심노숭(沈魯崇)에게 나귀를 타고 찾아간다.

여류명창이 시골길을 나귀타고 심노숭에게 찾아갔다니 얼마나 낭만적인가?

계섬은 거기서 그간 살아온 이야기들을 진솔하게 전했고 심노숭은 이를 '계섬전(桂纖傳)'으로 올려놓았다. 계섬이 한 말 중에 가장 인상 깊은 말은 역시 '우리가 살면서 귀하고 진실한 만남이란 과연 몇 사람이나 될까?' 하고 묻는 말이다.

능우자기인(能遇者幾人)

그리고 그녀는 다시 한 번 강조한다. '이 세상에서 가장 얻기 어려운 것은 역시 진실한 만남이다.'라고 했다.

최불가득자기우(崔不可得者奇遇)

여기서 기우(奇遇)는 진실한 만남, 기이한 인연으로 만남을 의미한다. 이정보 대감께서 자신이 죽기 전에 그녀를 보고 예언을 했다.
　금세무남자여여, 여, 종불우이사여! (今世無男子如汝, 汝, 終不遇而死歟) '지금 이 세상에는 너에 맞는 남자는 없을 것이다. 그래서 너는 죽을 때까지 그렇게 진기하고 고귀한 그런 진실한 만남을 못하고 죽을 것이다.'로 해석해도 될지 모르겠다.
　이대감이 계섬에게 이런 말을 남긴 것은 계섬이 너무나도 훌륭하고, 완벽하고, 아까운 음악가라는 것을 말해주고 싶어서였을까? 아무튼 그녀는 예술과 함께 혼자서 그렇게 살다가 죽었다. 그리고 그녀는 자신이 죽거들랑 화장(火葬)을 하여달라고 부탁했단다. 200년 전인 1,800년대 초에 그 정도로 화장문화의 선구자였다. 계섬이 만난 남자들이 그 정도이면 모두 괜찮은 만남인 것 같지만 계섬이 남긴 그 말들은 어떻게 해석해야 될지 모르겠다.
　남자들이란 진심을 주고 믿을 만한 사람이 많지 않다는 것인지, 아니면 인생의 허무함을 느껴서인지는 모르겠으나 그 말의 의미만은 우리의 마음속에 깊이 와 닿는다.

계섬이 떠나고 한참 후에 경복궁의 경회루에는 낙성식이 있었다. 그때가 1867년 7월이었다. 이때 낙성식을 화려하고 거창하게 하는 마당에 우리나라 최초의 여류 명창 진채선이 등장한다. 모두 남자명창들인데 여자명창은 오직 진채선 한 사람뿐이었다. 채선은 얼굴도 아름답고 목청도 뛰어났다. 가무와 소리에도 특출하여 소리계의 떠오르는 샛별로 태어난 것이다.

그날 경복궁의 모든 시선이 나이 21살의 어여쁜 진채선에게 쏠린다. 고종임금 내외분과 궁녀들, 흥선대원군과 많은 대신들, 그리고 수많은 백성들이 진채선의 소리에 넋을 잃었다. 이날 특히 관심을 가지고 있었던 사람은 흥선대원군이었다. 대원군은 평소 판소리를 듣기 좋아하여 송흥록(宋興祿)을 불러다가 자주 소리를 듣고, 또 대원군이 되기 전에는 그의 사랑방에서 송흥록과 가깝게 지내며 그의 소리를 들을 정도로 소리를 좋아했고 난(蘭)치기를 좋아한 예술가였다.

물론 김병기(金炳冀)도 소리를 좋아했지만 대원군은 더했다. 판소리 명창들이 고종임금 앞에서 이따금 소리를 할 수 있었던 것도 아마 대원군 때문이었으리라.

진채선은 이 날 경회루 낙성식을 축하하고, 명당자리가 되기를 기원하는 고사창(告祀唱)을 먼저 부르고 춘향가중 사랑가를 불렀다. 그날 낙성식의 무대는 완전히 전라도 고창에서 올라온 진채선의 데뷔 무대였다. 진채선은 고창 신재효선생 밑에서 공부를 착실히 하여 그날 한양에 올라온 것이다.

진채선이 최초의 여류 판소리 명창이라고 하는 것을 보니 그전의 여류 명창들은 판소리를 전문으로 불렀다기보다 주로 가사(歌辭), 가곡(歌曲), 정가(正歌), 시조(時調), 잡가(雜歌)나 민요(民謠) 등을 부르면서 소리도 같이 했나보다.

진채선은 고창의 신재효(申在孝) 선생에게서 공부를 하였고 신재효 선생은 어린 채선에게 정성을 들여 공부를 시켰다. 나이가 35세 차이가 나니 자신의 어린 딸과도 같이 소리를 가르치면서 정도 주고 잘 보살펴주었다.

동리(桐里) 신재효(申在孝)는 우리나라 판소리 역사에서 빼 놓을 수없는 큰 인물이다. 판소리를 직접 소리하고 공연하지는 않았지만 판소리를 들을 줄 알고, 비판할 줄 알고, 이면(裏面)의 뜻을 잘 알기에 판소리 다섯마당에다가 변강쇠전까지 합하여 여섯 마당의 사설을 잘 정리하여 오늘의 판소리로 집대성한 사람이다. 정말 큰일을 한 어른이시다. 그래서 필자가 진심으로 존경하고 우러러보는 어른이시다. 필자도 선생의 공덕을 귀감으로 삼아 판소리발전에 조금이라도 기여하고 싶은 마음이 들게 하는 어른이시다.

그런 신재효가 채선에게 소리공부를 시켜 한양으로 보냈는데 채선을 본 대원군은 채선을 내려 보내지 않고 운현궁에서 같이 살았다. 그 때 대원군은 48세였고 진채선은 21세였으니 27세의 나이차가 난다. 그리고 신재효는 56세였다. 하루 가고 이틀 가고 일 년이 지나도 채선이 오지 않으니 신재효는 채선이가 보고 싶었다. 마음이 허전했다. 사제지간의 정이 어느덧 연정(戀情)으로 바뀌고 있었다.

동리는 기다리다 기다리다 못해 그야말로 대인난(待人難), 대인난(待人難)이요, 출문망(出門望), 출문망((出門望)으로 그녀를 기다렸다. 채선이 떠난지 3년이 되어도 아니오니 신재효는 그의 나이 59세 되던 해인 1870년에 '도리화가(挑李花歌)'라는 긴 긴 사랑이 담긴 노래를 지어 채선에게 올려 보낸다.

'스물네 번 바람 불어 만화방창 봄이 되니 구경 가세 구경 가세. 도리화(桃李花) 구경 가세. 도화는 곱게 붉고 희도 흴 사 오얏꽃…'

하며 나가는 이 도리화가에서 복숭아꽃과 오얏꽃을 상징한 도리화(桃李花)는 진채선을 뜻한다. 그리고 스물 네 번의 바람은 채선의 나이를 말한다.

당시 나이 59세 황혼기의 나뭇가지에 24세의 파랗고 청순한 새잎이라! 가슴이 뛸만한 그리움이다.

그는 구구절절 채선을 그리워하는 글을 써본다. 평소 판소리의 음률과 사설을 그렇게 많이 정리를 잘하던 동리(桐里)라면, 그리고 그의 문학성이라면 어느 감정을 제대로 표현하지 못할 것인가?

그는 그간 남들의 사랑이야기 판소리만 정리할 것이 아니라 진정 자신의 사랑노래도 정리해보고 싶었을 것이다. 그리고 다시 3년이 지난 1873년 대원군은 권세를 잃고 양주로 내려가고 진채선은 그때야 비로소 하향한다. 그때 대원군은 동리에게 오위장(五衛將)이란 벼슬을 내려 신오위장(申五衛將)이 비로소 양반 반열에 끼게 하여 그 공을 갚는다.

동리가 그런 벼슬을 받게 된 것이 비단 채선을 잘 길러 보냈다는 고마움뿐만 아니라, 동리가 평소 국악발전에 기여한 점, 흉년이 들었을 때 자신의 곡간의 양식을 풀어 백성들에게 나누어준 점, 경복궁 낙성식 때 500냥이라는 큰돈을 헌납한 점 등이 반영되었을 것이다.

대원군이 낙향하여 한참 후인 1898년에 타계하자 진채선은 대원군에 대한 예로서 3년 동안 상복(喪服)을 입고 살다가 죽고 말았다.

우리는 위에서 여러 만남을 보았다. 여기서 한 가지 공통된 점이 있다면 예술은 나이를 기억하지 않는다는 것이다. 예술은 나이를 전혀 의식하지 않는다는 말이다. 사람은 누구나 그저 예술적 혼이 통한다면 그가 남자이건 여자이건 관계없이 서로 마음을 줄 수 있다는 것도 알았다.

논개와 최경회 장군은 42살 차이였으나 나이를 극복했고, 김부용과 김이양 대감은 58세 차이가 났으나 세상에 남길만한 사랑의 시(詩)를 남겼고, 음악가 계섬은 이정보 대감과 43년 차이가 났으나 서로 존경하며 교류를 해왔다. 또 진채선의 스승인 신재효는 35년 어린 제자 채선을 그리워하며 기다렸다.

　이것은 단지 남녀 사이라서가 아니라 시와, 노래와, 감정이 서로 잘 통하여 나이라는 것을 전혀 의식하지 못하는 진실한 만남이 아니었을까 한다. 그러면서도 한 평생을 통해 과연 그렇게 서로 뜻이 통하는 진실하고 고귀한 만남은 얼마나 될까하고 생각해본다.

　능우자기인(能遇者幾人)이요, 최불가득자기우(崔不可得者奇遇)란 계섬의 말이 새삼 떠오르는 순간이다.

우리 판소리는 가장 한국적이다

 판소리에는 우리 민족이 살아온 발자취가 그대로 담겨있다. 유구한 역사 속에서 조상들이 살아오면서 행하였던 풍습과 생활상이 다 녹아 있다. 오래 전의 조상들은 별도의 종교나 철학이 따로 없이 그저 다같이 조상 대대로 해왔듯이 따라하며 살아왔다. 우리가 천손족(天孫族)이라고 해서 그런지 하늘을 제일 우러러 잘 받들고, 죄를 지면 하늘이 보고 있다가 천벌을 준다고 믿어왔다. 그래서 하늘을 제일 무서워했고 그래서 하늘에 잘못을 빌었다.
 집 뒤 안에다 정화수 떠 놓고 간절히 빈다. 춘향가 속에서도 월매는 목욕재계하고 머리를 단정히 빗고서 정화수를 떠다놓고 지성축수로 빈다. 이도령이 장원급제하게 해달라고 매일 두 손 모아 빌고 또 빈다.

"비나이다. 비나이다. 하느님께 비나이다.
천지지신(天地之神) 일월성신(日月星辰)
화위동심(化爲同心)허옵소서…"

하늘과 땅, 그리고 모든 별들이 마음을 합쳐 도와달라고 빈다. 여기서 하늘은 하늘(天)과 땅(地)과 사람(人)의 삼위를 말하는 그 하늘이다.
지금의 천주교에서 말하는 '하느님'이나, 개신교에서 말하는 그 '하나님'이 아니다. 위에는 그저 하늘이 있고 아래는 땅이 있으며 그 땅 위에 사람이 존재한다고 믿어왔다.
조선왕조실록에도 보면 하늘에서 오랫동안 비가 안 오고 대지가 타 들어가면 임금은 자신의 덕이 부족하여 하늘에서 그런 벌을 준 것으로 알고 임금이 직접 하늘에 기우제(祈雨祭)를 올렸다.
어느 지방에 벼락이 내리쳐서 고목이 쓰러지고, 사람이나 가축이 죽으면 그것도 임금이 부덕하여 하늘이 내린 벌로 믿었다. 아니 이는 조선시대 뿐만이 아니라 그 전, 또 그전 태고 적부터 그렇게 제를 지내왔으며, 왕이나 백성들은 그처럼 하늘을 무서워했다.
우리민족도 처음 초기에는 신교(神敎)나 대종교의 영향을 받았고, 불교가 들어오면서는 절에 가서 부처님께 빌거나 집에서 그저 부처님께 비는 것이 제대로 비는 것으로 알았다. 이때도 부처님께 빈다고 해서 꼭 불교를 믿어서가 아니다. 그 때도 우리 조상들은 종교적인 개념이 별로 없었다.
그저 절(寺)이나, 성황당이나, 동네 수호신인 정자나무나, 큰 바위나, 큰 동굴이거나, 깊고 푸른 소(沼)를 가리지 않고 비는 그 자체가 죄를 면하는 길이요, 마음의 안식을 찾기 위해서이기 때문이다.
예로부터 북두칠성을 신으로 모셔 칠성각이나 칠성당에다가 빌었다. 물론 절에도 칠성각이 있지만 일반인들은 집안 장독대 같은 곳에다 흙을 묻고 단을 쌓아올린 다음 새벽녘 우물에 가서 아무도 길러가지 않는 첫 우물

물을 길어다가 놓고 기도를 드렸다.
 유교가 들어오면서는 그저 조상의 묘나 사당이나, 공자님 상(像)이나, 관우의 상 앞에서도 빌어 왔다. 조상의 제사모시기를 극진하게 여겨왔다. 이때의 한결 같은 염원은 모두 다 자손들이 아무 탈 없이 잘 자라고, 취직도 잘되게, 진급도 잘되게 해달라고 빌었을 것이다. 그리고 점차 최근으로 내려오면서는 부자가 되게 해달라는 기도도 생기게 되었을 것이다.
 옛날에야 부자보다는 우선 아들 하나 잘 낳게 해달라고, 손자 하나 꼭 낳게 해달라고 빌었을 것이다.
 판소리는 우리민족이 살아온 삶을 그대로 반영하는 것이니 한국에 천주교가 들어오고 개신교가 들어와 그 신도들이 늘어나가면서 최근에는 이제 판소리에서도 천주교나 개신교 이야기가 심심찮게 나오게 되어 있다.
 고 박동진 명창은 '예수전(傳)'을 판소리로 창작하여 예수의 일대기를 노래했고, 고 이용배 선생은 '김대건신부전(金大建神父傳)'을 창작하여 공연했다. 필자도 몇 년 전에 '예수수난복음'을 창작해서 공연하고 CD로 소개한 바가 있다. 천주교용과 기독교용으로 구분하여 만든 것이다. 또 최근에는 '성모7고(聖母七苦)'를 창작하여 1시간짜리로 공연한 바도 있다.
 이처럼 시대의 변천에 따라 판소리는 항시 변해가게 되어있다. 그러므로 판소리 속에 배어있는 가장 우리 민족적인 부분들, 하늘에다가 또는 어딘가에다 비는 대목은 판소리 여러 바탕, 여러 대목에서 심심찮게 나온다.
 적벽가에서 적벽강 싸움에 나온 '조조군사 설움타령'에서 한 군사가 우는 사연을 들어보자.
 중중모리로 나가는 이 대목은 재미도 있고 흥이 나면서도 상대방 군사의 처지가 참으로 딱하게 느껴져 한편 슬프기도 하는 대목이다.
 사설 내용은 이러하다. 5대 독신 아들이 17살에 장가들어 나이 40이 다 되어도 아이가 없으니 (여기서는 그것도 딸이 아무리 많아도 소용이 없고 그저 오직 아들인데) 할아버지, 할머니는 말할 것도 없고 부모님도 늘 걱정이다.

　매일 절에 가서 불공이요, 집에 와서도 불공이며, 불공이란 불공은 모두 다한다. 또 그 많은 시주도 다한다. 가사시주, 창오시주, 인등시주도 하고 동네 앞 다리도 놓아주는 등 온갖 시주도 다하면서 오직 아들 하나 만을 바란다. 그렇게 공을 들이니 어찌 공든 탑이 무너지겠는가? 마침내 하루는 태기가 있음을 알았으니 그 기쁨이란 것은 어찌 이루 말로 표현할 수가 있겠는가? 여기서부터는 그저 조심, 조심, 또 조심이다. 판소리는 우선 태임(太姙)의 태교법(胎敎法)을 응용한다.

　석부정부좌, 할부정불식(割不正不食), 이불청음성, 목불시악색이라. 이는 현대의 젊은 산모들도 따라해야하는 태교법으로 음악(音樂)태교법만이 아니라, 예로부터 전해 내려오는 우리 전통적인 재래식 태교법인 것이다.

　우선 석부정부좌(席不正不座)이다. 임신 후에 어디 가서 앉을 때는 자리가 깔끔하게 정돈되고 깨끗한 자리가 아니면 함부로 앉지를 말라고 했다. 아무데나 가서 한데 어울리어 앉아있지를 말고 가려서 앉으라는 명언이다.

　다음은 할부정불식(割不正不食)이다. 무슨 음식을 먹을 때도 아무 것이나 허겁지겁 마구 주어먹지 말고 깔끔한 음식, 다시 말해 아기에게 뒤탈이 안날 음식, 정갈한 음식을 조심스럽게 골라먹으라는 뜻이다. 옛날부터 알려진 대로 절에서나 제사상에 안 올라가는 음식이 따로 있다. 개(犬)고기와 같은 것은 부정을 탄다 해서 특히 주의를 했다.

　그 다음은 이불청음성(耳不聽淫聲)이다. 한마디로 음탕한 소리는 아예 귀를 막고 듣지도 말라는 것이다. 성인들이 재미있게 주고받는 소위 와이담도 듣지 말지어다. 아이에게는 큰 일이 날 것이니 주의를 해야 한다.

　다음에 마지막으로 목불시악색(目不視惡色)이다.

홍등가 이야기도, 홍등가 사진도 보지 말 것이며, 핑크 빛 음란비디오나 그러한 영화 등도 아예 보지도, 듣지도 말라는 것이다.

이상에서 언급한 네 가지의 태교법을 소위 '태임(太姙)의 태교법'이라고 한다.

태임은 거의 3,000년 전 주(周)나라 문왕(文王)의 어머니다. 주나라의 문무주공(文武周公)은 판소리나 단가에서 자주 나오는 인물이다. 주나라의 문왕의 아들이 무왕이며, 무왕의 동생이 주공이다. 여기 삼부자에다가 또 왕실의 어진 어머니 상으로 유명한 어머니와 아내들의 표상으로 유명한 세 여인들이 있다.

우선 문왕의 아버지는 왕계(王季)이고, 왕계의 어머니이며 문왕의 할머니로 태강(太姜)이 있다. 그 아래 왕계의 아내이자 문왕의 어머니는 위에서 태교법으로 소개한 태임(太姙)이다. 그 다음으로 문왕의 아내이자 무왕의 어머니는 태사(太姒)다.

태사는 온화하고 순한 마음을 가진 여성의 표본으로 자리 잡고 있다. 그래서 왕계의 어머니이며 문왕의 할머니인 태강(太姜), 그 다음 문왕의 어머니인 태임(太姙), 그리고 문왕의 아내인 태사(太姒)를 소위 '왕실의 삼모(三母)'라고도 부른다.

조조군사의 아내는 임신하자 이렇게 정성을 들여 조심조심 열 달을 기다린다. 그러다가 하루는 해복(解腹)기미가 있어 갑자기 "아이고 배야, 아이고 허리야" 하고 배를 쥐고 아파하다가 드디어 애를 낳게 된다.

이제 가장 관심 있는 것은 아이의 건강이나 산모의 건강이 아니라 이 보다도 그 애가 아들인가 딸인가 이다. 몇 십 년을 기다렸다가 낳은 아이고 보니 그게 당장 관심사가 아니겠는가? 물론 판소리에서는

"딸이라도 반가운데, 깨목불알 꼬추자지가 대랑 대랑 달렸구나."

하고 좋아한다.

 이 얼마나 반가운 표현인가? 이 대목을 혹자는 점잖지 못하다고 하여 "아들을 낳았구나"라고 줄여서 끝내버린다. 그러나 이렇게 하면 진정한 우리 판소리 맛이 나지 않은 법이다. 엄격히 말하면 그건 우리의 전통 판소리가 아니다.

"깨목불알 꼬추자지가 대랑대랑 달렸구나."

 하고 다시 한 번 들어봐도 그저 흐뭇하고 만족스럽다. 그간 고생, 고생하며 노심초사 끝에 얻은 결실이라서 그런가?
 당시로서는 애기 산모나 아버지도 물론 아들을 선호했겠지만, 할머니 할아버지는 얼마나 더 좋아했을 것인가? 더구나 5대째의 외아들에다 잘못하다가는 이제 대(代)가 끊어지게 생겼는데, 이런 마당에 낳은 아들을 보고 어찌 그저 별로 반갑지 않다는 듯이 "아들을 낳았구나." 하고 별 볼일 없이 소리를 끝낼 것인가?
 이런 때는 "깨목 불알 꼬추자지가 대랑 대랑 달렸구나."
 하고 본래 판소리가 구사했듯이 제대로 표현해야 된다. 그래야 그 판소리 판에 있었던 할머니, 할아버지와 모든 이웃들이 눈물이 날 정도로 맛본 반가운 감정을 그대로 잘 나타냈다고 할 수 있겠다.
 옛 어른들은 항시 아기들, 손자들 고추를 만지면서 귀엽게 애지중지 키웠다. 여기서도 그냥 '고추자지'가 아니라 판소리에서는 '꼬추자지'라고 발음을 세게 해야 시원하고 확실하게 들린다. 빨간 고추가 눈에 보인 듯하다.
 '깨목'이란 여기서 깨를 가지고 기름을 짜고 나면 그 깻묵찌꺼기가 덩어리로 둥그렇고 야무지게, 그리고 까무잡잡하게 생긴것을 말한다. 마치 누런 늙은 호박덩어리처럼 된다. 이처럼 아기의 불알도 꼭 깻묵처럼 그렇게 잘 생겼다고 좋아하며 표현 한 것이다. 얼마나 반갑고 좋았으면 그런 표현을 하였을까?

 그 불알도 잘못하다가 뚝 떨어지고 말 그러한 불알이 아니라 야무지게 달려서 영영 떨어지지 않도록 보이는 표현으로 '대랑 대랑 달렸다'고 했다. 불알이 떨어졌다는 것은 죽음을 뜻하니 떨어지지 않도록 야무지게 달려야 한다. 그래서 이 때의 표현도 '대랑대랑' 하고 그저 힘없이 어영부영 소리를 내는 것이 아니라 "대라아앙, 대라아앙"하면서 끝 발음을 확실하고 분명하게, 그리고 힘있게 소리해야 한다. 그렇게 단단히 묶어놓아야 비로소 그 소리를 듣고 있던 노인들에게 안심을 주고 만족감은 준다. 손자들이 죽지 않고 잘 자란다는 확실한 약속이기도 하다.

 이 '대라아앙' 매달아 놓는 대목은 단가 '사철가'에서도 나온다. 자꾸만 지나가려고 하는 세월을 저 높은 나무 가지에다가 '대라앙(대랑)' 매달아 놓자고 한다. 떨어지지 않게 꽉 매달아 놓으면 세월이 다시는 흘러가지 않을 것이라는 확신과 기대감을 맛보게 하기 위해서다. 이래서 판소리가 국어의 근원이 되는 것이다.

 오랜만에 태어난 아기에게 혼을 빼앗긴 집안 어른들이 이 조조군사의 어린 아기를 보니 얼굴은 관옥(冠玉)이요, 풍채는 두목지(杜牧之)로 잘 생겼다고 좋아한다. 두목 시인과 같이 건강과 지식을 갖춘 아이로 잘 자라달라는 기원이리라.

 이제 아기가 오 육 개월이 지나가니 방바닥에서 터덕터덕 엎어져 놀고, 빵긋 빵긋 웃는 모양이 어찌나 예쁜지 어른들은 어쩔 줄을 모른다. 아이가 커가면서는 어른들이 아이 옷고름에다가는 큰돈을 아끼지 않고 채워주고, 감 껍질을 벗겨 말린 것을 입에 물려주며 빨아먹게 하고, 응아, 응아, 깍 꿍! 하고 어르는 장면이 눈에 선하다.

 그리고

"엄마 아빠 도리도리 쥐암쥐암 짜깡짜깡."

하면서 손자를 앞에 놓고 아이와 같이 노는 노인들의 모습이 판소리 속에 그대로 녹아있다.

"엄마 아빠 도리도리 쥐암쥐암 짜깡짜깡" 하는 이 대목은 가장 한국적인 판소리대목이라고 할 수 있겠다.

필자가 적벽가중 이 대목을 정광수 선생님께 배우던 40대에도 선생님 앞에 무릎 꿇고 앉아 "엄마 아빠 도리도리 쥐암 쥐암, 짜깡 짜깡" 하고 어리광도 부리는 기분으로 따라 배웠다. 이런 데가 소리하기 쉬운 것 같아도 실은 소리 하기가 어려운 것이다. 몇 번이고 되풀이해서 배우면서, 아니 옛날 어린 아이로 돌아가고 싶은 마음에서, "도리도리" 소리 할 때는 일부러 고개도 좌우로 돌리면서 몇 번이고 되풀이해서 배웠다.

사실 이 '도리도리'나 '곤지곤지'같이 아이들을 키우면서 말과 행동의 놀이는 우리 단군조선 때부터 있었던 우리민족의 육아법을 판소리에 접목한 것이다. (나의 발견, 나의 이론)

마치 유대민족의 탈무드정신과도 같은 것이다. 단군시대라는 뜻으로 단(檀)자를 넣어서 '단동치기십계훈(檀童治基十戒訓)'이라고 하는 어린아이 육아법은 모두 열 가지이다.

단군의 자손들에게 우리민족의 혼과 기운을 불어넣어주는 육아법이 지금까지도 거의가 대대손손 내려오고 있고, 또 판소리 속에서도 그대로 남아있다. 그러나 그것이 단군조선 때부터 내려오는 육아법이라고 아는 사람은 거의 없으나 우리는 판소리 속에서 다시 찾아 볼 수가 있다. 그래서 판소리를 우리민족의 음악이라고 하는 것이다. 다시 좀 더 세밀히 설명하자면 이러하다.

도리도리(道理道理): 고개를 좌우로 흔들며 목운동을 시키면서 내는 소

리다. 어른이 되어서도 한 곳에 편협 되지 않게 두루두루 살면서 도리를 다 하라는 교육이다.

작작궁(作作窮): 두 손뼉을 마주치면서 입으로 내는 소리이기도 하다. 궁(窮)은 깊을 궁자이다. 어른이 되어 일을 할 때는 심도 있게 생각하고, 차분하게 궁리하라는 뜻이다. 손뼉을 치면서 손 운동을 하는 것은 혈액순환에도 도움이 된다.

곤지곤지(昆持昆持): 한 쪽 손바닥에 다른 손의 손가락으로 점을 찍으며 입으로 내는 소리다. 이 점은 주인을 뜻하며 단군조선의 자손으로서 주인의식을 가지고 살라는 것이다. 하늘의 섭리에 따라 인간으로 태어났으니 네가 바로 주인이 되어 하늘의 뜻에 따라 조상을 잘 모시고 살아가라는 텔레파시이기도 하다.

시상시상달궁(侍上侍上達宮): 젖꼭지를 물린 상태에서, 또는 아이가 포근하게 느끼도록 한 상태에서 아이 등을 도닥거리며 내는 소리이다. 아이는 가장 편안한 자세로 엄마 품에 안겨 있게 된다. 엄마와 아이가 자연스럽게 갖는 첫 번째 교감(交感)이다.

불아불아(弗亞弗亞): 어른의 양 손을 아기 겨드랑이에 끼고 아이를 세우고서 가볍게 좌우로 흔들어주면서 내는 소리다. 태양의 운동방향을 따라 동쪽에서 서쪽으로 움직이면서 태양처럼 밝은 삶을 살아가라는 메시지이기도 하다. 아기의 다리운동과 허리운동도 시켜주는 효과가 있다. 불아불아(弗亞弗亞)는 말 뜻 그대로 아이가 커서 두 번째 가지 말고 뭐든지 첫 번째 가라는 뜻이기도 하다.

잠잠지암지암(潛潛持庵持庵): 아기 손을 폈다 오므렸다 하면서 손 운동을 시켜준다.
아이보고 따라하라면서 내는 소리이기도 하다. 손은 5행의 근본이니 이 손에 혈기가 통하여 몸과 천지의 운행을 잘 처리하라는 뜻이기도 하다.

섬마섬마용타(瞻摩瞻摩庸詑): 아이가 혼자 일어설 수 있도록 하는 훈련이다. 어른이 적당한 거리를 두고 떨어져서 아이가 혼자 일어서게 하는 운동이다. 넘어지면 다시 일어서고 하면서 자립심을 길러준다. 떳떳하고 자랑할 만하게 자라달라는 응원이기도 하다. 떳떳할 용(庸), 자랑할 타(詑)자이다.

질나비 (疾那翡) 훨훨: 아이를 포대기에 업고 아이를 업은 사람이 손으로 훨훨 내저으면서 내는 소리다. 질병은 멀리 물러나라고 하는 뜻으로 하는 행동이다.

어화(唹和) 둥둥: 아이를 웃으면서 가볍게 공중에 던지고 나서 다시 받으며 내는 소리다. 마치 새가 새끼에게 공중에 날려 보내는 연습을 시키듯이, 아이가 세상을 향해 빨리 비상하라는 메시지이기도하다. 한민족이 예로부터 흥겨울 때 내는 소리 '어아 어아'와 연관이 있어 '어아 둥둥'이라고 해도 될 것이다.

자장자장(自奬自奬): 아이 가슴을 가볍게 다독거리며 편안하게 잠을 재우는 소리다.
스스로 자(自), 이룰 장(奬)이니 아이가 스스로 잠을 자라는 뜻이다. 스스로 자립하라는 뜻이기도 하다.

이렇게 수 천년동안 전통적으로 내려온 훈육법이 있는데 일본은 자주적인 우리의 것을 없애기 위해 단군조선 등 우리의 상고사를 모두 신화로 만들어버렸다.

그러니 판소리 속의 가장 한국적인 것이 모두 뿌리가 잘려나갔기 때문에 마치 중국으로부터 온것같이 되어버렸다. 사실은 우리의 문화와 전통이 그대로 이어져 내려 온 것인데, 판소리 속의 모든 인물과 사상과 철학이, 또 문화가 마치 중국에서 들어온 것 같이 되어버렸지만 사실은 우리의 상고사가 잘려나갔기 때문이다.

이제 다시 조조군사 설움타령이야기로 돌아가 조조군사는 이렇게 재미를 보면서 살아오다가 전쟁터에 붙들려왔으니 얼마나 고향생각이 많이 나겠는가? 살아 돌아간다는 보장도 없으니 얼마나 설움이 진하겠는가? 그래서 군사설움타령인 것이다.

심청가에서도 이와 비슷한 대목은 나온다. 곽씨부인이 딸을 낳고 누워 있을 때 심봉사가 자신이 직접 지은 축문을 사정없이 큰 소리로 온 동네가 떠나 갈듯, 삼신제왕님이 깜짝 놀랄 정도로 크게 외친다.

삼십삼천 도솔천 성불제석 삼신제왕님네 화위동심(和爲同心)하여 다 굽어보옵소서!

이렇게 한번 외치고 나서 잦은 중중모리로 쉽게 소리해나가는데

삼십 후의 낳은 자식 한 달 두 달 이슬 맺어, 석 달에 피 어리고, 넉 달에 인형(人形) 삼겨, 다섯 달에 오포(五包)나고, 여섯 달에 육경(六經) 삼겨, 일곱 달에 칠규(七竅)열려, 여덟 달에 사만팔천 털이 나고, 아홉 달에 구

규(九竅) 열려, 열 달 만에 찬짐 받아 금강문, 하달문 고이 열어서 순산하니 삼신님 넓으신 덕택 백골난망 잊으리까?

지금의 의학상식으로 보아도 하나의 부족함이 없이 어찌 그리 인체의 생성과 발전과정을 날짜별로 자세히, 그리고 정확히 알고 소리로 표현했는지 모르겠다.

남녀가 사랑을 하여 한 두 달 후면 정자와 난자가 합쳐 제법 사람의 모양으로 변해가다가 석 달에 피가 어려 굳어지고, 넉 달에는 사람의 모양새로 되어가며, 다섯 달에는 오포(五包), 즉 오장(五腸)인 간장, 심장, 비장, 폐장, 신장이 갖추어진다고 했다.

다시 말해 사람 몸의 기본 내장의 꼴을 갖춘다고 했다. 6개월이 되면 육부(六腑) 즉 담, 위, 대장, 소장, 방광, 삼초의 여섯 기관이 모양을 갖춘다. 7개월이 되면 일곱 군데 구멍이 난다. 구멍이 일곱이라면 눈, 코, 입, 귀 의 일곱 구멍을 말한다. 그리고 여덟 달이면 사만팔천개의 털이 나고, 아홉 달이면 기존의 일곱 구멍에다가 소변, 대변보는 구멍이 추가되어 아홉 구멍이라고 했다. 마지막으로 열 달이 되면 금강문(金剛門), 하달문(下達門)이 생겨 완벽한 여인의 형태로 태어나게 된다는 것이다.

금강문은 단단한 여자의 음문을 이야기하고, 하달문도 아래로 통하는 여자의 음문을 말한단다. 실지로 이 순서대로 확실하게 맞는지는 알 수 없으되 신기하리만큼 잘 들어맞는다. 이렇게 해서 태어난 딸인데, 그것도 외동딸이다. 그래서 빌고 또 빈다.

명(命)은 삼천갑자 동방삭의 명을 주시고, 태임(太妊)의 덕택을, 대순(大舜)과 증자(曾子)의 효행을, 기량의 처(妻) 절행을, 석숭(石崇)과 같은 복을, 반첩여(班婕女)의 재질을 주시라고 빌었다.

심봉사는 아는 것도 많다. 삼천갑자 동방삭이도 알고 있다. 여기서 삼천갑자(三遷甲子)를 살았다는 동방삭(東方朔)이 이야기를 잠시 하고 넘어가

자. 동방삭은 전한시대(前漢時代)의 사람으로 BC 154년에 나서 실지로는 93세를 살았다고 하는 기록도 있다.

삼천갑자라면 갑자(甲子)의 60년을 세 번 살았다는 뜻이니 180년 살았다고 해야 옳다. 그러나 동방삭은 실지로 얼마나 살았는지 아무도 모른다.

동방삭은 어려서 일찍 부모를 잃고 옆집 아주머니가 젖을 주어 자랐는데 어린 그때 동방삭이 있던 자리가 동쪽으로 환하게 밝아서 동방삭이라고 부른다고 전해지기도 한다.

참고로 단군임검의 태자인 부루임검이 '사천갑자(四遷甲子)' 살았다고 하는 말도 나온다. 사천갑자면 240년이다. 여기서 삼천갑자건 사천갑자건 간에 일반적으로 그만큼 오래 살았다는 뜻으로도 쓰인다고 이해하면 된다.

3,000벽도(碧桃) 복숭아는 3,000년 만에 열매를 맺는다고 한다.

그 복숭아를 먹으면 3천년을 산다고 한 복숭아다. 월궁항아가 남편 예(羿)가 감추어둔 복숭아를 훔쳐 먹고 달로 도망을 갔는데, 그 복숭아는 서왕모(西王母)가 항아의 남편에게 부부가 서로 나누어 먹으라고 두 개를 준 것이다. 예는 이를 나중에 먹으려고 감추어두었는데 항아는 남편이 다른 여자하고 먹으려고 감추어 둔 것으로 알고 혼자 두 개를 다 먹어버렸다. 그리고 들킬까 두려워서 달로 도망을 가서 지금도 거기서 방아만 찧고 있는 것이다. 지금도 보름달을 보면 월궁항아가 불쌍히 방아를 찧고 있으며 잘못을 후회하고 있는 것이 보인다.

오래 산 사람이야 어디 동방삭뿐인가? 수궁가에서 강태공과 동방삭이 나온다.

"…위수변(渭水邊) 강태공도 내 간 씻은 그 물 먹고 궁(窮) 팔십, 달(達) 팔십으로 160세를 살았고, 팽조옹 동방삭도 내간 쪼금 달라기에 팥낱만큼 드렸더니 삼천갑자 살아있고…"

하면서 토끼는 자신의 간을 먹은 자들이 모두 오래 살았다고 자랑을 한다.

또 들짐승인 곰을 소개하면서도 강태공에 비유한다. 강태공을 비웅비표(非熊非豹)라고 했다. 곰도 아니요, 표범도 아닌 자가 위수변(渭水邊)에서 낚시를 하고 있으니 가서 그 자를 꼭 모시고 오라고 문왕의 꿈에 현몽했다고 한다.

그래서 문왕이 얻은 인재 강태공은 강여상(姜呂尙)을 말하며, 강태공은 주문왕을 만나기 전에는 낚시나 하면서 80세까지 가난하게 살고 있다가, 주문왕이 모셔가서 다시 열심히 정치활동하면서 만년에는 부자로 호화롭게 살았다 해서 궁팔십, 달팔십이라고 부르고 있다. 그러나 기록에는 그가 139세까지 산 것으로 남아있다. B.C 1211에서 1072년까지 산 것으로서 만 139년이요, 우리 나이로 보면 140세이다.

토끼가 용왕에게 자기 간이 그렇게 좋다고 거짓말을 하는데 강태공과 동방삭을 들먹이면서 그럴 듯하게 용왕을 속였던 것이다.

적벽가에서 적벽대전에 나온 군사가 자기 아들을 보고 싶어 했듯이, 심청가에서는 심봉사가 심청을 데리고 동냥 젖을 얻어 먹이면서 이집 저집을 다닌다. 어린 아이의 배가 빵빵하니 심봉사가 심청의 배를 만져보고는 더 없이 좋아한다.

"아이고 내 새끼 배불렀다. 배가 이상 빵빵하구나. 이 덕이 뉘 덕이냐, 동네 부인들 덕이라. 금을 준들 너를 사랴, 옥을 준들 너를 사랴. 어허 둥둥 내 딸이야."

하고 좋아하다가는 잦은모리로 더욱 신나고 빠르게 이어간다.

…쥐얌쥐얌 짜깡짜깡 엄마 아빠 도리도리 어허 둥둥 내 딸. 서울 가, 서울 가, 밤 한 줌 주어다 두레박 속에다가 넣었더니 머리 깜한 쉬양쥐가 들랑날랑 다 까먹고 다만 한 쪽이 남았는디 한 쪽은 내가 먹고 한 쪽은 너를 주랴. 우르르르 둥둥둥둥 허허둥둥 내 딸

얼마나 한국적인가? 옛날 할머니들에게서 많이 들었던 노래다. 많이 들었던 자장가이기도 하다.

옛날 우리 조상들은 오래 살았던 현인들을 다 기억하여 부르고 있으니 그 만큼 오래 살고 싶어 하는 마음은 예나 지금이나 마찬가지인가보다.

진시황이 오래 살기 위해 불로초를 구해 오라고 나이어린 동남동녀(童男童女) 500인을 동쪽으로 보냈다고 하는데 그 후 아직까지 소식이 없다고 한다. 그들은 불로초를 캐서 자신들이 먹어버리고 아직까지 돌아가지 않는 것일까?

판소리에서
한류 국제 자격증을 따라-

판소리를 하면 우주를 품고, 천지조화의 신통력도 갖게 된다

춘향가 초두에 도련님이 처음 「맹자(孟子)」를 읽다가 다시 「대학(大學)」을 가져오게 한다. 방자가 대학을 가져오니 노루글로 읽더니 다시 「천자문」을 가져오게 한다.

방자가 웬일인가하고 놀란다. 왜 그러냐고 묻자 그 속에 다 좋은 수가 있으니 잔소리 말고 어서 가서 천자문을 가져오란다. 방자가 하는 수 없이 가지고 온 천자문을 들고, 아니 보지 않아도 그 글을 알고 있으니, 그저 책을 올려놓고는 크게 외치며 춘향을 생각한다. 이도령도 사내이니만큼 대장부의 호쾌함을 한번 보여준다.

천자문의 '천자뒤풀이'는 이렇게 시작한다.

"자시(子時)에 생천(生天)하니 불언행사시(不言行四時) 유유피창(悠悠彼倉)의 하늘 천(天), 축시(丑時)에 생지(生地)하니 금, 목, 수, 화를 맡았으니 양생만물 따지(地), 유현미묘(幽玄微妙) 흑정색(黑正色) 북방 현무 검을현(玄), 궁상각치우(宮商角徵羽)동서남북 중앙토색의 누루황(黃), 천지 사방 몇 만리 하루광활(廈樓廣濶) 집우(宇), 연대국조 흥망성쇠 왕고내금(往古來今) 집주(宙), 우치홍수 기자추연 홍범이 구주 넓을 홍(洪)."

소리를 다하기 전에 앞부분부터 해석을 하고 넘어가자. 천지만물의 이치를 글자로 표현한 것이다.
  태초에 하늘이 열리고, 그 다음 땅이 생기고, 그래서 만물이 생겨나는 이치이다. 하늘천, 따지, 검을현, 누루황, 집우, 집주, 넓을홍, 거칠황.
  마치 서당에서 글 읽는 기분이다. 우주 만물이 이 글 읽는 순리대로 생겨났다는 법중여(呂)자 까지는 소리를 앞으로 2~3분은 더해야 한다.
  입(口)이 두 개 서로 붙었다는 법중여(呂)까지가 판소리 '천자뒷풀이'이다. 이도령과 춘향이의 입이 서로 붙었다는 글자가 법중여(呂)자 이다.
  본래 여기까지 이 대목의 소리를 다 해야 제 맛이 나는데 그러다보면 괜히 판소리 가사만 옮겨 놓은 책이라고 불평할까봐 줄이긴 하지만 소리를 그치기가 못내 서운한 생각이드는 대목이다.
  남자라면 이런 대목 하나 시원하게 소리로 뽑아보는 것도 좋은데. 흰 두루마기나 도포를 입고 똑바로 서서 이런데 한 대목을 한다면 그야말로 진정한 사내답고 누가 봐도 멋이 있는 한량인데. 키가 크고 풍채도 좋으면 무대가 꽉 차서 더욱 좋고. 일반인들도 판소리를 부지런히 배워 칠순이나 팔순 때 다른 행사를 하기보다는 이런 대목 하나 여러 친지들 모아놓고 목청껏 뽑아대면 인생을 사는 맛이 그 아니 날꼬?
  그러고 나서 죽는다 해도 먼 훗날까지 한 가지 멋은 남을 것이다.
  이런 소리를 높은 산에 올라 두 다리 펴서 받치고 통성으로 내질러 크게 하다보면 소리가 하늘에 가서 퍼진다. 소리가 광활한 평원을 내달린다. 알프스의 만년설 위에도 살포시 내려앉는다. 그랜드캐년의 계곡에도 웅장하게 울려 퍼지고, 미국 쪽의 나이아가라, 아니 카나다 쪽의 나이아가라 폭포가 소리하기에는 더 좋지, 그 폭포의 굉음도 뚫고 나간다. 소리는 남해바다의 울돌목에도 출렁거리고, 이태리 카프리 섬의 초록바다에도 잔잔하게 퍼져나간다.

소리는 어느새 어두운 밤하늘을 가로질러 멀리 솟아오르더니 보이지 않는 별까지 뻗어나간다. 우주만물의 이치가 다 눈 안에 들어온다.

이 별에서 저 멀리 있는 별까지의 거리가 자그마치 132억 광년이란다. 지구에서 태양까지의 거리가 149,600,000km이니 빛이 8분20초 동안을 가야하는 거리이다.

별에서 별까지의 거리가 말이 132억 광년이지 도대체 얼마나 멀고 먼 거리인가? 빛이 일 년 내내 쉬지 않고 가는 거리가 1광년이란다. 빛이 1초 동안 가는 거리가 30만km이고, 이 거리는 지구를 7바퀴 반을 돈다고 배웠다. 잠도 자지 않고 밥도 먹지 않고 그저 낮이고 밤이고 빛이 해찰하지 않고 일 년 내내 열심히 가는 거리가 1광년인데, 이 빛이 132억년(132년이 아님)을 가야 겨우 도달한다니 도저히 상상 할 수도 없는 거리이다.

또 까마귀와 까치가 다리를 놓아 일 년에 한번 씩은 만난다고 하는 견우와 직녀의 별도 그 실지 거리가 무려 18광년이나 된다. 빛이 18년 동안 달려가야 만나는 거리이다. 이 우주가 태어 난지는 138억년이다. 지구가 태어난 지도 45억6천만년이다. 인류가 이렇게 사람 형태로 태어 난지도 4,5백만 년 전의 일이요, 지금과 같은 사람 형태로 진화한지도 200만 년 전의 일이라고 한다.

천문학자들은 오늘도 망원경으로 별들을 찾고 있다. 별이 죽으며 마지막으로 타서 없어질 때 내는 불빛이 몹시도 아름답고 밝다고 한다.

국내 천문학자가 최근에 별이 이렇게 타서 없어지는 사진 한 장을 찍어 놓고 보니 이 별이 타서 없어진지는 벌써 39억 년 전의 일이라고 해명했다. 그 때의 빛이 계속 날아와 이제 우리 눈에 보이는 것이라니 도대체 우주는 얼마나 넓고 큰 것인지 감이 오지 않는다.

우주에는 2조 개의 은하수가 있다고 추정된다. 그 은하수마다 각 또 최대 100조 개의 별이 있단다. 그러니 그 별들의 수를 일반인들은 어떻게 설명해야 할지 모르겠다. 단위가 없다. 억, 조, 경, 해, 자, 양, 구로 끝없이 이어져 마지막 무한대까지 계산하려다가는 괜히 스트레스만 받는다. 그 별 중의 하나가 바로 이 지구이다. 엄밀히 말하면 지구는 별이 아니고 별이 타다 남은 찌꺼기란다. 수소와 헬륨으로 이루어진 것이 바로 우주요, 지구는 초록행성이란다.

어찌 보면 지구는 다른 별에서 상상도 못할 하나의 돌연변이 행성이다. 비가 오면 물렁물렁하고, 비가 안오면 단단해지는 흙이 있다. 그 위에 푸른 나무와 각종 식물이 우거진 숲이 있다.

푸른 물이 넘쳐흐르는 강과 바다가 있다. 신선한 공기가 있고 촉촉이 내리는 비가 있고, 펑펑 쏟아지는 눈이 계절적으로 돌아가면서 있다.

인간은 하나의 요행으로 얻어진 생명체이기도 하다. 만물의 영장인 동물이란 뜻이다. 이런 점을 생각하면 우주 속에서 인간은 도대체 어느 정도로 미미한 존재란 말인가?

아무튼 그러한 넓고 먼 우주 속에 소리를 뽑아 올려본다. 빛이 132억 광년을 가야하는 거리를 소리는 단번에 갈 수 있다. 상상 속에서 눈 깜짝할 사이에 이미 도착하고 만다. 우주의 거리도 거리이지만 우주 속 지구와 그 주인공들의 변천과정도 판소리로써 시공을 초월하여 상상할 수가 있다.

2억 년 전 공룡이 지구를 누비며 호령하고 살다가 6,500만 년 전에 행성의 돌덩이가 지구에 떨어진 통에 다 죽고 말았다.

그 때 저 멕시코 앞 바다에 떨어진 바위의 크기가 9km나 되었고, 바위가 떨어질 때 물 줄기가 5km나 높이 솟아 올라갔다고 하니 그 때 온 지구가 불덩어리가 되었고 모든 생물이 다 죽었다는 말이 이해가 간다. 그 때 공룡도 죽었다. 땅 속에 사는 일부 동물이나 바퀴벌레 같은 악착같은 종을 제외하고는 그 때 다 죽었고 공룡이 죽었기에 다시 인간이 태어날 수가 있었는지도 모른다니 참으로 산다는 것이 사람의 뜻대로 되는 것이 아닐 것이다.

더구나 앞으로 2억년이면, 또 어떤 예측으로는 길게는 50억년이면, 태양이 다 타서 없어지고 그때 지구도 어느 곳으로 떨어져 없어질 수도 있어 이 지구상에 인간도 살아남지 못할 것이라는데 그런 사실들을 알고나 살다가 죽어야하지 않겠는가? 그때 가서는 어떡하지? 아무튼 이러한 넓은 우주 속에서 천체를 내려다보고 살 수 있는 방법은 소리를 하면서 사는 법이다. 소리 속에는 우주 만물이 있기 때문이다.

판소리 속에 음양오행과 한역(韓易)을 주역(周易)이라고도 함, 풍수지리, 인체에 대한 오장육부와 침술 등 한의학이 다 들어 있다.

특히 수궁가에서는 용왕의 병세를 진맥하고 음양오행에 따라 약도 짓고 침도 놓는다. 적벽가에서도 천체우주의 조화에 따라 제갈공명이 동남풍도 빌고 바람도 얻는다.

수궁가에서 나무꾼이 쳐 놓은 그물에 토끼가 걸려 지나가는 쉬파리에게 사정을 한다. 죽은지가 오래되어 썩은 것 같이 쉬 좀 잔뜩 슬어 달란다. 쉬파리들이 인간의 손이 얼마나 무서운지 알려준다. 자진자진모리 장단이다. 이런 대목을 하다보면 신바람이 절로 난다.

"사람의 손 내력을 들어봐라. 사람의 손이라 하는 것은 엎어 놓으면 하늘이요, 뒤쳐 놓으면 땅인데 이리저리 금 있기는 일월(日月) 다니는 길이요, 엄지장가락을 이를진대 천지인삼재(天地人三才)요, 지(指)가락이 장가락만 못하기는 정월, 이월, 삼월이요, 장가락이 그중에 길기는 사월, 오월, 유월이요, 무명지가락이 장가락만 못하기는 칠월, 팔월, 구월이요, 소지가 그중에 짧기는 시월, 동지, 섣달인데 좌오묘유(子午卯酉)가 여기 있고, 건감간진손이곤태(乾坎艮辰巽離坤兌) 구궁팔괘(九宮八卦) 여기 있고, 불도(佛道)로 두고 일러도 감중연간상연(坎中連艮上連) 육도기문(六韜奇門)이 대장경(大藏經), 천지(天地)가 모두 일장중이라. 네 아무리 꾀를 낸들 사람의 손 하나 못 당하리라. 두 말 말고 네 죽으라."

쉬파리들이 소위 음양오행설이나 십간십이지(十干十二支), 팔괘, 육도기문 등을 아는 것도 대단하다. 사람의 손을 엎으면 하늘이요, 뒤집으면 땅이란다. 또 손바닥에 난 손금들이 다 해와 달이 다니는 일정한 길이란다.

손가락만 해도 다섯 손가락이 다 상징하는 바가 따로 있다.

우선 첫째 엄지손가락은 천지인(天地人)이 들어있는 음양(陰陽)을 나타내고, 둘 째 손가락인 지가락(食指)은 음력으로 1, 2, 3월을 나타내는 봄이요, 셋째인 장가락은 한여름을 나타내는 4, 5, 6월이라 연중 해가 가장 길다.

다음 무명지가락은 장가락보다는 짧아 7, 8, 9월 가을을 나타내고, 새끼손가락인 소지(小指)는 엄지손가락을 빼고 계절의 달을 나타내는 네 개의 손가락 중 그 길이가 가장 짧아 실지 해가 짧은 10, 11, 12월을 나타내는 겨울을 뜻한다.

또 자(子), 오(午), 묘(卯), 유(酉)의 방향을 순서대로 북쪽, 남쪽, 동쪽, 서쪽의 방향과 건(乾), 감(坎), 간(艮), 진(辰), 손(巽), 이(離), 곤(坤), 태(兌)의 8괘(八卦)가 이 손에 다 들어있단다.

불교의 이치로 따져서 말한다 해도 중생이 지은 죄에 따라 지옥, 아귀, 축생, 수라, 인간, 천상에 이르는 여섯 가지의 단계, 즉 육도기문(六韜奇門)이 이 손바닥에 다 들어있다고 한다. 쉬파리가 이 정도인데 도대체 사람들은 뭐하는 건가? 공부도 하지 않고, 그렇다고 소리도 배우지 않고.

그러니 일개 미물인 쉬파리가 시킨 대로만 제대로 판소리를 해도 저절로 한역(桓易)을 다 아는, 다시 말해 주역(周易)을 다 아는 역술인(易術人)이 될 수 있음은 물론 우주만물의 이치를 훤히 꿰뚫어 볼 수 있는 신통력이 생기게 된다.

사실 쉬파리들이 토끼에게 경고한 대로 사람의 손으로 못하는 일이 없다.
인간의 손 때문에 에디슨이나 스티브잡스 같은 인물이 나와 오늘날 이러한 문명과 인터넷이나, 스마트폰 세상을 열었고 달나라나 화성을 넘나드는 세상을 꿈꾸고 있는 것이다. 하지만 그물에 걸린 토끼란 놈은 이렇게 사람을 속이는 꾀가 있기 때문에 사람보다도 한 발짝 더 앞에 나가있다.

쉬파리 떼가 슬어준 쉬를 가득 안고 죽은 듯이 있다가 나무꾼들이 토끼가 죽어 썩은 줄 알고 내던져 버린 탓에 토끼는 그만 살아서 깡충깡충 도망을 가면서 나무꾼을, 아니 인간을 비웃는다.

"너희 인간들은 내 손 안에 있소이다!" 하면서 한 마디하고는 귀를 탈탈 털고 산위로 올라간다.

토끼 그 놈, 바다의 용왕도 속이고, 이제는 사람도 속이고, 결국에는 하늘의 왕자인 독수리마저 속이고 죽음에서 살아남는다. 세상에서 꾀보는 이렇게 해서 살아남는 법이다. 그렇다고 너무 얌체 짓은 하지 말지어다. 절대로 법망을 이리저리 피해가며 나쁜짓을 하는 소위 '법꾸라지'는 되지 말지어다.

하긴 한민족이 유구한 역사를 여기까지 이어온 것도 사실 토끼와 같은 지혜와 용기가 있었기에 그간 수많은 외침과 어려운 고비들을 잘 넘겨왔다고 본다.

적벽가에서는 제갈공명이 동남풍을 빈다. 이 때 신통력으로 금 나와라 뚝딱, 은 나와라 뚝딱해서 동남풍이 불어진 것이 아니고, 다 이 음양오행설에다가 주역 등을 가미하고 치성을 드려 이루어낸 작품이다. 언제 동남풍 바람이 불 것인지를 알고 공을 들여 바람을 불러들인 것이다.

그러나 이 동남풍 비는 대목은 삼국지연의에도 없는 내용을 우리의 판소리에서 자세하게 묘사하고 있다. 아마 중국인들도 이 내용을 알고 나면 감탄을 할 것이다. (나의 이론)

이 대목은 적벽가 중 '동남풍 비는 대목'이라 하는데 자진모리 빠른 소리로 내지르는 대목이라 신바람이 나는 대목이다. 풀이하여 소개하면 이러하다.

공명은 주유, 노숙 등과 의논을 하고나서 동남풍을 빌려고 하는데 그 절차를 밟는다. 우선 500명의 군사를 뽑았고, 그 중에서 120명에게는 각종 깃발을 잡고 있으면서 단을 지키게 한다.

공명은 노숙을 데리고 남병산(南屛山)으로 올라가서 칠성단을 만들고 나서 동남방의 붉은 흙을 군사들로 하여금 가져오게 하여 삼층단(三層壇)을 높이 쌓는다. 본래 중앙은 숫자로는 5와 10을, 색깔로는 황색인지라 황토인(중국인)들은 자신들을 상징하는 황토(黃土)를 골랐다고 삼국지연의에다 표시했을 것이다. 그래서 필자도 〈치우천황의 탁록대첩〉을 판소리로 창작하면서 우리 배달한국의 천황들이 하늘에 제사를 올릴 때는 우리 동쪽을 뜻하는 청색 흙을 높이 싸놓고 제를 올리게 했던 것이다. (나의 이론)

제갈공명이 쌓게 한 단(壇), 그 방원의 둘레는 24장(丈)이요, 각 층의 높이가 3척이니 합계가 9척이라고 했다. 제일 밑에 층의 사방 28면의 넓이와 깃발은 이러하다. 여기서 1장(丈)은 8척(尺)이요, 1척(尺)은 주척(周尺)으로 20cm이니 1장(丈)은 약 160cm(어른 키 정도)이므로 둘레가 24장(丈)이라면 40여m라고 보면 될 것이다.

동쪽 칠면에는 청기(靑旗)를 달되 동쪽에 해당되는 일곱 별자리로는 각, 항, 저, 방, 심, 미, 기(各亢氐房心尾箕)이고, 거기에 해당되는 동물은 교, 룡, 낙, 토, 호, 호, 표(蛟, 龍, 狢, 兔, 狐, 虎, 豹)이다. 동물을 다시 순서대로 말하면 도롱뇽, 용, 오소리, 토끼, 여우, 호랑이, 표범이다. 이렇게 그린 청기(靑旗)들을 동쪽에다 청룡(靑龍)의 형상으로 펼쳐놓는다.

다음으로 북방칠면 흑기(黑旗)를 세웠는데 그 일곱 별자리 방위로는 두, 우, 여, 허, 위, 실, 벽(斗, 牛, 女, 虛, 危, 室, 壁)이며, 그 해당 동물은 해, 우, 복, 서, 연, 저, 유(獬牛蝠鼠燕猪貐)로서 해태, 소, 박쥐, 쥐, 제비, 돼지, 이리가 된다. 다시 말해 북쪽에다 이런 깃발을 현무(玄武)의 형태로 벌려놓았다.

다음 서쪽에는 백기를 백호(白虎)의 위세로 세워놓았는데 그 별자리 방위로는 규, 루, 위, 묘, 필, 자, 삼(圭, 婁, 胃, 昴, 畢, 觜, 參)이며 동물은 낭, 구, 치, 계, 오, 후, 원(狼, 狗, 雉, 鷄, 烏, 猴, 猿)으로 그렸다. 순서대로 이리, 개, 꿩, 닭, 까마귀, 원숭이, 긴팔원숭이를 그려놓은 것이다.

마지막으로 남방 칠면 홍기(紅旗)에는 일곱 별자리 방위가 정, 귀, 유, 성, 장, 익, 진(井, 鬼, 柳, 星, 張, 翼, 軫)으로 동물은 안, 양, 장, 마, 녹, 사, 인(犴, 羊, 獐, 馬, 鹿, 蛇, 蚓)으로 들개, 양, 노루, 말, 사슴, 뱀, 지렁이들이다. 이런 깃발을 주작(朱雀)의 형태로 벌려놓았다.

이렇듯 사방에 깃발을 세워놓고 제일 층에는 노란색의 황기를 세웠는데 역시 이 황기도 황토인들(중국인)이라서 중앙을 뜻하는 황색으로 택한 것 같다. (나의 추정)

또 제일 층 주위에는 황기64괘(卦:8괘를 8번)를 점검하여 각각 갖춰놓고 상 일층에는 네 사람에게 머리에 상투를 틀어 관을 쓰게 하되 머리에는 검은 비단인 나포(羅袍)로 묶어서 관을 쓰도록 했다. 그리고 품은 넉넉하게 된 옷을 입되 허리에는 넓은 띠를 띠게 하고 발에는 붉은 신을 신으며 옷자락이 네모난 옷(방군,方裙)을 입게 했다.

어디 그뿐인가? 앞줄 왼쪽에는 한사람을 세우되 긴 장대를 잡게 하고, 장대 끝에는 용계우위보(用鷄羽爲葆)하야, 다시 말해 닭의 깃을 장대 끝에 달아서 계절에 따라 부는 바람의 방향을 알게 하라고 했다.

또 앞 줄 오른 쪽에 서있는 사람은 북두칠성을 그린 깃발을 매달아 날씨가 어떻게 변하는지 알아보도록 했다. 하늘의 조짐이 어떻게 변하는지 알아보라는 뜻이다. 뒷줄의 왼편 한 사람은 보검(寶劍)을 받들게 하고, 뒷줄 우편의 한 사람은 향로(香爐) 받들게 하며 단(壇) 밑의 24인은 각각 각종 깃발과 칼 등의 도구를 잘 챙겨 들게 했다.

다시 말해 긴 창과, 노란 깃발, 붉은 깃발, 검은 깃발, 크고 흰 도끼 등 지참하는 도구도 다양하다.

그리고서 공명 선생 목욕재계하고 손톱, 발톱도 정갈하게 깎고, 옷도 정갈하게 입고 나서 단에 올라 분향헌작과 독축을 했다. 물론 이때 공명 선생은 오나라를 위하는 동남풍을 빌었을 리가 없다. 이 엄동설한에 있을 리가 없는 동남풍이 불어오게 하여 제발 오나라가 조조를 치게 하되 결국은 그게 한나라를 위하게 해달라고 빌었을 것이다.

바람조짐이 있자 제갈공명은 조자룡과 미리 약속한 시간에 맞추어 남병산을 살짝 빠져 내려가는 것이다. 동남풍은 이렇게 정성을 들여 얻은 것이지 그저 "바람 나와라 뚝딱!" 하고 얻은 것이 아님을 알려준다.

삼국지연의(三國志演義)에는 이렇게 상세하게 안 나와 있으나 판소리를 만드는 과정에서 이렇듯 과학적이며 여러 가지 근거가 있게 하여 세세히 소리로 만들었다는 것을 알려주고 싶다. 그러니 어찌 적벽가가 중국의 것이라 하겠느냐? (나의 이론)

수궁가에서 토끼가 독수리에게 잡혀 죽게 될 때 토끼는 얼른 꾀 하나를 생각해 낸다. 그리고 독수리 앞에서 갑자기 서럽게 울어댄다. 그러자 독수리가 묻는다. "야 이놈아, 무엇이 그리 죽기보다 더 서럽단 말이더냐?" 토끼가 그제야 대답한다. "수궁에 갔었는데 수궁 용왕이 '의사줌치'라는 보물을 하나 주십디다." 하며 자랑을 한다. 독수리는 '의사줌치'란 것이 도대체 무엇이기에 저렇게 죽는 마당에 죽음보다 더 아쉬워하는가 하고 궁금해서 물어본다, 토끼가 대답한다. 그 '의사줌치'란 그 보물을 들고 "병아리 새끼 나오너라. 하고 주문을 하면, 하루에 병아리 새끼가 1,500마리씩 꾸역꾸역 나오고, 또 개 창사 돼지새끼 죽은 것 나오너라. 하면 몇날 며칠을 꾸역꾸역 나오는 귀중한 보물입니다." 하고 그럴듯하게 설명을 했다. 독수리는 욕심이 났다. 그럼 살려줄 테니 그걸 자기에게 달란다. 토끼도 그러자고 했다. 독수리가 그게 어디 있느냐고 물으니 저기 바위틈에 감춰두었다고 했고, 독수리는 토끼를 두발로 들고 날아가 그 토끼 굴 앞에 내려놓는다. 그러면서 어디에 있느냐고 물었고, 토끼는 자기 발을 조금씩만 놓아주면 굴속에 '의사줌치가' 곧 손에 달 것 같다고 했다. 좁은 굴속으로 들어간 토끼는 조그만 더, 조금만 더 발끝을 놓아달라고 하다가 결국 두 발로 독수리의 발을 툭 차고 독수리의 발에서 빠져나와 한가하게 시조를 읊는다. 독수리는 빨리 내오라고 재촉을 한다. 그제야 토끼는 큰 소리를 친다.

"독술아 이놈아! 잘 가거라. 이렇게 죽을 고비에서 빠져 나온 이 나의 머릿속의 꾀주머니가 바로 '의사줌치'라는 것이다."

독수리는 황당해서 토끼가 나오기만 하면 죽여 버리겠다고 화를 냈지만, 토끼는 이제 늙은 말년에 이 굴속에서 손주들이나 보며 살 것이니 밖에 나갈 일은 없을 것이라고 약을 올렸다. 화가 난 독수리는 하는 수 없이 훨훨 날아가고 토끼는 또 살아남는다. 이렇듯 죽음의 갈림길에서 극적으로 살아나는 비법도 바로 우주조화의 신통력이다.

판소리를 오래 하다보면 이와 같이 판소리하는 사람도 제갈공명이 한겨울에 동남풍을 비는 비법과 다를 바 없이 조화를 부려 그 신통력을 발휘할 수가 있는 것이다.

필자가 IMF 외환위기 당시(1997말)에 겪었던 이야기 하나를 참고삼아 들려주고자 한다.

각 은행마다 예금부족으로 비상이 걸릴 때였다. 필자가 근무했던 국민은행 호남지역본부에도 서울에서 담당 이사가 광주에 내려와 관내 30여 명의 지점장들을 모아놓고 대책회의를 했다. 본점에서 내려준 많은 목표에 대해 모든 지점장들이 거의 자기 지점의 목표를 할 수 없겠다고 그 사유를 이야기 할 때 필자는 일어나서 틀림없이 목표를 하겠다고 큰 소리를 쳤다. 모든 지점장들이 속으로 '미친 놈' 하며 의아해 할 때 필자는 판소리 적벽가 중 '제갈공명 동남풍 비는 대목'을 큰소리로 한바탕 하고서 다시 한 번 목표대로 다 하겠다고 약속을 했다. 까짓것 하다하다 못하면 할 수 없지만 미리부터 못하겠다고 할 필요가 있느냐는 생각이었다. 그러다가 혹시라도 필자가 말 한대로 이루어지면 "그 친구, 참 대단한 사람이네!" 하고 모두들 한 마디씩은 하지 않겠는가? 전에 다른 지점장으로 근무할 때도 그런 전략을 써서 성공했었는데, 이는 불가능을 가능으로 바꾸는 비법과, 배짱과, 그 호탕함을 판소리 적벽가 속에서 배웠던 것이다. 그리고 한 겨울에 동남풍을 일으키는 신통력을 발휘한 것이다.

그리고 며칠 후 은행 간 빅뱅이 이루어지면서 시중의 많은 자금이 안전한 곳을 찾는다고 국민은행으로 몰려왔고, 예금은 넘쳐흘러 더 이상의 예금은 오히려 은행에 손해가 될 지경이었다.

필자는 당장 지역본부에 전화를 걸어 "우린 목표를 다 달성했습니다. 나는 한 번 한다면 하는 사람입니다!" 이때 듣고 있던 모든 직원들이 하하하 하고 배꼽을 잡고 웃었단다.

이러한 신통력은 지금 이 시간까지도 아직 유효하게 이어지고 있음을 알게 되었다. 그런 역사를 가진 IMF가 발생한지 벌써 20주년이 흘렀다. 며칠 전 어느 신문에 필자의 사진과 함께 신문기사가 크게 실렸다. 'IMF 외환위기 때 퇴직한 은행지점장이 소리꾼으로 제 2인생을 살고 있다'란 제목 하에 필자에 관한 이야기를 실었다.

판소리하는 사진과 함께 필자의 이야기를 싣게 된 사연은 이러했다. 신문사에서 벌써 20년이 지난 IMF를 되돌아보는 특집을 만들려고 국민은행본점에 가서 그때 퇴직한 사람으로 현재 성공적으로 열심히 살아가고 있는 전 직원을 한 사람 소개해달라고 했단다. 그랬더니 은행에서는 필자를 추천했단다. 필자는 다른 일을 보다가 갑자기 그 기자와 인터뷰를 하게 되었고, 그게 신문으로 나가니 전국에 아는 친지들에게서 전화가 많이 왔다. 또 그보다 한 달 전에는 여주 명성황후의 생가 추모제에서 본인이 창작하여 일본의 만행을 세계에 알리는 민족적인 창작판소리인 '명성황후의 혼불'을 공연하였다고 또 다른 신문에 공연기사까지 자세히 소개를 하여 필자는 최근 더욱 바쁜 사람으로 알려졌고, 제갈공명의 그 신통력은 아직도 살아있음을 실감하게 된 것이다.

일찍이 판소리가 우주의 음악이라는 것을 한 마디로 잘 설명한 월광선사(月光禪師)의 말을 소개한다.

동편제 시조이며 판소리의 가왕이라고 불리는 송흥록(宋興祿)은 1801년에 지금의 전라북도 남원시 운봉읍에서 태어났다. 송흥록은 12살에 전라남도 광양시 백운산에 있는 월광선사를 찾아갔다. 거기서 선사의 가르침을 받으며 소리 공부를 해왔는데 그 때 월광선사의 하는 말이 판소리를 이렇게 단적으로 잘 설명하고 있다.

네가 부르는 소리, 즉 창(唱)은 우주 삼라만상의 소리다.
중생의 희노애락(喜怒哀樂)과 애오욕(愛惡慾)과
생로병사(生老病死)의 표현이다.
천차만물의 물이 흘러서 바다에 이르면
오직 한맛으로 변하는 바닷물의 이치이며, 소리 또한 그러함이다.
만백성의 우주에 충만한 한소리, 한소리가 합쳐져서
원음인 한맛의 소리가 되어 극치에 이르게 된다.
그러므로 이 세상 만물의 소리는 너의 연구대상이니
결코 흘려버리지 말지어다.

판소리 하는 사람은 한의사
준면허증을 받을만하다

　판소리를 오래 하다 보니 한의원 같은 곳에 가서 무어라고 한마디 하다 보면 모두가 놀란다. 마치 한의학을 오래 공부한사람 같다고 하면서 일반 환자와는 달리 조심스럽게 취급해준다.
　앞에서 말한 역술적인 이야기는 아니 하더라도 인체의 오장육부와 음양오행설과의 관계나 침술에 대하여 수궁가 속에 있는 말 한 마디만 하여도 어찌 저리 잘 아는가 하고 놀란다. 판소리에서 한의술에 관하여 자주 나오는 전설적인 인물은 신농씨(神農氏), 화타(華陀), 편작(扁鵲)등이 있다.
　신농씨야 앞에서 언급한 배달한국시대에 있었던 농사의 신이요, 가축의 신이요, 약초의 신으로 불리는 우리 배달한국의 조상이다.
　편작(扁鵲)은 춘추전국시대의 명의로서 성(姓)은 진(秦)이요, 이름은 월인(越人)인데 전설적 명성과 많은 의서를 남긴 의원이다. 그러나 편작은 다른 사람의 시기를 받아 암살되었다.

화타(華陀)는 마취약을 개발한 명의로서 중국의 삼국시대에 조조의 두통을 치료하다가 자기를 해치려하는 것으로 의심을 품은 조조에게 죽임을 당했다.

명의들은 남의 병은 치료하여 오래 살게 하나, 자신은 의심을 받거나 시기를 당해 명대로 못살고 남의 손에 죽고 마는 운명을 타고 나는가보다.

어쨌든 수궁가에서 용왕이 중병에 걸려 탄식할 때도 화타, 편작이나 있으면 어찌 나을 수도 있겠으나 그들이 없으니 어찌 할거나 하고 용왕은 탄식한다. 그러면서도 신농씨의 갖가지 좋은 약을 써보고 싶다고도 한다.

창자가 용왕의 병을 진맥하고 약을 지어주는 수궁가 '약성가(藥性歌)' 대목을 줄줄 외워서 소리를 하다보면 사람들은 놀란다. 예를 들어 수궁가에서 도사가 왕의 팔을 진맥할 때 처음 아니리는 점잖게 나간다.

"우선 맥을 보사이다." 하고는 용왕의 팔을 잡고 자진모리로 몰아붙인다. 이 대목은 약의 성질을 잘 설명해주는 '약성가(藥性歌)'라 한다. 이런 대목을 진양이나, 늦은중모리로 느리게 하다보면 환자는 도중에 미리 죽어버릴 것이고, 그 긴 사설을 다 들어주는 관객도 없을 것이니 이런 데는 그저 빨리빨리 자진모리로 신나게 나가는 것이 판소리의 특징이요, 또 장점이다. 특히 이런 데를 잘하는 것이 또 판소리의 매력이요, 명창이란 말을 듣기도 하며, 판소리 애호가들의 기대에도 부응하는 것이다.

수궁가 중 여러 제(制)가 있는데 이 약성가를 길고, 자세하게 사설을 만들고, 또 소리를 밀었다가 당겼다가 하면서 재미있게 짜놓은 것이 유성준 제 고 정광수 명창이 불렀던 수궁가의 '약성가'이다.

자진모리는 이처럼 쫄깃쫄깃한 맛이 있어야한다. 마치 중국집 짜장면같이 쫄깃쫄깃한 맛이 나려면 소리를 밀었다 당겼다 해야 한다.

다시 말해서 어떤 데는 원 박에 소리를 내지 말고 미리 당겨서 11박에 시작하기도 하고, 또 어떤 데는 한 두 박자 아니면 반박자라도 보내고 나서 시작하는 맛이 바로 사람을 긴장도 시켰다가 이완도 시켰다 하면서 재미를 붙여준다. 판소리는 본래 그런 것이다.

만약 소리를 또박또박 원 박자에만 시작하고 끝맺는다면 북치는 사람도 졸음이 오고 청중도 졸린다. 옛날 명창들이 이런 소리를 듣다보면 유치원생 소리하듯 한다고 한다. 마치 퍼져빠진 짜장면을 먹는 기분이랄까? 아니면 좀 속된 말로 옛날 할머니들 고무줄 늘어진 핫바지(몸뻬)를 입는 것과 같이 힘이 없이 축 늘어지고 재미도 없어진다. 그래서 판소리는 본래 우리의 소리북을 장단으로 맞춰 불러야 되는 것이다.

20여 년 전 추석명절 때 어느 TV방송국에서 판소리 명창이 판소리 수궁가 중 수궁에서 토끼 잡아들이는 자진모리장단 대목을 오케스트라에 맞춰 하는 것을 보았다. 동서양의 새로운 만남이란 퓨전적인 시도는 좋으나 그건 전혀 아니었다. 바로 앞에서 지적한 대로 밀고 당기면서, 자진모리장단은 가슴을 죄었다가 풀어주었다 하면서 긴장과 이완을 넘나들어야 판소리 맛이 나는 법인데 소리꾼의 소리가 끝나고 한참을 기다렸다가 다시 오케스트라가 나가면 그때 같이 따라 나가는 시간적 공간이 소리하는 사람들에게나 듣는 시청자들에게는 무척이나 지루하고 힘 빠진 일이었다.

그런 자진모리장단은 본래 정신없이 북으로 때려 부셔야 하는 것이거든. 그래야 고수도 땀을 뻘뻘 흘리고 따라치면서 재미가 있고 북치는 희열을 느끼는 법이다. 그 자진모리장단이 판소리 각 마당마다 여러 대목이 나오지만 그 중 하나 빼 놓을 수가 없는 데가 바로 수궁가 '약성가' 이기에 여기 잠깐 소개한다.

정광수 명창은 이 대목을 직접 충청도 서산으로 의원을 찾아다니며 가사의 보완을 했다고 필자에게 자주 설명을 해주었다. 정광수 명창이 한의원 영감님들에게 들은 이야기로는 이 약성가 대목과도 흡사한 정약용이 쓴 '목민심서'를 보고 약을 지으면 백발백중 잘 낫는다고 하더란다.

이러하듯 정명창은 한약재의 효능을 물어서 일일이 정리하고 특히 침놓는 침구8혈법(鍼灸8穴法)을 소상하게 적어놓았다.

이제 의원들이 보아도 손색이 없을 정도로 완벽한 한의술이 된 것이다. 필자가 이 문제를 들고 한의사 시험을 봐도 중간 점수는 나올 것 같다.

왜 그런 소리를 하느냐 하면 몇 년 전 필자가 창작한 〈왕과 장금〉을 공연하면서 대장금이 약을 처방하는 장면에서 이 약성가 일부를 차용하여 알아듣기 쉽게 대장금 판소리에 맞게 잘 바꾸어 소리를 했다.

판소리에서는 다른 마당에 좋은 대목이 있으면 이렇게 차용하여서 써도 상관이 없다. 다만 어디에 있는 대목, 누가 특기로 잘했던 대목이라고 소개를 해야지, 그렇지 않으면 마치 자기가 창작한 것 같이 다른 사람들을 속이는 것이 되고 저작권법에도 걸린다.

다른 판소리 중에 있는 것을 차용하는 것도 한바탕의 긴 판소리 중에서 한 두 군데이지 그 이상이 되면 남의 것을 가져다가 누더기식으로 꿰매어 놓은 것이기에 좋지 않다.

판소리 차용 부분은 이쯤 해두고 다시 수궁가 약성가로 돌아가 좀 더 자세하고 재미있게 설명하고자 한다. 이 대목은 비록 소리꾼이 아니더라도 살아가는데 주역(周易)과 한의학 상식에 관한 것이니 일반 독자들도 알아두면 좋을 것 같아 약성가 전체를 상세하게 소개하고자 한다.

이 약성가를 소리하려면 창자는 우선 시작하기 전에 먼저 심호흡한번 크게 하고 처음에는 비교적 천천히 소리를 시작한다. 그래도 자연히 판소리는 뒤에 가서는 빨라지게 되는 것이다. 마치 자동차 여러 대를 앞에서 안내(칸보이) 할 때 앞에서 20km로 달리다 보면 뒤에서는 30km로 가야 앞차를 따라 갈 수 있는 것과도 같은 이치인지도 모른다. 소리도 뒤로 갈수록 점점 빨라진다는 뜻이다.

"왕이 팔을 내어주니 도사 맥을 볼 제 심소장(心·小腸)은 화(火)요, 간담(

肝膽)은 (木)목이요, 폐대장(肺大腸)은 금(金)이요, 신방광(腎膀胱)은 수(水)요, 비위(脾胃)는 토(土)라. 간목(肝木)이 태과(太過)허야 목극토(木克土)허니 비위(脾胃)가 상(傷)하옵고 담성(膽盛)이 심허(心虛)허니 신경(腎經)이 미약하고, 폐대장(肺大腸)이 왕성허니 간담경(肝膽經)이 자진(自盡)이라. 방서(方書)에 일렀으되 비(脾)는 내일신지조종(內一身之祖宗)이요, 담(膽)은 내일신지표본(內一身之標本)이라. 심정즉만병이(心靜則萬病)이 식(息)하고 심동즉만병(心動則萬病)이 발(發)하오니 심정(心情) 곧 상(傷)하오면 무슨 병이 아니 나리."

여기서 판소리를 잠시 중단시키고 설명을 하자면 음양오행설에 의한 한약을 조제하는 법을 설명한 것이다. 약을 서로 중화시켜 쓰는 것이 양약과는 다르다. 이제부터는 동의보감에서나 나올법한 세부적인 약물치료를 알려준다. 소리는 다시 계속된다.

"오로칠상(五勞七傷)이 급하오니 보중익기탕(補中益氣湯) 잡수시오. 숙지황 위군하여 닷돈이요, 산사육 천문동 세신을 거토(去土)하고 육종용 택사 앵속각 각 한 돈 감초 칠푼 수일승전반(水一升煎半) 연용 이십여첩을 쓰되 효무동정(效無動靜)이라. (중략)

속(마음)이 상하였을 때는 이러한 약을 쓰고 설사가 급하면 이런 약을 달여서 먹으라고 일러준다. 아픈 부위별로 설명을 하다가 이제는 전체적으로 좋다는 약을 다 들이댄다. 누구나 잘 아는 '약방에 감초'와 인삼에 대한 설명도 나온다. 인삼은 갈증을 멈추게 하고, 감초는 굽거나 익혀서 먹어야지 생으로 먹으면 설사를 한다고도 알려준다. 그러면서 그 유명한 청심환도 등장시킨다.

청심환, 소합환, 팔미환, 육미환, 경옥고, 자음경옥고, 백봉령, 적봉령,

대황, 망초, 창출, 백출, 소엽, 방풍, 진피, 계피, 반하, 계향, 육계, 단사, 차전, 연실, 시호, 전호, 목통, 인삼, 천문동, 맥문동, 매실, 오미자, 감초, 지초, 가미, 육군자탕, 청서육하탕, 이원익기탕, 청풍보음탕, 백사의 위령탕. 신농씨 백초약을 갖가지로 다 써봐도 효무 동정이라."

마치 어느 목욕탕 안의 한증탕에 걸려있는 약봉다리를 보는 듯하다. 여기서 잠시 소리를 멈추고 설명하자면, 이런 약에도 병이 안 낫는다고 가정하는 것이다. 여러 가지 약 처방을 소개하기 위해서 일부러 낫지 않는 것 같이 한 것이다.

이상은 사람의 장기인 오장(五腸)을 오행(五行)에 결부시켜서 해석하고 상생(相生)과 상극(相剋)의 이치로 풀어나가는 약 처방과 침처방을 소개한 것이다.

심장(心臟)과 소장(小腸)은 화(火)라 했다. 간(肝)과 담(膽)은 목(木)이라 했다. 폐(肺)와 대장(大腸)은 금(金)이요, 신장(콩팥)과 방광(膀胱)은 수(水)요, 비장(脾臟)과 위장(胃腸)은 토(土)이다. 여기서 5장(五臟) 육부(六腑)라 할 때의 5장은 앞의 각 첫 글자인 심장, 간, 폐, 신장, 비장을 말하고 육부는 소장(小腸), 담(膽), 대장(大腸), 방광(膀胱), 위(胃腸)의 5부에다가 3초(三焦)를 더하여 말한다.

판소리 하는 사람들이 소리하기도 바쁜데 우선 이것만 알아도 큰 수확이다. 음양오행설이다.

한편 양약에서는 한쪽이 나쁘다고 하면 무조건 그 쪽만 약을 쓰게 되고, 그러다보면 다른 쪽이 나빠지는데 한방에서는 이 점을 크게 주의하여 항시 반대쪽이 나빠지지 않으면서 이쪽도 낫는 약을 처방한다. 다시 말해 상생(相生)의 경우가 있는데 수생목(水生木), 토생금(土生金), 금생수(金生水), 목생화(木生火), 화생토(火生土)와 같은 것이다. 이때 물과 나무는 서로 상생하여 좋다는 뜻이다.

반대로 서로 상극인 경우가 있다. 목극토(木克土), 금극목(金克木), 토극수(土克水), 수극화(水克火), 화극금(火克金)과 같이 서로 같이는 항시 좋을 수가 없는 상극이 있다. 목극토(木克土)라 하면 나무는 흙을 이기고, 금극목(金克木)이라 하면 쇠는 나무를 이긴다. 는 법칙이다.

이런 법칙을 적용하면 간장은 목(木)이라 했으니 간의 기능이 너무 좋아지면, 또 그쪽 약을 너무 과다하게 쓰면, 목극토(木克土)가 될 것이니 앞에서 말한 대로 토에 해당하는 비장과 위장이 나빠진다. 또 폐, 대장이 너무 왕성하면 금극목(金克木)이니 간과 담이 나빠진다는 뜻이다.

그리고 모든 병의 근원은 마음(心)에서 온다고 했다. 마음이 가라앉으면 병이 낫고 마음이 심란하게 발동하면 병이 생긴다는 이치이다. 앞의 이야기를 보충하여 설명하자면 이러하다.

오로칠상(五勞七傷)이 급하면, 다시 말해 오장의 기능과 칠정(七情)인 희(喜), 노(怒), 애(哀), 락(樂), 애(愛,) 오(惡), 욕(慾)이 상하면 보중익기탕(補中益氣湯)을 먹으면 된다고 했다.

여기서 보중익기탕을 짓는데 들어간 약초를 소개하는데 숙지황을 구워서 닷 돈이요, 산사육, 천문동, 세신을 굽는다고 했다. 세신의 양은 너무 적어 이것이 불에 타 없어지니 흙으로 싸서 구운 후에 흙은 떼어버리고 약초만을 택하고, 육종용, 택사, 앵속각, 각 한 돈과 감초칠푼을 넣고 물 한 되를 부어 오래 오래 달인 다음 계속해서 20여첩만 복용해도 낫는다.

그러나 여기서는 또 다른 약도 설명하기 위해 용왕의 병이 나으면 안 된다. 이제는 용왕의 설사를 잡기 위해 가감백출탕(加減白朮湯)을 짓는다.

백출을 초벌 구워 서 돈이요, 사인도 그리 구워서 두 돈이요, 백봉령, 산약, 오미자, 회향, 당귀, 천궁, 강활, 목통 각 한 돈, 감초 칠푼에 물 한 되 부어 오래오래 달인 다음 계속해서 30첩만 먹으면 낫는다고 했다. 그러나 왕은 아무 효능이 없다.

이제 기운이 없으니 보를 하기 위해 가미강활탕(加味羌活湯)을 잡수시란다. 마황 두돈, 진피, 강활방풍, 백지, 천궁, 창출, 승마, 갈근, 세신, 감초, 각 오 푼을 넣고 물 한 되 부어 달인 다음 사십 여첩을 먹으면 낫는다고 한다. 계속해서 이런저런 약초는 다 나온다. 나중에는 아예 가마솥에다 한 번에 다 부어서 한꺼번에 달여 먹어본다.

그래도 안 나으니 이번에는 침구로 다스린다. 침술을 보여줄 차례이다. 침 맞는 부위를 소개하고 침 맞는 시간과 장소를 소개한다.

약으로는 안 되니 끝 대목인 침술을 들어보자.

"약으로 효험이 없으니 침구로 다스릴제, 천지지상경(天地之上經)이니 갑일 갑술시 담경유주(膽經流注)를 주고 을일 유시에 대장경삼양(大腸經三陽)을 주고 영구(靈龜)로 주어보자. 일신맥(一申脈), 이조해(二照海), 삼외관(三外關), 사임읍(四臨泣), 오손공(五孫空), 육공손(六公孫), 칠후계(七後溪), 팔내관(八內關), 구열결(九列缺), 삼기(三奇)를 붙여 팔문(八門)과 좌맥(座脈)을 풀어주되 효험이 없으니 십이경(十二經) 주어보자. 승장(承醬), 염천(炎泉), 천돌, 구미, 거궐, 상완, 중완, 하완, 신궐, 단전, 곤륜을 주고 족태음비경, 삼음교음릉천을 주어보되 아무리 약과 침구를 허되 병세 점점 위중터라."

본디 옛날엔 침 맞을 때 그 날의 일진을 보고 환자와의 관계를 따져서 택일하여 침구를 다스렸다. 지금처럼 아무 날 아무 때나 쿡쿡 찌르고 또 큰 침을 잘못해서 살 속에다 넣어 둔 채로 밀봉하는 일은 없었다. 얼마 전에 전(前) 대통령(王)의 몸속에서 커다란 대침이 나왔다.

침을 맞고 나서 실수로 침이 몸속으로 뚫고 들어갔다가 오랜 세월동안 그 속에서 있는 것을 다시 수술을 하고 꺼냈다고 한다.

그런데 여기 용왕은 그런 정도까지는 가지 않고 8혈(八穴)에다 침을 맞고 나서 다시 12경(經) 경락을 놓는다.

12경은 승장, 염천, 철돌, 구미, 거궐, 상완, 중완, 하완, 신궐, 단전, 곤륜, 족태음, 비겸, 삼음교, 음릉천등을 이른 말이다.

이렇게 처방과 침술을 다부려도 낫지 않을 병은 없지만 약명과 침술에 대한 실력을 보여주기 위해 한번 나열한 것이라고 뒤에 설명이 나오지만 이 정도의 한의학 상식이면 판소리꾼도 한의사 준자격증을 받을 만도 하다. 한 4분정도를 이렇게 자진모리 장단으로 빠르게 쉬지 않고 약처방과 침술을 소리할 수준이면 정말 대단한 실력이라고 할 수 있을 것이다.

오죽했으면 필자가 대장금을 창작공연하면서 이 대목을 일부 넣어 자진모리로 몰고 나갔더니 공연이 끝나고서 어느 관객이 카메라 동영상 인터뷰로 하는 말이 "소리하는 선생님이 한의원 하나는 차려도 되겠습디다." 하고 웃으며 감탄하는 모습을 보았다.

내가 찾아낸 이론이 하나 더 있다. 판소리 하는 사람들은 항시 몸과 정신이 건강하다는 것이 평소 나의 이론이다. 이는 위에서 말한 오장육부의 인체에다가 판소리의 소리울림, 즉 소리파동이 전하는 효과가 하나 더 있기 때문이다.

그래서 소리 공명(共鳴)에 대하여 언급하고자 한다. 이는 소리의 파장에 따라 그 진동수가 몸 안에 공명(共鳴)으로 전달되어 오장육부를 건강하게 하는 역할을 말한다. 흔히 우리의 몸은 소우주라고 하지 않는가?

소우주인 우리 몸 안의 내장에 미치는 영향을 알아보면 우리가 발음하는 '이' 하고 길게 내는 소리는 심장과 소장에 좋다. 또 '어' 하고 내는 소리는 간과 담에 좋다. '아' 하고 내는 소리는 폐와 대장에 좋고, '오' 하고 내는 소리는 신장과 방광에 좋다. '음' 하고 길게 내는 소리는 비장과 위장에 좋다고 정리해본다. 평소 오장육부 중 어느 부분이 아프거나 약한

사람은 여기 해당되는 발음을 크고 길게 내면 좋아진다는 이치다.

이 인체에 미치는 소리공명에 대하여는 그간 학자들의 실험으로 입증이 되었으며, 필자는 이 자료에다 음양오행을 곁들이고 또 판소리와 결부시켜 얻어낸 결과이다. (나의 이론)

물론 어떤 노래를 하건 이 원리는 적용이 될것으로 본다. 하지만 판소리로 하는 것만큼 크고 정확한 발음에, 그리고 몇 시간이고 오랫동안 길게 계속 울려주며 내는 소리가 판소리 말고 또 있을까? 그래서 판소리는 한의술뿐만 아니라 우리 몸에 우주철학의 원리를 결부시킨 음악이라고 할 수 있다.

수궁가에서는 더 많은 음양오행설과 인체에 대한 한의학 상식이 나오지만 여기서는 이쯤에서 접는다. 이제 판소리 하는 사람은 한의원 준면허증이나 명예회원증을 받아 갈 일만 남은 것이다. 아니면 최소한 허준의 고향 축제 때나 서울의 경동시장, 또는 약령시장 등의 축제 때 이 '약성가' 한 대목을 걸쭉하게 판소리로 들려줄 일만 남은 것이다.

인체의 구성(오장육부 5臟6腑)(판소리 수궁가 중에서)

	부위1	부위2	부위3	부위4	부위5	부위6
오장	심장 (心臟)	간장 (肝臟)	폐장 (肺臟)	신장 (腎臟)	비장 (脾臟)	
육부	소장 (小腸)	담(膽)	대장 (大腸)	방광 (膀胱)	위(胃)	삼초 (三焦)
오행(五行)	火	木	金	水	土	
소리공명 (共鳴)부위	이	어	아	오	음	

※(필자가 소리공명과 오장육부의 관련 사실을 소리로 최근 재확인)
소리공명에 있는 각 음의 발음을 크게하면 해당 각 부위가 좋아짐

판소리하는 사람은 세계적인 의상 디자이너이다

　판소리하는 사람은 한의사도 되고, 요리사도 되고, 침도 놓고, 시인도 되고, 역술가도 되고, 지리학자도 되고, 상고사 역사학자도 되고, 병법을 아는 전술가도 된다. 또 판소리 하는 사람은 의류 재단사, 디자이너, 코디네이터, 음식 조리사도 된다. 그 것도 일류의 전문직이다. 그저 판소리 속에 들어있는 사설을 충실히 익히고 소리하면 모든 게 저절로 알게 되기 때문이다. 여기서 의류에 관한 소리를 몇 가지만 살펴보기로 하자.

　우선 심청가에서 심봉사 부인이며 심청의 모친인 곽씨 부인은 의류재단도 하며 바느질이며 디자인이며 못 하는 것이 없다. 우선 그녀는 살아서 했던 일들은 심청가 첫대목에서 몇 줄로 함축하여 보여주고서 바로 죽는다. 그러나 그녀가 보여준 의복이며, 음식이며, 집안 일, 동네일은 엄청나게 많았음을 알 수 있다.

그녀는 어려운 살림에 동네일은 다 맡아서 했다. 곽씨부인은 삯을 받고 일을 했다. 적어도 필자는 이 '삯바느질 대목'이 심청가에서 가장 매력이 있는 하나의 백미라고 생각한다. 덤덤하면서도 깔끔하다. 마치 기름기를 쭉 빼버린 나주곰탕과 같이 담백하다. 그래서 언제 들어도 질리지가 않다. 들어도, 들어도 또 듣고 싶어지고 자주 하고 싶어지는 대목이다. 앞으로 그 많은 비단과 의복이 나올 터인데 독자들은 과연 이렇게 많은 비단 중 몇 가지나 말할 수 있을까가 궁금하다. 그래서 좀 많긴 하지만 단숨에 다 살펴보자. 우리민족의 살아온 이야기이니까.

"삯바느질 관대(冠帶) 도복, 행의(行衣), 창의(氅衣), 직령(直領)이며, 협수(夾袖), 쾌자(快子), 중치막과 남녀 의복의 잔누비질, 상침질, 꺽음질과, 외올뜨기, 괘담이며, 고두누비, 솔올리기, 망건 꾸며 갓끈 접기, 배자(褙子), 토수, 버선, 행전(行纏), 포대, 허리띠, 단임(댄님), 줌치, 쌈지, 약낭(藥囊), 필낭(筆囊), 휘(揮)향, 볼치, 복건(幞巾), 풍차(風遮)이며, 처네(天衣), 주의(周衣), 갖은 금침, 백모, 쌍원앙, 수도 놓고, 오색모사, 각대(角帶), 흉배(胸背), 학(鶴)그리기, 궁초(宮綃), 공단(貢緞), 수주(水紬), 선주(鮮紬), 낙릉(落綾), 갑사(甲紗), 운문(雲紋), 토주(吐紬), 갑주(甲紬), 분주(盆紬), 표주(縹紬), 명주(明紬), 생초(生綃), 통견(通絹), 조포(粗布), 북포(北布), 황주포(黃紬布), 춘포(春布), 문포(門布), 제출(製出)이며, 삼베, 백저(白苧), 극상세목(極上細木)삯을 받고 맡아 짜기, 청황(靑黃), 적백(赤白), 침향(沈香) 오색, 각색으로 다 염색하기, 초상난 집 원삼, 제복(祭服), 혼장 대사 음식숙정, 갖은 증평, 중계, 약과(藥果), 박산, 과자류, 다식, 정과(正果), 냉면, 화채, 신설로, 각각 찬수(饌需), 약주 빚기, 수팔연, 봉오림과 배상허기, 괴임질을 한시도 놀지 않고 수족이 다하도록 품 팔아 모일 적에…"

도대체 얼마나 많은 비단과 옷 종류인가? 옷도 각종 옷으로 겉에 입는 옷, 속에 입는 옷, 저고리, 바지, 군복, 두루마기 등 헤아리기 어려울 정도로 그 종류가 많다. 또 각종 주머니며, 토시, 허리띠며 가슴에 두른 띠가 셀 수없이 많다. 그 옷에다 수도 놓는다.

비단은 또 어떠한가? 거의 처음 들어보는 비단이나 여기서는 일일이 사전을 찾아가며 설명을 한들 별 의미가 없을 것 같다. 그저 이런 것이 있다 할 정도로만 알고 넘어가는 것이 좋을 것 같다.

이런 좋은 자료들을 우리나라 각 대학의 의상학과 학생들이나 디자인학과 학생들이 알고 있을까? 아니 한 번 들어 본적이라도 있을까?

대학교는 그만두고 이런 우리 판소리의 훌륭함을 이태리나 파리의 패션계에 좀 알려주었으면 한다. 우리들은 이미 몇 백 년 전부터 이 정도라고 알려주었으면 한다. (나의 주장)

곽씨부인은 이렇게 많은 종류의 옷과 모든 제품의 바느질을 했다. 그리고 그 용도를 다 훤히 꿰어 알고 거기에 맞게 디자인도 하고 코디도 했던가 보다.

온갖 비단은 심청가에서만 나오는 걸까? 흥보가에서도 즐비하게 나온다. 끝이 없이 나온다. 돈 드는 것이 아니니 이럴 때 원없이 비단을 만져보자. 누가 지었는지 모르겠지만 비단이름도 그럴듯하게 참 잘 지었다.

흥보가 박을 딱 쪼개놓고 보니 웬 갖 비단이 중중모리 장단으로 나오는디,(얼씨구)

"웬 갖 비단이 나온다. 웬 갖 비단이 나온다. 요간 부상의 삼백 척 번뜻 떴다 일광단(日光緞), 고소대 악양루 적성아미가 월광단(月光緞), 서왕모 요지연의 진상허든 천도문(天桃紋), 천하구주 산천초목 그려내던 지도문(地圖紋), 등태산 소천하의 공부자의 대단(大緞), 남양초당의 경 좋은데 천하영웅 와룡단(臥龍緞), 사해가 분분 요란허니 뇌고함성에 영초단(英綃緞), 풍진널 시르르릉 친 태평건곤 대원단(大元緞), 염불타령 치워놓고 춤추기 좋은 장단(長緞), 큰방 골방 가루다지 국화 새긴 완자문(卍字紋), 초당전 화계상의 머루다래 포도문(葡萄紋), 화란춘성 만화방창 봉접분분의 화초단, 꽃수풀 접가지에 얼크러졌다 넌출문, 통영칠 대모반의 안성유기 대접문, 강구연월 격양가의 배부르다 함포단(含哺緞), 알뜰사랑 정든 님이 나를 버리고 가거주, 두 손길 덥벅 잡고 가지말라 도리불수, 임 보내고 홀로 앉아 독수공방의 상사단(相思緞), 추월적막 공단이요, 심심궁곡 송림간의 무섭다 호피단(虎皮緞), 쓰기 좋은 양태문, 인정있는 인조사, 부귀다남 복수단, 포시과객의 궁초단, 행실부족의 객초단, 절개있는 송죽단, 서부렁섭적 새발낭능, 노방주, 청사, 홍사, 통견이며, 백납능, 흑납능, 월하사주, 당포, 융포, 세양포, 수주, 토의주, 경상도 황저포, 매매 홍정의 갑사로다. 해주, 원주, 공주, 옥구, 자주, 길주, 명천, 세마포, 강진 나주극상세목이며, 한산 세모시, 생수삼팔 갑진고사, 관사, 청공단, 홍공단, 백공단, 흑공단, 송화색까지 그저 꾸역꾸역 나오는디

이쯤 되면 비단 속에 푹 파 묻힐 것 같다. 비단이 이리 많은 줄을 어찌 알았겠는가?

이 소리를 다 주워섬기고 나면 비단에 질릴 법도 하다. 하지만 장단과 고저음으로, 또 밀고 당기고 하면서 신나게 소리를 하다보면 재미도 있고 비단의 매력에 흠뻑 빠지고 만다. 그러나 비단에는 별 욕심을 부리지 않는다. 그래서 판소리하는 사람들은 좋은 옷이나 좋은 집이나, 좋은 차에는 욕심이 없다. 이런 대목을 실컷 소리하고 나면 가지고 싶은 마음이 없어진다. 돈타령을 한참 부르고나면 별로 돈에 대해 욕심이 없어진다. 그저 배가 부르다. 그래서 소리하는 사람은 다른 예술가와 마찬가지로 항시 가난한지도 모른다.

판소리 적벽대전에서 조조군사 죽어가는 대목을 부르고나면 자살하고 싶었던 사람도 죽기가 싫다고 필자가 말한바 있다. (나의 이론)

조조군사들이 적벽강에서 이리 죽고 저리죽고 한 60, 70여 가지 죽는 대목을 자진모리로 몰고가다보면 아무리 기다려도 자기 차례가 다가오지 않아 죽고 싶어도 못 죽는다. 남의 죽음을 신나게 소리하다보니 이제는 자신도 다시 살고 싶어진다.

위의 예에서도 그 많은 비단들을 일일이 설명하는 하는 것은 별 의미가 없다. 비단과 의상을 전공하는 학생이나 연구원들이 할 일이다.

다만 '緞'자는 비단 단자(字)요, '紬'자는 명주 주자(字)요, '絹'자는 비단 견자(字)요, '布'자는 베 포자(字)요, '紋'자는 문양 문자(字)라고 생각하고 저마다 다 모양과 재질과 사용 방법이 각각 다르다는 것만을 인식하면서 소리를 하고, 소리를 들으면 된다. 한민족이 이렇게 멋을 아는 민족임을 알려주기 위해 많은 비단을 그대로 옮겼다. 다만 비단과 명주의 종류가 서로 각각 다르다는 것을 위 비단들에서 몇 가지만 알아보고 넘어가기로 하자.

옛날에는 해나 햇빛의 무늬를 놓은 일광단(日光緞)이 흔하게 많았다. 또 달빛을 무늬를 넣은 월광단(月光緞)도 흔했다. 장수하기를 바라는 마음에서 천도복숭아가 무늬로 새겨진 천도문(天桃紋), 또 지도모양이 새겨진 지도문(地圖紋)이 있는가 하면, 중국 남양(南陽)은 견직물이 많이 나는 곳이며 제갈량의 남양초당이 있었다 해서 와룡문(臥龍紋)이라고 부르면서 비단 이름을 제갈량과 연결시켜 불렀다.

대단(大緞)은 공자와 같은 큰 인물로 비유하여 좋은 비단이라고 붙인 이름이요, 여기서도 그렇게 노래한다. 배부르다 함포단, 담배 피는 궁초단, 임 그립다 상사단, 복 복(福)자에 목숨 수(壽)자로 복수단, 춤추고 노래하자는 장단(長短)에 맞춘 장단(長緞) 등 이름도 잘 가져다 붙였다.

명주도 이런 식으로 해서 이름을 붙였고, 판소리에서도 그 많은 비단을 일일이 소개하였다. 대단하다.

위의 비단들은 주로 열거용으로 쓰였지만 흥보가의 '비단타령' 뒷부분에서 나오는 비단옷은 비단으로 만든 완제품으로 그 모양이 정말 아름답다. 단순한 비단이 아니라 그 비단으로 만든 우리의 옷이 이렇게 아름다울 수가 있는가 하고 놀라울 정도의 빛을 낸다. 서양 여성들이 우리의 전통 한복을 보고서 감탄하는 모습이 눈에 선하게 다가온다.

흥보네 내외가 박 속에서 나온 비단으로 옷을 해 입고 서로 아름답다고 추어주며 부르는 중중모리 장단은 흥겨운 대목이다. 먼저 흥보가 새까맣게 흑공단으로 만든 옷과 흑공단의 여러 부속 가지를 걸치고 나오는데 참으로 볼만하다. 놀보가 보았으면 눈이 뒤집어질 일이로다.

흑공단 갓, 흑공단 망건, 흑공단 동곳, 흑공단 풍잠, 흑공단 허리띠, 흑공단 바지, 흑공단 행전, 흑공단 댓님, 흑공단 버선, 흑공단 수건을 들고 어떤가? 날 보소.

여기서 동곳이라 함은 상투를 짤 때에 잘 풀어지지 말라고 묶은 물건을 말하며, 풍잠은 망건을 쓸 때 바람에 망건이 전후로 넘어지지 말라고 묶은 물건을 말한다.

요즘의 세계적인 디자이너나 패션계에서도 놀랄만한 깜짝 패션이다. 까만색으로만 머리 위에서부터 발끝까지 까맣게 둘러쓰고, 입고, 무대에 나가면 얼마나 멋질까 하는 감탄사가 떠오른다. 사실 진정으로 멋을 알고, 또 여자를 아는 남자들을 보면 위아래 까만 양복을 쫙 빼 입고 머리에 기름도 쫙 발라 뒤로 넘기고 콧노래를 부르며 집을 나서는 사람들이었다.

흥보도 이렇게 빼입고 나니 마누라가 생각할 때 저렇게 훤칠한 키에 멋진 남자가 언제 우리 집에 있었나하고 놀랐을 것이다. 이번에는 흥보 마누라도 한 번 입어본다. 아니 흥보가 모처럼 마누라 호강 한번 시켜준다고 어서 입어보란다. 흥보 마누라는 노란 꾀꼬리 같은 송화색(松花色) 비단으로 만든 옷을 입고 나온다.

송화색 댕기, 송화색 귀이개, 송화색 노리개, 송화색 비녀, 송화색 두루마기, 송화색 저고리, 송화색 치마, 송화색 속곳, 송화색 고쟁이, 송화색 속속곳, 송화색 버선, 송화색 신발, 송화색 무릎개, 송화색으로 손수건을 들고나니 어떤가? 날 보소.

아까 흥보 마누라가 흥보를 보고 하는 말이 영감은 꼭 까마귀 같다고 했었는데, 이번에 흥보는 마누라에게 마누라는 꼭 꾀꼬리 같다고 추어올린다. 자신이 평생 저런 옷 한 번 마누라에게 구경도 못 시켰으니 속으로는 좀 미안했던가 보더라.

송화색으로 만든 댕기하며, 귀에 쓰는 귀이개에서부터 송화색 속옷, 송화색 머리에 쓰는 무릎개까지 화려하고 볼만하다. 정말 아름답기도 하다.

이처럼 우리 판소리 속에는 온갖 비단과 의상이 많이 등장한다. 판소리 속에는 디자인과 패션뿐만이 아니라 코디역할도 단단히 한다. 이 도령이 암행어사로 남원에 내려갈 때 판소리꾼은 코디네이터가 되어 암행어사에게 거지복장을 입힌다.

어사 변복을 차린다. 어사 변복을 차리는 구나. 질 너른 제량갓에 죽영 갓끈을 달아 쓰고, 살춤 높은 징계 망건, 당팔사 당줄 달아 뒤통 나잖게 졸라 쓰고, 수수한 삼베 도복 분합띠로 둘러 띄고 사날 초신 길보신에 고운 때 묻은 세살부채, 진짜 밀화 선초 달아 휭휭 두르고 내려 올 제 어찌 보면 과객 같고, 어찌 보면 서당 글 선생도 같고, 또 어찌 보면 공명선생을 하직하고 팔도를 두루 다니며 친구를 사귀잔 듯 다니는 사람 같기도…

변장 기술도 빼어나다. 흥보가 매품 팔러 운봉에 내려가면서 입었던 옷

보다야 조금 낫다고 하겠지만 옷차림이 여전히 거지 티를 못 벗는다.
제량(濟凉)갓은 제주도에서 나는 말총인데도 품질로 보면 하등급이었다. 거기다가 대(竹)토막 여러 개로 만든 갓 끈을 달고, 얽어서 짠 김제(金堤)에서 만든 망건을 쓰고, 중국 실로 만든 여덟 갈래로 묶어 만든 끈(唐八絲)으로 단단히 매고, 허술한 짚신에다가 허름한 버선을 신고 내려간다. 거기다가 세살부채라 함은 살이 몇 개 안 달린 허름한 부채이니 그 차림이 쉽게 떠오를 만도 한다.
옷차림은 그러하나 풍채나 얼굴에서 풍기는 것으로 보아서는 단순히 거지라고만 결론짓기 어렵게 되어있다. 어찌 보면 과거를 보러 한양을 올라갔다가 내려오는 사람 같기도 하고, 어찌 보면 서당선생도 같고, 또 어찌 보면 제갈공명과 막 헤어지고 나온 선비 같기도 하다고 했다.
판소리가 이렇게 재미있고 변화무쌍하다. 이러한 기존 판소리에서만이 아니라 최근 창작판소리에서도 우리의 의상 패션에 대하여 언급하지 않을 수가 없다. 필자가 최근 창작 발표한 〈치우천황의 탁록대첩〉에서도 화려한 의상패션은 등장한다.
판소리에 나오는 신농씨(神農氏)는 5,200년 전 우리 배달민족으로 농사의 신이요, 의약의 신으로 알려져 있으며 오늘날 한의원에서 높이 신봉하고 있는 신농(神農)씨이다.
신농씨 후손인 뉘녀(嫘女)는 헌원과의 화친정책의 하나로 겹사돈 맺기를 하는 바람에 헌원에게 시집을 가게 된다. 그녀는 후일 누에의 실로 만든 명주비단의 원조라고 알려지고 있다. 그래서 그녀를 누에의 조상이란 뜻으로 뉘조(嫘組)라고 부른다. 누에의 누(嫘)자를 풀이하면 여인(女)이 밭(田)에서 실(糸)을 만든다는 뜻이다. 다시 말해 뽕나무 밭에서 실을 뽑는다는 뜻이다.
이 뉘조가 이렇듯 누에에게 정성껏 뽕을 따주고 길러 짜낸 비단으로 옷을 만들어 입은 모양을 필자가 판소리로 엮어보았다.

자진모리로 빠르게 하면서도 중중모리 못지않게 흥겹고 신나게 해야 제 맛이 난다.

"뉘녀 모습 볼작시면 어려서는 어여쁘고 맵시 있고, 총명하고 지혜롭고, 현명하여 그 이름 사방에 퍼졌도다. 뉘녀가 차차 자라면서 누에를 사랑하고 정성껏 뽕을 따서 누에 밥을 먹여주며 왼 종일 밭에 나가 누에와 함께 살더이다. 누에가 종일 먹고 자고, 자고 먹고 무럭무럭 자라나서 고치가 되고나면 물레 감아 실 만들고 베틀로 베를 짜서 비단옷을 만들었으니 그 옷이 너무나 아름답고 황홀하구나. 야생목화와, 야생잠(野生蠶), 명주로 짠 견직물, 얇고 가벼운 나사(羅絲), 문양 비단의 기(綺), 다색문양의 금(錦)비단이라. 직(織), 수(繡), 회(繪) 다양한 무늬로 베를 짜서 울긋불긋 아름답다. 훤칠한 몸통에다 긴 소매 달린 귀부인 옷을 어여삐 만들었으니 얇기는 매미날개 같고, 가볍기는 연기 같으니 박여선익(薄如蟬翼)이요, 경약연무(輕若煙霧)로구나."

옷이 얼마나 가벼웠던지 소리 끝 부분에 나오는 "얇기는 매미 날개 같고, 가볍기는 연기 같다"고 했다. 지금의 기술보다도 수 천 년 전의 잠업과 견직물 수준과 그 기술이 놀랍도록 발전해 있음을 말해준다.

이러한 내용을 입증하는 기록들도 자주 나온다. 1973년 중국의 마왕퇴(馬王堆)에서 발견된 출토품 중에서 4,000년 전 유물이 발견되었다. 마왕퇴에서 출토된 유물 중에는 여인들의 복장이 다수 있었는데, 그 중에서 소사선의(素沙蟬衣)라고 하는 여인의 옷이 있다. 소매길이가 190cm이고 몸길이는 128cm인데 그 무게는 겨우 48g뿐이 안 나가니 얼마나 섬유기술이 발달되었다고 할 수 있겠는가?

그러니 과연 '얇기는 매미날개 같고(薄如蟬翼), 가볍기는 연기 같다(輕若煙霧)'고 말 할만하다.

판소리 하는 사람은 세계적인 요리사다

　판소리 속에서 그 때 그때 먹을 만한 음식은 많이 나온다. 그러나 가장 대표적인 것은 역시 흥보가 중에서 흥보가 부자가 된 후 놀보가 흥보집을 찾아왔을 때 올리는 점심밥상이다.
　춘향가 중 변사또 생일잔치나 수궁가 중 남해용왕이 영덕전(靈德殿)을 새로 짓고 삼해 용왕을 초빙하여 베푼 대연보다도 더욱 화려하고 맛있는 산해진미(山海珍味)가 선보인다.
　흥보네가 그간 못 먹고 못 입고 살다가 제비가 물어다준 박 씨로 인해 큰 부자가 되었으니 이제 먹을 것은 걱정이 없다. 비록 보기 싫은 놀보 시숙님이 왔으나 어찌 그리 대강 먹여 보내겠는가?
　어찌나 음식 종류가 많고 맛있는 냄새가 코를 찌르게 진동하던지 여기는 그저 빠른 장단인 자진모리로 몰고 나가야 음식구경도 하고 음식 맛도 볼 수 있다.

"음식을 차리는 데 안성 유기, 통영 칠판, 천은(天銀)수저, 구리 적새, 집리서리(執吏書吏), 수 벌리듯 벌여 놓고, 꽃 그렸다 오죽판(烏竹板), 대모양각 당화기(唐畵器), 얼기, 설기, 송편, 네모 반듯 정절편을 주루루 엮어, 산피떡과, 평과(苹果), 진청(진청), 생청 놓고, 조락 산적, 웃짐을 쳐, 양회, 간, 천엽, 콩팥, 양편에 벌려놓고, 청단(淸團), 수단(水團)의 잣배기며, 인삼채, 도라지채, 낙지, 연포, 콩기름에 시금치로 웃짐을 쳐, 갖은 양념 모아놓고, 편적(片炙), 거적(巨炙), 포적(脯炙)이며, 설탕볶이에 메물 탕수, 어포, 육포, 갈라놓고, 천엽살, 벙거지 골, 갈비찜, 양지머리, 차돌박이, 들여놓고, 끌끌우는 생치구이, 호도독 호도독 메초리탕, 옴방톰방 오리탕, 계자, 고초, 생강, 마늘, 문어, 전복, 봉오림을 나는 듯이 괴여놓고, 전골을 들여라."

소리를 잠깐 멈추고 숨도 좀 돌려가자. 여기까지는 주로 그릇이며, 양념이며, 재료하며, 도구들을 소개하였다. 안성 유기그릇에 질 좋은 은수저, 좋다고 하는 여러 중국 그릇들을 소개했다.

재료로서는 산적, 도라지, 또 소고기 중 양회, 간, 천엽, 콩팥 등 맛있고 좋아하는 부위들이다. 수궁가 중, 토끼가 수궁에 잡혀 들어가 네가 이놈 토끼냐? 하고 사령들이 묻자 토끼는 깜짝 놀라 펄쩍 뛰면서 토기가 아니고 개라고 하니 사령들이 개 같으면 더욱 좋다고 달려든다.

개(犬) 같으면 한여름 삼복(초복, 중복, 말복)달임에 개장국도 해서 먹고, 네 간은 내어 오계탕(烏鷄湯) 달여먹고, 껍질은 벗겨 방석 만들어 깔고 자면 어혈, 내종, 혈담에는 최고의 치료약이 된다고 좋아한다.

토끼가 황급하게 이제는 자신이 개가 아니라고 대답을 한다. 그러면 무엇이냐고 묻자 토끼가 이번에는 송아지라고 대답한다.

소(牛) 같으면 더욱 좋단다. 배고플 때 살찐 소를 잡아 두 다리 양회에다가 간, 천엽, 콩팥, 서로서로 똑같이 나눠먹고, 네 뿔은 빼어서 활도 매고, 가죽은 벗겨 신도 짓고, 북도 매고, 똥오줌은 받아 거름을 하니 하나도 버릴 것이 없어 좋다고 했다. 어디 그 뿐인가? 우황(牛黃)은 빼어 비싼 약으로도 팔린단다. 물론 토끼는 이때 자기는 소가 아니고, 이제는 말(馬)이라고 둘러댄다. 말 같으면 더욱 좋다고 그 좋은 이유를 사령들이 대면서 달려드니 토끼는 결국 자신이 토끼란 것이 들통이 나고 어쩔 수 없이 용궁으로 끌려가고 만다. 여기에서 말하듯 소(牛)는 우리에게 귀중한 동물이요, 우리민족과 같이 살아온 소중한 가축이었다.

이러한 소고기와 각 부위들이 흥보네 음식 재료에서도 빠질 리가 없다. 여기다가 구수한 콩기름이며 마늘, 고초, 생강 등 양념이 들어간다.

위의 각 재료와 양념에다가 이제는 실지로 만드는 과정이 들어가는 단계로 한층 입맛을 돋게 한다. 흥보가는 이어서 바로 요리 동작이 수반된다.

마치 요리사가 TV에 나와 설명을 하면서 하나하나 요리 솜씨를 보여주는 것과 같은 상황이 이어진다.

오늘날의 인기 있는 TV프로그램을 벌써 몇 백 년 전부터 흥보네는 이미 만들고 있었다. 그만큼 선견지명을 가지고 있었다고 할 수 있겠다. 흥보네 부엌에서는 계속해서 음식을 차리는 중이라 판소리는 계속되는데

청동화로, 백탄(白炭) 숯불, 부채질 활활, 고초같이 일궈놓고, 살진 소 반짜고기, 반환도(半還刀) 드는 칼로 점점 편편 오려 내여, 깨소금으로다가 참기름을 쳐서 부두두 물러 재어 내야, 대양판, 소양판, 여기도 담고, 저기도 담고, 산채, 고사리, 수근(水芹), 미나리, 녹두채, 맛난 장국, 주루루 들이붓고, 계란을 톡톡, 웃딱지를 떼고, 질게 들이워라. 손 뜨건데 쇠 젓가락 버리고 나무 제붐(젓가락)을 들여라. 고기 한 점 덥벅 집어 맛난 기름간장 국에다 풍덩 들입대 덥벅. 피이 피이 피이. 너도 먹고, 나도 먹고. 보배답다 천은병, 평사낙안(平沙落雁) 기러기병, 청유리병, 황유리병, 유리잔, 호박대(琥珀臺), 빛 좋은 과하주(菓花酒)를 보기 좋게 들여 놓고, 엣소 시숙님 박주(薄酒)오나 약주 한 잔 드시지요.

고소한 냄새가 코를 찌른다. 철판에 기름을 붓고 고기도 얹어 놓으니 피 피이이, 피식피식 피이이 소리도 요란하고 냄새도 요란하다. 침이 절로 넘어간다.

그러나 이렇게 맛있게 요리한 산해진미를 놀보는 별로 탐탁하게 여기지 않는다. 그러면서 흥보에게 요구한다.

"너희 마누라 여기 와서 권주가 하나 시켜라!"

아무튼 놀보의 심술은 알아주어야 한다.

이제는 필자의 창작판소리 '왕과 장금(大長今)' 중에서 장금이가 중종 임금님께 올리는 수라상을 한번 살펴보기로 하자.

장금이가 우선 가벼운 주안상을 맛있고, 향기롭고, 보기 좋게 꾸며가지고 들어간다. 장금이가 의술에도 뛰어나고, 음식솜씨도 빼어나며, 인물도 훤칠하게 아름답다는 소식을 전해들은 상감께서 우선 장금을 한번 보고자 하여 장금에게 주안상을 들이라는 분부가 있었기 때문이다. 대장금의 판소리 중 음식장면 한 대목을 들어보자.

주상이 수랏상 받더니 장금을 쳐다보고, 음식 한 번 맛을 보며 이 것 저 것 집어 들고, 다시 한 번 먹어보고, 고개도 끄덕이고, 신기 한 듯 물어보고, 허허 하하 웃어본다. 상감마마 하신말씀 "맛도 좋고 보기 좋고 향기도 좋거니와 내 입 맛에 꼭 맞는다. 장금이는 이제부터 대전에 자주 들러 나의 동무 되어 주어 외로울 때나 즐거울 때나 말벗이 되어다오."

주위의 대비마마 중전마마 대신들과 나인들이 왕의 눈치 알아채고 밖에 나와 뭐라 뭐라 소곤소곤 궁 안이 요란 허다.

이런 중에 상감께서는 식욕이 부진하여 당분간 장금이가 만들어준 수라를 들고 싶다고 하시여 장금이가 요리를 만들어 올리는데 중모리 장단으로 이어지는 내용은 이러하다.

장금이 그날부터 수랏상을 차리는데 이른 아침초조반이요, 아침식사, 낮것 상에, 저녁수라, 야참으로 하루에 다섯 번을, 열두 가지 반찬에다 여러 음식 장만한다. 더운 구이 찬구이며 전유화에 조림에다 장과 젓갈 준비하고 마른찬, 회, 찬수란과 숭늉, 곡차, 차수를 봉한다.

이때 왕은 장금이가 오기만을 마음속으로 기다리게 된다. 장금이가 오는 날은 무엇을 먹어도 맛이 있고 마음도 평온하여 소화도 잘 되거니와 기분도 좋아진다. 그러나 장금이가 없는 날은 입이 쓰고 짜증이 나서 아무 말도 하지 않고 수랏상을 물리곤 한다. 장금이가 들어오면 폐비 신씨 들어오고, 장금이가 나가며는 신비가 사라지니 왕인들 어찌 할 수가 있더란 말이더냐?

이렇게 하루 가고, 이틀 가고, 일 년 가고, 이년 가고, 세월이 갈수록 장금이가 보고지고. 이런 마음을 누구에게도 말 못 허니 왕은 더욱 가슴이 찢어진다. 장금이도 이렇듯이 임금님의 총애 받고 한 임을 섬기나니 저도 모르게 밤이면 꿈속에서 마마를 불러본다. "상감마마! 소녀는 마마의 여자로서 한 평생을 오직 한 사람, 마마만을 생각합니다. 마마 --아하!"

이렇듯 장금은 꿈속에서 마마를 부르다가 놀래서 벌떡 일어나 어쩔 줄을 모르던가 보더라. 이 때 하루는 주상께서 마음이 산란하여 수라도 거르시고 상념에 깊이 잠겨 아무 것도 드시지 않고 있을 적에 상감마마의 생신날이 다가온 것이었다. 이 때 장금은 주상께 꽃으로만 만든 요리를 올렸으니 이것이 요즘 말하는 소위 웰빙음식이었던가 보더라. 그러니 장금은 이미 500년 전부터 이런 선견지명을 가지고 있었구나.(얼씨구!)

꽃 음식 장만하기
(자진모리) (잔치분위기로 하되 분주하며 신이 나게, 그러면서 경쾌하게)

"상감마마 생신날에 잔치 상을 장만헌다. 입맛이 사라지고 식욕도 부진하여 수라도 거르거니와 정사에도 관심 없어 조정대신들, 내의명부들, 궁

안이 뒤집힌다. 제조상궁, 최고 상궁, 수랏간 상궁, 나인들이 몸 둘 바를 모를 적에 장금이를 불러들여 잔치 상을 장만헌다. 오늘 생신잔치상은 특별하게 요리하여 보기 좋고, 향기 있고, 입맛 좋고, 먹기 좋은 꽃으로만 만드는구나. 호박꽃, 원추리꽃, 두견화, 한련화, 국화, 노란 장미로 밥을 짓고, 홍매화, 백매화, 월계화를 보기 좋게 얹었다. 치자꽃, 유채꽃, 호박꽃, 부추 꽃, 참 등꽃, 솔꽃, 원추리꽃을 넣어 국 끓이고 죽 끓이고, 찹쌀가루에 계란을 톡톡 쳐서 흰자를 주루루 붓고 노른자는 따로 투욱 떨어뜨려 반죽을 하고나서, 참숯불에 부채질 활활, 앗 뜨거라 번철에다 참기름 찔끔 부어보자. 치지이, 찹쌀가루 반죽 듬뿍 떠서 번철 위에 올려놓으니 치지이 피이이치이이, 고순내도 요란하다. 그 위에 국화꽃, 두견화, 노란 장미화, 흰 찔레꽃을 보기 좋게 얹어 화전을 붙인 후에 또독 따닥 뚜다려 접시에 받혀 소반 위에 올려놓고…"

 소리를 잠시 멈추고 설명을 듣자. 필자가 직접 만든 요리지만 과연 먹음직스러운 요리로다. 무공해 웰빙음식으로 순전히 꽃으로만 만들어보았다. 그러나 주상께 올리는 꽃 음식이니 혹시 잘 못하여 주상께서 탈이라도 나시면 큰 일이 나니 먹어도 되는 확실한 꽃만을 택해 재료로 써야 한다. 잘못되면 장금은 물론 필자도 죽을 각오를 해야 한다.
 그래서 우선 밥으로 먹을 수 있는 꽃으로는 호박꽃, 원추리꽃, 두견화, 한련화, 국화, 노란 장미를 택했다. 밥 위에다가는 월계화, 홍매화, 백매화를 얹었다. 국으로 끓일 꽃으로는 치자꽃, 유채꽃, 호박꽃, 부추꽃, 참등꽃, 솔꽃, 원추리꽃을 택했다.
 이제 철판 위에다가 고소한 들기름을 부을 차례다. 궁궐에서 임금님이 잡수실 요리를 만드는 철판은 철판이라고 하지 않고 번철(燔鐵)이라고 한다. 그 번철 위에 기름 또한 임금님이 드실 기름인데 들깨기름을 부어서야 되겠는가? 귀하고 값비싼 참기름을 부어야지.
 숯도 마찬가지다. 일반 소나무나 잡목 숯을 쓰지 않고 이왕이면 숯 중에서 최상급인 참나무의 참숯을 쓰기로 했다. 열이 오른 번철 위에다는 참기름을 붓고 밀가루에 계란을 섞어 만든 반죽을 듬뿍 떠다 붓자 치지지지지 하고 기름이 튀며 소리가 난다. 고순 내가 코를 찌른다.

그렇게 부친 전 위에다가 국화꽃, 두견화, 노란 장미화, 흰 찔레꽃을 보기 좋게 얹어놓으니 보기도 아름다워 먹음직스럽다. 다음은 꽃으로 차와 술을 만들어야한다. 소리는 계속해서 자진모리로 이어진다.

"장미꽃, 인동꽃, 연꽃, 해당화, 매화꽃, 귤화, 진달래 따서 각각 차(茶)를 만들었으니 울긋불긋 꽃 세상이라. 천은병, 기러기병, 청유리병, 황유리병, 호박병에 두견주, 도화주, 국화주, 개나리주, 인동꽃주, 연화주, 송화주, 매화주, 해당화주를 가득 담고 유리잔을 곁들이여 주안상을 올린다. 상감마마 옥체 강건하게 보원하여 태평성대 기원하여 요순세상 만드시란 큰 뜻이 담긴 꽃 요리로다. 천년만년 우러러볼 그런 성군이 되시라고 주상전하께 기원이라. 주상께서 좋아라 한 번 들고 두 번 들고 자꾸만 드시더니 허허 이거 별미로다. 이 술 또한 별미로다. 이렇게 좋은 음식을 누가 이리 만들었나?(장금이요!) 색깔 좋고 향기 있고 감미로운 이 술은 누가 이리 빚었느냐? (장금이요!) 주상전하 싱글벙글 웃음 짓고 노래하며 장금이를 칭찬 헌다."

주상께서 좋아라고 음식을 드시면서 묻는다.
"이렇게 좋은 음식은 누가 이리 만들었느냐?"
그러자 관객들 모두가 일제히 대답을 한다.
"장금이요!"
왕은 기분이 좋아 또 묻는다.
"색깔 좋고, 향기롭고, 감미로운 이 술은 누가 이리 빚었는고?"
관객들이 또 일제히 대답한다.
"장금이요!"

고수도 크게 대답을 하고 관중들도 일제히 동시에 장금이라고 답을 한다. 그리고 관객과 고수가 모두 동시에 웃는다. 그러고 나서 "주상 전하 싱글벙글 웃음 짓고 노래하며 장금이를 칭찬한다." 하고 끝을 맺는다. 기분이 좋아진 왕(중종)은 장금을 불러 칭찬한다.

(아니리)
왕이 다시 명하시되 "장금이는 이리 가까이 오라. 너는 의녀로 뽑혔는데 어찌 그리 요리 솜씨 또한 으뜸이더냐?" 장금이 여짜오되 "음식과 의술은 서로 뗄 수 없는 관계라 사료되옵니다. 음식에는 기운을 돋게 하기위해 먹어야 할 것이 있는가 하면 먹으면 병이되는 것이 있사옵니다. 또 음식이란 이러한 이치를 생각하며 먹을 사람의 몸에 맞게 정성껏 만들어야 될 것이옵니다. 그래서 먹는 사람이 맛이 있게 먹으면 병도 낫고, 맛이 없어 마지못해 먹으면 병을 돋우는 것이옵니다."
주상께서 흡족해 하시고 다시 말씀하되 "기운을 돋우기 위해서는 어떤 음식이 좋은 것이더냐? 장금이 여짜오되 "세간에서는 밥 잘 먹는 것이 바로 보약이라 하였사옵니다. 이는 기운기자(氣)가 본시 기운기(气) 부밑에 쌀미자(米)가 들어있기 때문이옵니다. "옳거니. 그래서 너는 어려서부터 음식과 의술을 같이 배웠단 말이더냐?". "예, 그러하옵니다. 전하" 전하께서 매우 흡족해 하시더니…

장금은 생김새도 어여쁘지만 대답 또한 깜찍할 정도로 잘한다. 비록 이게 다 필자가 시킨대로 한 것이긴 하지만 말이다. 장금이가 대답한 대로 이 세상에서 가장 좋은 음식은 뭐니 뭐니 해도 바로 우리 조상들이 그간 대대로 먹어왔던 밥이란 것이 입증되는 순간이다.
"밥 잘 먹는 것이 바로 보약이니라."

판소리는 언어의 변천사를 알 수 있다

　신라 진흥왕 때 가야국이 멸망하며 가야국의 우륵(于勒)이 가야금(伽倻琴)을 가지고 신라로 망명하여 지금까지 1,500년간 가야금이라는 악기는 우리의 사랑을 받고 있다. 그 때 신하들이 망하는 가야국의 음악을 취함은 부족(不足)하다고 했다. 여기서 '부족'하다함은 적합하지 않다는 뜻이다. 온당하치 못하다는 뜻이다.
　신라시대에는 '부족'이란 단어가 주로 그런 뜻으로 쓰였다. 그러나 지금은 '부족'이라함은 넉넉하지 못하다. 흡족하지 못하다. 하여 주로 양적으로 미흡함을 뜻하고 있다. 이와 같이 '부족'이란 말도 시대가 변함에 따라 그 뜻도 달라졌음을 알 수 있다. (나의 의견)
　또 수궁가 초입에 용왕이 병이 들어 누워서 탄식하고 있을 때 하늘에서 도사가 내려와 용왕의 맥을 보고 토끼 간을 구해야 낫겠다고 한다. 그러자 용왕은 이 바다 깊은 곳에서 어찌 산중에 있는 토기를 구하라는 말이냐고 반문을 하면서 걱정을 한다. 도사는 너무 걱정하지 마시라고 위안을 하자 용왕이 진양으로 신세자탄을 한다.

왕왈 연(然)하다. 수연(雖然)이나 창망한 진세간의 벽해만경 밖의 백운이 구만리요…

하면서 자신의 처지를 노래한다. 여기서 연(然)하다는 말은 지금은 거의 쓰지 않는 말로 '그러하다'는 뜻이다. 그렇다고 인정하는 말이다. 또 '수연(雖然)이나'란 말은 '비록 그러하나' 또는 '비록 그러하긴 한데'라는 뜻이다. 영어로 but란 단어에 해당된다.

이 '수연'이란 말도 지금은 거의 찾아 볼 수 없는 말이다. 그러나 판소리에는 아직 그대로 남아있다. 또 용왕이 대신들을 불러놓고 누가 세상(육지)에 나가 토끼 간을 구해올 것인가 하고 물어보자 아무도 선뜻 나서는 신하가 없으니 판소리는 다시 시작된다.

왕이 똘똘 탄식한다. 남의 나라는 충신이 있어서 할고사군개자추(割股事君介子推)와 광초망신기신(誑楚亡身紀信)이는 죽을 임금을 살렸건만…

왕이 똘똘하며 탄식한다고 했다. 여기서 '똘똘'은 탄식하는 소리다. 돌돌(咄咄)의 발음이 세계 나온 말이다. 뜻밖의 놀라움이나 그러한 상황에서 내는 소리이다. 이 말도 지금은 쓰지 않는 말이다.

참고로 기왕 나온 단어 해석에 할고사군개자추(割股事君介子推)란 말도 알고 가자.

개자추는 중국 진(晉)나라 충신으로 문공이 적(狄)나라에 망명을 가서 있으면서 배고파하는 것을 보고 자신의 허벅지살을 베어 문공에게 먹였다고 한데서 유래한 말이다.

또 광초망신기신(誑楚亡身紀臣)이는 누구인가? 기신은 한(漢)나라 고조 유방(劉邦)의 충신이었다. 유방이 항우에게 포위되자 기신은 여자들에게 군복을 입혀 군사들로 위장하고 자신은 유방인척하며 대신 적 진영에 들어가 죽으면서 유방을 피신시켰던 충신이다. 그런 개자추 충신도 있었고, 기신(紀臣)이도 있었는데 우리나라는 왜 충신이 없느냐며 똘똘하고 탄식하는 말이다.

옛날에 사용하던 말들을 알아보려면 판소리가 제격이다. 언어변천사를 알아보는 데는 판소리가 더 없이 좋다는 말이다. 판소리 속에는 수 천 년 이어져 내려오는 언어가 그대로 살아있다. 언어의 변천사가 그대로 남아있다.

필자의 고향 남원 운봉(雲峰)에는 방학 때만 되면 전국 각 대학의 국문학과 학생들이 언어채집을 위해 내려오곤 한다. 운봉은 지리적으로 신라와 백제의 땅이었다. 시대적으로 백제가 되었다가 신라가 되었다가하는 군사의 요충지였다. 그래서 성(城)도 17개나 된다. 지리산 높은 봉의 중턱에 자리하고 있는 운봉은 많은 성으로 둘러 쌓여져있기에 옛날 사용하던 언어가 다른 고장같이 그렇게 많이 훼손 되지 않고 그대로 내려오는 특성이 있는 곳이다. 또한 판소리 동편제의 고향이기도 하니 우리말을 그대로 찾아 볼 수 있는 좋은 고장이기도 해서 찾아오는 것이리라.

판소리는 우리민족을 지켜주는 최후의 보루이기도 하다. 일제 강점기 때에는 일본이 우리말을 쓰지 못하게 하였어도 오직 판소리만은 예외가 되어 많은 사람들은 밤에 천막극장에 가서나 판소리를 들으며 우리말의 냄새라도 맡으며 울기도 하고 애환을 달래기도 했다.

물론 공연하기에 앞서 일본 경찰의 사전 허가를 받아야만했고 공연 직전 무대에서 일본말로 일본노래 한 두곡을 하라는 조건들도 있었다. 또 공연 중에도 일본 경찰관이 참관하며 혹시 공연과 관계없는 내용이 들어가거나 '조선'이란 단어를 꺼내는 일이 있다면 당장 공연을 중단시키고 현장에서 단원들을 체포하여 끌고 갔었다. 필자의 은사이신 고(故)정광수의 창극단원들이 함경도 나남에서 흥부가를 공연하다가 가사 중에 흥보 제비가 박씨를 물고 조선으로 나오는 대목을 할 때였다. 각국으로 날아갔다가 돌아온 제비들을 점고할 때
"조선에 나갔던 흥보 제비 나오!" 하고 부를 때 갑자기 호루라기를 불며 달려 나와 정 명창을 끌고 가서 정 명창이 심문당하면서 고초를 당하였던 이야기는 전에 필자가 선생님께 자주 들었다. 그 때 마침 왜경 중에 서울에서 판소리로 알고 지냈던 주(朱) 경보(警補)라는 경찰 간부가 있어서 다시는 '조선'이란 말을 하지 않겠다는 극단 대표의 각서를 써주고 풀려났다는 이야기도 있다. 그 만큼 우리말을 못하게 했던 때 판소리만은 할 수 있었던 것을 보면 판소리가 우리민족의 언어이며 우리민족을 지켜준 매체이기도 하다. 그래서 필자는 우리민족해방 독립유공자 33인 외에도 '판소리' 하나를 더 붙였으면 하고 제안한다. (나의 의견)
　사람이 아닌 무형에는 지정할 수가 없다면 어쩔 수 없지만. 아니 그것도 법을 고치더라도 할 수 있다고 본다. 요즘 김치, 고추장, 아리랑 등 그간 우리 문화재보호법에서나 세계문화유산 등재에 할 수 없는 것이라고 여겼던 사항들이 다시 일 부 법을 고쳐 세계문화유산에 등재시키고 있다. 아리랑을 비롯하여 김장문화와 제주도 해녀들의 일상이 우리 문화재나 세계문화유산으로 등재되고 있으니 이것도 앞으로 가능할 것으로 보고, 또 당연히 그렇게 해야 할 것으로 본다.

　심청가에서 심청을 물속에 던지고 떠나가는 어부들이 이래서는 안 되겠다고 반성하며 돌아가는 대목이 있다.

…우후청강(雨後淸江) 맑은 물(興)을, 묻노라 저 백구야, 홍료월색(紅蓼月色)이 어느 곳고? 일강세우(一江細雨) 노평생(鷺平生)을 너는 어이 한

가하느냐? 범피 창파 높이 떠서 도용 도용 떠나간다.

여기서 우후청강과 맑은 물(흥)을 같은 것으로 풀이했다. 우후청강(雨後淸江)의 청강을 꼭 '맑은 물'이라고 해석할 일도 아니다.

소리 할 때 "맑은 물은" 하고 소리한 사람도 있고 "맑은 흥(興)은" 하고 소리 한사람도 있다. '맑은 흥(興)'을 이라고 노래한 사람은 그래도 '청흥(淸興)'을 알기 때문이다. 지금 '청흥'이라 하면 좀 어색한 말이지만 옛날에는 자주 썼던 말이다.

단가 '사친가(思親歌)'에도 보면, "아미산월의 반륜토(半輪兎)는 이적선의 청흥(淸興)이요"란 말이 있다.

여기서 '청흥'을 직역하면 맑은 흥이 되지만 사실 아주 잔잔하면서도 저절로 일어나는 흥이 아닌가 한다. 마치 하지장의 시 '채련곡'에서 "경수무풍야자파(鏡水無風也自波)"처럼 바람이 불지 않아도 저절로 파도가 일어난다는 말과 같다고 하겠다.

청강(淸江)이라고 해서 기어코 '맑은 강'으로 소리 할 필요는 없다. 만약 푸른 강이라고 했다면 '청강(淸江)'이 아니라 '청강(靑江)'이라고 해야 옳다. 하지만 여기서의 청강(淸江)이라면 기분 좋은 강 전체의 분위기 (condition)를 말한 것이기 때문이다.

비온 뒤의 그 깨끗하고, 해맑고, 선선한 바람이 부는 강가나 강 위를 백구가 훨훨 여유있게 날아가는 기분을 바로 청강(淸江)이라고 노래한 것이다. 다시 말해 강물이 맑다는 뜻이 아니라는 말이다. 그래서 맑은 흥(興)이라고 노래했는지도 모른다. 앞에서 이야기한 흥미(興味)나 흥락(興樂)과 같은 이치이다.

1,000년 전에 소동파는 그가 지은 시 '적벽부(赤壁賦)' 시 중에서도 '청풍(淸風)'이라고 노래했다.

유강상지청풍 여산간지명월 이득지이위성 목우지이성색 취지무금용지
불갈 시조물자지무진장야
惟江上之淸風 與山間之明月 耳得之而爲聲 目遇之而成色 取之無禁用
之不竭 是造物者之無盡藏也

이시를 풀이하면 이러하다.
　강물위의 맑은 바람과 동산에 뜬 밝은 달이야 귀로 들으면 소리가 되고
눈으로 보면 사물을 이루어, 가져도 가져도 금함이 없고 아무리 써도 다함
이 없으니 이야말로 조물주의 무한한 곳간이니라.

　여기서 청풍(淸風)과 명월을 '강물위에 맑은 바람과 동산에 뜬 밝은 달
로' 일단은 해석되지만 여기서도 청풍(淸風)을 단순히 '맑은 바람' 이라고
풀이하면 그 뉘앙스가 조금 어색하게 느껴진다. 바람이 어찌 맑고, 탁하
고, 더럽고, 어두운, 바람이 있겠는가?
　여기서의 청풍(淸風)은 시원하고, 기분 좋으면서, 흥취를 느끼게 하는,
그런 바람을 의미한다.

　1,500년대 허균(許筠)이 매창(梅窓)의 죽음을 애도하는 시에서 '청가'라
는 단어를 사용했다고 위에서 말한바 있다. 여기서 다시 한 번 살펴보면

'…청가해주운(淸歌解駐雲)
투도래하계(偸桃來下界)…'
라고 써내려갔다.
'…청아한 노래는 머물러있는 구름을 흩어지게 하고,
복숭아를 딴 죄로 인간 세상에 귀양 왔는가…'

허균은 여기서 '청가(淸歌)'라는 말을 썼다. 맑은 노래가 아니라, 청아한 노래라고 풀이해야 제대로 본래의 시에 어울릴 것 같다. 그러나 지금은 '청가(淸歌)'라는 말도 쓰지 않고 있다.

또 하나가 더 있다. 앞에서 우리의 판소리는 실존 인물을 주인공으로 했다는 제목 하에서 이미 알아보았다. 이도령으로 나온 성이성(成以性)이 변사또 생일 날 어사로 출도(出道)하여 읊었다는 그 유명한 시(詩)를 한 번 더 생각해 보자.

그 시는 명나라에서 사신으로 왔던 조도사(趙都事)장군의 시와 거의 같다고 했다. 조도사의 시를 변형한 것이라고 했다. 몇 자만이 다를 뿐이다. 본래 조도사의 시는 이러하다.

청향지주천인혈(淸香旨酒千人血),　세절진수만성고(細切珍羞萬姓膏), 촉루낙시인루락(燭淚落時人淚落), 가성고처원성고(歌聲高處怨聲高)

여기서도 첫 마디에 청향지주(淸香旨酒)라고 나온다. 역시 '청향(淸香)'이란 말은 앞에서와 마찬가지로 '맑은 술'이 아니라 맛 좋고 향기 있는 좋은 술이라는 뜻이다.

또 앞에서도 알아본 바와 같이 국곡투식(國穀偸食), 도용도용(滔溶滔溶) 등의 말은 지금 거의 사용되지 않고 있는 말이다.

옛날 판소리에서 맑은(淸) 흥(興), 맑은 강(淸江), 맑은 바람(淸風), 맑은 노래(淸歌), 맑은 술(淸香)이 오늘날과 서로 다르게 느껴지거나, 최근 우리 언어에서 사라진 좋은 예를 찾아 본 대목이다. (나의 발견, 나의 이론)

그러니 결론적으로 말하면 우후청강(雨後淸江)이라고 해서 우리가 노래했듯이 반드시 비 온 뒤의 맑은 물은 아니라는 말이다. 또 맑은 흥이라고 해도 어쩐지 어색하다. 그저 좋고 아름답다는 뜻으로 생각하면 된다.

춘향가중 농부가에서 강남대 밤, 대추는 아그대다그대 열렸다고 했다. 여기서 '아그대 다그대'는 밤과 대추가 주렁주렁 달렸다는 표현이다.

또 춘향가 중 사랑가에서 이도령은 춘향에게 권한다. 이것저것 맛있는 것을 주고 싶어 하면서 "당동지지루지허니 외, 가지, 당참외 먹으려느냐?"고 노래한다. '당동지지루지하다'는 것은 외나 가지처럼 길쭉하고 둥글게 생긴 모양을 말한다. 이처럼 판소리는 언어의 변천사를 알 수 있고 언어의 교정이나 웅변연습에도 꼭 필요한 장르이기도 하다. 문장력을 키우는데도 필요하다. 또 설득력을 키우고 이해력을 증진시키는데도 판소리가 기본이다.

웅변가, 아나운서, 시인, 가수들이 기본적으로 배워야할 장르이기도 하다. 또 문화 콘텐츠사업을 꿈꾸고 세계인들을 놀라게 하고 싶은 사람은 꼭 배워야 할 기본 텍스트이다.

판소리는 무엇보다도 발음을 분명하게 해야 한다. 그러기에 판소리로 나오는 가사의 소리는 된소리가 나야한다. 그래야만 뜻이 시원하고 분명하게 전달되고 또 그 소리를 듣고 있던 관객들도 속이 시원하게 뚫린다.

예를 들어 일제강점기하에서 임방울이 불렀다가 레코드 백 만 장이나 팔렸다던 단가 '쑥대머리'를 예로 들어보자.

"쑥때머리(쑥대머리) 귀신형용 적막옥빵(적막옥방:寂寞獄房)의 찬 자리에, 생각난 것은 임분이라. 보고지고, 보고지고 한양낭군 보고지고 오리정 정별 후로 일짱서(일장서)를 내가 못 봤으니 부모 봉양 글꽁부(글공부)에 겨를이 없어서 이러는가? 여인신혼 금슬위지 나를 잊꼬(잊고) 이러는가? 계궁항아 추월 가치(같이) 번뜻이(번드시) 솟아서 비치고저…"

위에서처럼 쑥때머리, 적막옥빵, 일짱서, 글꽁부, 잊꼬, 번뜻이 등 된 소리를 내야만 듣는 상대방이 분명하고 확실하게 뜻을 전달받을 수가 있다. 지금 우리가 방송에서 아나운서들이 사용하고 있는 단어들도 사실은 판소리로 할 때는 발음을 되게 내야만 한다.

효꽈(효과:效果), 관껀(관건:關鍵), 정(情)짜 노래(정자 노래), 붓때를(붓대를) 땅에다 내던지고, 오소리 담뿌(담부:담비), 뒤죽박쭉(뒤죽박죽), 실쫀 인물(실존 인물), 임 꺽쩡(임 꺽정), 홍 길똥(홍 길동) 등이 같이 소리 내어야 한다. (나의 이론)

필자가 1973년도 처음으로 고 박봉술 선생님 댁에 가서 판소리를 배울 때 적벽가 중 적벽강 불지르는 대목을 이렇게 따라 배웠다.

이때에 온나라 황개는 20화선 거나리고 조조진중 바라보며 은은히 떠들어가니 조조가 보고 대희하여 장졸 다려 이른 말이 정욱아 네 보아라…

여기서 '온나라' 라고 발음하기에 그때는 그대로 따라 배웠다. 그리고 지금도 그 대목을 할 때는 역시 '온나라' 라고 발음한다. 이 '온나라'도 사실은 오(吳)나라 라는 것을 뒤에 터득했다.

판소리 하는 사람들, 특히 적벽가를 옛 명창들에게 제대로 배운 사람들은 지금도 '온나라' 라고 한다. 오나라를 제대로 세게 발음하다보니 '온나라' 라고 하는 것이다.

필자는 발견한다. 이것이 단순히 판소리 속에서만 나오는 현상이 아니고 옛날 세종 때부터 오(吳)나라를 '옷나라'로 글씨를 썼고, 발음은 '온나라'로 불러왔다는 사실을 발견한 것이다.

세종의 명을 받아 설순(楔循)이 지은 '삼강행실도(三綱行實圖)'를 보면 '맹종읍죽(孟宗泣竹)' 이란 그림이 있다.

맹종은 중국 오(吳)나라 사람으로 부모에게 효심이 깊은 것으로 잘 알려진 사람이다. 어머니가 한 겨울에 죽순이 먹고 싶다고 하자 맹종은 걱정 끝에 대나무 밭에 나가서 어찌 해야 좋을지 몰라 울고 있었더니 다음날 아침에 죽순이 몇 대가 솟아 올라와 있더라는 것이다. 그래서 그 죽순을 요리해서 어머니께 바쳤다는 이야기가 그려있고 그 오른편 위쪽에 글씨로 이렇게 쓰여 있음을 찾아냈다.

"孟宗은 옷나라 사람이니…" 그리고 밑에는 吳(오)자가 따로 쓰여 있다. 그때도 '옷나라' 로 쓰고 부르기는 역시 '옷나라'와 같은 발음인 '온나라' 로 발음이 되었음을 알 수 있다. (나의발견)

맹종읍죽(孟宗泣竹)이란 말은 지금도 부모에게 효도를 한다는 뜻으로 널리 쓰이고 있다.

이러고 보면 국문학을 전공하고 싶어 하는 사람은 반드시 판소리를 공부해야 되지 않겠는가? 또 정치를 하고 싶은 사람은 웅변을 잘해야 할 것이고, 그러기 위해서는 반드시 판소리를 배워야 하지 않겠는가? 또 가수가 되기 위해서라면, 작가가 되기 위해서라면, 반드시 판소리를 공부해야 한다. 우선 대학을 가기위해 논술고사(글쓰기)를 잘 치르려면 반드시 판소리를 공부해야한다.

또 학교에서도 당연히 판소리 속의 우리 언어의 변천사를 가르쳐야 할 것이고. 그래서 누구나 다 같이 우리는 판소리를 공부해야 될 것이다. (나의 이론)

언어를 찾으면 한민족의 정착과정과 이동경로까지도 알 수 있다

지금까지는 주로 우리나라 안에서의 언어변천사를 알아보았고, 지금부터는 좀 더 시야를 넓혀 지구촌 안에서 우리민족의 언어와 우리민족의 이동경로에 대하여도 알아보자.

앞에서도 언급한 바 있지만, 춘향가에서의 이도령이 읽었던 「대학(大學)」의 앞부분에 '태고라 천황(天皇)씨는 이목덕(以木德)으로 왕 하였겠다.'라는 말은 우리 한민족의 뜻인 동쪽을 뜻한다. 동방은 3,8 목(木)이라. 그래서 동이족을 목(木)으로 표현했다고 보면 되는 것이다.

다시 풀이하면 동이족은 동방이라, 동쪽의 방향은 음양오행설과 주역(본래는 한역 桓易, 韓易이 발전해서 주역이 되었다)에서 청(靑)색으로 표시하고 깃발도 청룡을 그린다.

동쪽의 숫자로는 3과 8을 뜻한다. 음양오행으로는 목(木)을 상징한다. 그러기에 '태고(太古)라 천황(天皇)씨 이목덕(以木德)으로 왕을 했다.'라는 말은 동이족인 우리 배달한국(倍達桓國)의 한웅(桓雄)시대의 천황이었기에 동쪽을 나타내는 오행의 목(나무)으로 표현했기 때문이다. (나의 이론)

중국은 그들의 황제가 왕에 오른 것은 그들은 토덕(土德)이 있기 때문이라고 했다. 중국은 주역(한역)으로 볼 때 방위는 중앙이고, 색은 황색(黃色)으로 표시하였으며, 숫자로는 5와 10을, 오행으로는 토(土), 다시 말해 흙을 상징하기 때문이다.

앞에서도 언급한 바를 다시 이야기하는 일이 되지만 4,700년 전 치우천황의 우리 배달한국의 시절에 한웅(桓雄)의 왕을 천황으로 불렀고, 황토인들의 시조인 헌원은 당시 천황 아래의 다섯 장관 중의 하나인 황제(黃帝)로 임명하여 황제(黃帝)로 불렀다. 그러다가 진시황 때 황토인들은 처음으로 황제(皇帝)라고 써왔다. 따라서 이도령이 읊었다는 '태고라 천황씨는 이 목덕(木德)으로 왕 했겠다'라 함은 사실 알고 보면 태고 적부터 내려온 우리 조상들의 이야기이다. (나의 주장)

우리의 한웅시대는 1,565년간 이어져오면서 후일 묘족은 동남쪽인 청구국(靑丘國)로 내려와서 자리를 잡았고 오늘날도 그 곳에는 묘족(苗族)이 여전히 살고 있다. 묘족은 본래 북쪽 추운 지방에서 땅 속에 굴을 파고 살았었다. 4,700년 전 당시 치우천황의 배려로 따뜻한 남쪽으로 내려와 청구에서 잘 살게 되었고, 그 묘족들은 지금도 치우천황이 자기네의 은인이고 조상이라고 잘 떠받들고 있으며, 지금도 매년 치우천황을 기리는 기념 행사를 크게 하고 있다.

이렇듯 치우천황 당시 우리의 말과 풍습이 중국은 물론 전 아시아에 영향을 주었다. '우두머리' '벼슬한다' '고시례' '부싯돌' 등의 말이 지금도 쓰이고 있고, 우리가 지금 쓰고 있는 한글도 단군 3세 가륵임금 때 '가림토문(加臨土文)'이라고 38자로 만들어졌으며 지금은 28자로 쓰이고 있는 것이다.

ㅣㅡㅏㅓㅜㅗㅣㅑㅡㅠㅊㅋ
ㅇㄴㅁㄷㅿㅈㅊ合ㅎㅅM
ㅱㄹㅐㅎㄱㅈㅊㅇㄲㄸㅍㅛ

지금도 강화도 마니산에 있는 참성단(塹城壇)은 단군임검이 세 아들에게 명하여 성을 쌓고 제사를 모시기 위해 만들었던 단이다. 이 성 안에는 고구려 때 지은 전등사 사찰도 있다. 이것이 다 단군조선과 고구려가 존재했다는 살아있는 역사이다.

또 우리가 흔히 공자님이 말씀하신 것으로 알고 있는 '수신제가치국평천하(修身濟家治國平天下)'라는 말은 사실 우리 단군조선의 6세인 단군 달문(기원전 2073)단제(檀帝) 때 먼저 한 말이다.

그러니까 공자님보다 1,600여 년 전이나 앞서서 나온 말이다. 팔부루(八夫婁)라는 사람이 단제(檀帝)에게 아뢰기를

"상감마마, 수신(修身)을 하는 것은 집안을 다스리는 근본이며, 집안을 다스리는 일은 나라를 다스리는 근본이며, 나라를 다스리는 일은 천하를 태평하게 하는 길입니다."

또 단군 16세 위나단제(尉那檀帝) 때(B.C 1566) 단군조선의 제후국인 기(杞)나라의 제후가 위나 단제에게 아뢴 말이 있다. 단제는 여러 제후들을 모아놓고 각 제후국의 민생이 어떠냐고 물었다. 이 때 모든 제후들이 한 결 같이 백성들이 편안하게 잘 살고 있다고 대답했다. 그러나 기나라 제후가 하는 말은

"단제님의 덕으로 백성들 모두가 편안하게 잘 살고 있으나 단지 한 가지 걱정이 있을 따름입니다."라고 했다. 위나 단제가 놀라서 그게 무엇이냐고 묻자, 기(杞)나라 제후가 아뢰길 "단지 하늘이 무너질까 걱정을 하고 있

습니다."고 했다. 그 뒤부터 지금까지 내려오는 말로 쓸데없는 걱정을 이야기 할 때 '기우(杞憂)'라는 말을 쓰고 있다.

또 단군조선 47대 단군 중에 21세 소태 단제는 B.C 1286년에 색불루가 쿠데타를 일으켜 단군조선의 제후국에 우현왕이 되면서 소태 단제도 물러나게 된다. 이때 소태 단제는 너무나 속을 끓였기에 입이 써서 밥을 제대로 먹지 못했다. 그 이후로 이렇게 여러 고민 등으로 인해 입맛이 쓰고 밥맛이 없을 때는 입이 '소태' 같이 쓰다고 말한다.

지금 우리가 소위 단골(檀骨)이라고 불렀던 사람들은 사실 삼신에게 제사를 드리며 진행(집행)하는 무속인(巫俗人)을 뜻한다. 사실 어떻게 보면 우리민족의 전통과 풍습, 또 종합예술을 이어온 사람들이다.

댕기는 단기(檀綺)로서 머리 뒤에 묶는 끈을 말하고, 단임(檀袵)은 댓님이라고도 하며 한복 바지에 끈으로 매는 것을 말하며, 단골(檀骨)은 단군의 얼을 잘 지키고 이어온 사람들이란 뜻이라고 이미 언급한 바 있다.

이 모두가 4,300년 전 단군조선시대 때부터 쓰던 말이기에 말끝마다 단(檀)자가 붙는다. 우리가 알고 있는 화랑(花郎)은 신라 때부터 있었던 것이 아니고, 사실은 단군조선 때부터 있었던 천지화랑(天指花郎)이 시초라고 할 수 있겠다. 이처럼 언어를 보면 우리민족의 이동 시기나 경로도 알 수가 있다. 우리의 상고사중 한국(桓國)시대 이후 한웅(桓雄)시대, 또 단군조선시대 그 전 후로도 우리의 말과 문화는 일찍부터 전 세계로 뻗어나갔다. 그 중에서 가장 오래된 문화 중의 하나라고 하는 수메르문화의 수메르 말이 우리와 같은 것이 너무나도 많이 있음을 알 수 있다.

지금부터 6,500년전 우리민족이 중국 파미르고원의 천산(天山)을 넘어 중동 쪽으로 넘어가면서 지금의 이라크에 정착하여 수메르문명을 이루었다. 수메르란 말은 우리말 '소머리(牛頭)'란 뜻으로 소를 비롯한 가축을 길러왔던 우양족인 우리민족, 그래서 우두머리라고 불렀던 것과 같다고 본다.

그리고 그들은 자신들의 조상이 동쪽에서 '안샨'을 넘어왔다고 기록하고 있다. '안샨'이라하면 안은 하늘(天)이요, 샨은 산(山)을 말함이다. 즉 천산(天山)을 말함이요, 천산은 우리 한(桓)민족의 문명 중심지였던 중국 서북부 천산을 말한다. 그 곳 수메르 사람들의 생김새도 전형적인 아시아인으로 우리와 닮았다. 그리고 그들이 사용하는 말도 우리네와 똑 같았다.

언어연구가인 정연종의 연구결과를 보면 수메르 말로 아버지, 엄마, 달, 사람, 아우, 북(鼓)은 우리말과 똑같고, 카르(칼), 당기르(단군), 바르(밝음), 안(한), 어라어디(어디로), 타(부터) 등 우리말과 흡사한 것이 아직까지도 많이 남아있다고 한다.

그 후로도 우리민족이 중앙아시아로 넘어가 살면서 우리의 문화가 지금도 그대로 많이 배어있음을 알 수 있다. 특히 수메르에 강강술래의 우리 춤이 남아있다니 무엇보다도 반가운 일이다.

여기 수메르 언어로는 감간수힐라(gam-gan suhilla)라고 한다. 뜻은 '몸을 구부렸다 폈다 하면서 손을 높이 흔들고 춤추는 기도'라고 설명되어 있다. 또 감간수할라(gam-gan suhalla)는 '몸을 구부렸다 폈다 하면서 손을 맞잡고 추는 춤'이라고 되어있다. 이것이 영락없는 우리의 강강술래가 아니겠는가? 그러니 참으로 반갑고 신기한 일이 아니겠는가?

강강술래 춤은 만 년 전부터 내려온 우리 고유의 춤으로 강강술래를 지칭한 기록들이 많이 나온다. 삼국지 동이전(東夷傳)에만 보아도 그러하다.

"마한(馬韓)풍속에 5월과 10월에 신에게 제사를 지낼 때마다 여럿이 모여 3일간 밤샘을 하며 술을 마시고 춤을 추는 놀이가 내려왔다."

그들의 상고사에도 그러했듯이 우리의 상고사에는 더욱 상세히 기록되어있다. 고려 말 행촌 이암(杏村 李嵒)선생이 쓴 단군세기(檀君世紀)를 보면 단군조선 16세 위나 단군 재위28년(BC. 1583)의 기록이다. 당시 무술(戊戌)년이었으니 올해(2018년 무술)로 꼭 60갑자의 60회에 해당되는 3600년이 지난 뜻깊은 해이다.

"구환족의 모든 왕을 영고탑에 모이게 하여 천제를 지낼 때 한인천제, 한웅천황, 치우천황(14세 한웅천황)과 단군왕검을 배향하셨다. 5일간 큰 연회를 베풀어 백성과 함께 불을 밝히고 밤을 새워 '천부경'을 노래하며 마당밟기를 하셨다. 한쪽에 횃불을 줄지어 밝히고 다른 쪽에서 둥글게 춤을 추며(環舞:강강술래) 애한가(愛桓歌)를 함께 불렀다. 그리고 그 애한가는 이러하였다.

산에는 꽃 피네, 꽃이 피네.
지난해 만 그루 심고 올해도 만 그루 심어라.
봄이 찾아와 불함산(不咸山) 꽃이 온통 붉으니
상제님(天神)과 함께 태평세월 즐겨보세."

불함산은 중국 만주의 하얼빈에 있는 한민족의 고향과 같은 완달산(完達山)을 말한다.
이처럼 한민족은 아주 오래 전부터 며칠 밤이고 불을 밝히며 춤을 추며 노래를 불렀다. 천부경과 '애한가(애환가愛桓歌)'와 '어아가'를 불렀을 것이다. 그리고 언젠가 부터는 아리랑의 원조도 같이 불렀을 것이다.

근세로 돌아와서 북간도에서, 연해주에서, 시베리아에서, 또 구 소련에 의해 각 처에서 강제이주로 중앙아시아로 간 고려인들은 어마어마하게 많았다.
본래 단군조선은 단군 왕검이 아사달(阿斯達)에다 수도를 세웠다고 한다. 우리민족이 멕시코로 건너가서 고리족이 사는 땅을 아사달(阿斯達) 이라고 해서 '아스땅' 하고 불렀다. 고리족이 사는 마을이란 뜻이다. 그들은 아사(阿斯)를 '아스'라고 했고, 달(達)을 '땅'으로 발음했다. 본래 달(達)은 땅을 의미한다.

배달한국(倍達桓國)의 배달(倍達)은 본래 '밝은 땅'이라는 뜻이다. 이처럼 지구촌 사방으로 흩어진 우리민족은 배달의 '달(達)'을 땅으로 불렀다. 지금의 중앙아시아의 여러 나라들을 무슨 탄, 무슨 탄이라고 하는 것은 모두 우리 말 '땅'이라고 들으면 된다. 우즈베키스탄, 카자흐스탄, 키르기스스탄, 타자키스탄 등.

지난 2014. 9. 유네스코의 아태무형유산센터 주관 하에 학술대회가 있었다. 여기서 각국의 대표자가 발표를 했는데 다수의 대표들이 발표하는 내용 중 중앙아시아의 구전 서사시는 우리나라 판소리와 같은 뿌리라고 했다. 특히 실크로드의 주역인 튀르크문학을 연구한 동덕여대의 오은경 교수의 발표내용이 관심에 간다. 그의 말을 옮기면 "중앙아시아 서사시는 '박쉬'라는 창자가 노래를 부르는데 박쉬(baxshi)는 본래 무당과 구연자(소리꾼)두 가지의 뜻이 있다. 그래서 우리말 '박수무당'도 고대 튀르크에 기원이 있다"고 했다.

그 날의 발표자들의 말을 들으면 카자흐스탄, 타지키스탄, 키르기스스탄, 몽골, 한국 등 7개국에서 서사시뿐만이 아니라 전통놀이와 언어, 관습 등 한국과 중앙아시아는 공유하는 무형유산이 많다고 결론을 내렸단다.

여기서 필자는 모두 공감하는데 단지 우리나라 발표자도 그 원 뿌리를 착각하고 있는 듯 했다. 분명 이 모든 문제가 한민족과 관련이 있긴 한데 우리의 상고사 뿌리가 한인(桓仁)시대, 한웅(桓雄)시대, 단군조선이 잘려나가고 없는 상태이다 보니 어느 민족이 어디로 먼저 가서 그 문화를 전승했는지를 몰랐던 것이다.

한민족의 역사를 일본이 가르쳐준 대로 고구려, 백제, 신라의 삼국시대부터로 계산하니 이런 문제가 발생하게 된다. 이 민족이 수 천 년 전부터 그 쪽으로 이동하면서 널리 퍼진 것을 몰랐기에 판소리와 같은 문화가 그 쪽에서 들어온 것이 아닌가하고 발표를 한 것이다.

지금까지 많은 중국의 상고사도 우리의 역사를 인정하고 있는데 그 중 우선 한사람의 기록만이라도, 그 것도 기왕이면 중국인이 쓴 것으로 하나 더 알아보자. 중국의 역사학자 임혜상(林惠祥)의 연구 결과다.

"한족(漢族)의 대부분은 동이(東夷)로부터 나왔다. 중국의 진(秦)나라 이전의 동이는 중국의 동부 지역인 산동성, 강소성, 안휘성, 및 회수 일대를 넓게 점령하고 살았고, 그 갈래로는 우이(隅夷), 회이(淮夷), 서융(徐戎), 도이(島夷), 래이(萊夷), 개이(介夷), 근모이(根牟夷) 등이다. 옛 기록에 의하면 순(舜)임검도 동이(東夷) 사람이다. 제나라의 명재상 관중(管仲)도 동이 인이고, 은나라도 동이가 세운 나라이다. 그러나 B.C 246년부터 진시황이 중국을 통일하면서 중국내의 동이족들은 여러 곳으로 흩어졌거나 한족(漢族)에 동화되었다."

이 사람의 주장에서도 보았듯이 우리민족의 활동무대는 엄청나게 넓은 중국 전역과 아시아의 상당 부분이 포함되어있었다. 그 예를 몇 가지 더 들어보자.

우선 우리민족의 시원이라고 하는 바이칼 호수는 어떠한가? 최근 바이칼에 가본 사람들은 그곳의 풍경이 꼭 우리나라 어느 산골에 온 기분이라고 했다. 높게 꽂힌 솟대에 기러기가 꽂혀있고 울긋불긋한 색들의 천 조각이 매달려 펄럭이고 있으니 그럴 수밖에.

여기서 칼(cal)은 부리아트 말인데, 우리말로는 골(고을)이란 뜻이다. 칼은 골이다. 칼, 칼, 골, 골. 이골, 저골 할 때 쓰는 말이고, 바이(vai)는 신(神)들이란 뜻이니 바이칼(Vaical)은 부리아트 어(語)로 '신들의 고을' 또는 '풍부한 땅'이라는 뜻이다. 반면에 '시베리아'는 알타이 어(語)로 '잠자는 땅'이란 뜻이다. 바이칼 이란 '신들의 고을'이란 뜻, 또는 '풍부한 땅'이란 뜻으로 우리민족의 시원이라고 믿어왔다.

이곳에서는 무당을 '푸닥'이라고 한다. 우리들이 지금도 무당이 점치고 살풀이 춤을 추는 것을 보고 '푸닥거리' 한다고 한다. 뒤에서 다시 언급할 일이지만 그 호수의 물줄기도 우리민족과 깊은 관계가 있는 366줄로 이루어져 있다.

이렇게 3,301년간의 이 한인(桓因)시대 또는 한국(桓國)의 시대가 지나고 다시 거붉한 한임이 신시(新市) 배달한국(倍達桓國)을 건설하였다. 이 신시 배달한국의 한웅(桓雄)시대가 1,565년간 이어지고 나서 단군조선시대가 오게 되는 것이다. 그러니 안파견 한님이 한인(桓因)의 한국(桓国)을 세운지는 지금부터 따지면 9,200년이 되는 셈이다.

이제 저 남미 멕시코로 건너가자. 우리민족이 멕시코 등 남미로 넘어간 것은 주로 기원전 1,000년부터 기원 후 1,000년으로 보는데, 특히 3세기부터 7세기에 가장 많이 이동했다고 한다. 특히 발해가 망하고서 많이 그곳으로 넘어갔다고 한다.

고리족이 멕시코의 아스땅(아사달 阿斯達)에 도착한 것은 서기 820년이었다. 당시 1만 여명이 조선에서 북상하여 아시아 캄차카반도를 거쳐 이곳에 도착하여 살았다. 물론 한민족의 이주역사는 그 보다 훨씬 더 위로 거슬러 올라간다. 지금도 멕시코에서 사용하는 말 중에 관심 있는 우리말은 대강 이러하다.

술에 취해 다음날 겨우 일어나 하는 말은 '주카치(죽겠지. 숙취)다. 그 외 다기려(다 그린다. 화가), 다마친이(점쟁이), 다조타(모두 좋다), 다도와주는이(王), 내집(나의 집), 다빨리(용기)등 주로 '다'자를 많이 썼다. 그리고 산(山)을 태백이라고 한다. 멕시코 지도의 산에 태백이 많다. 우리의 '태백'도 본래 고유명사 '태백산'이라기보다 일반명사 '산'이었다는 설이 많다.

얼굴과 문화가 우리와 서로 같아 소위 '아즈텍문화'는 우리 한민족의 문화라고 한다.

알다시피 우리는 천손족(天孫族)이라고 해서 하늘과 땅과 사람을 중요시 여겼다. 그 찬란한 문화로 세계 최초의 경전인 천부경(天符經)이 있었다. 이를 비롯하여 하늘과 우주의 이치를 담은 모든 것이 366의 숫자로 계속 이어진다.

우선 천부경과 함께 한인천제가 말로 전한 글인 삼일신고(三一神誥)는 366자로 되어있고, 고구려 을파소가 하늘과 인간관계를 규범으로 정한 참전계경(參佺戒經)은 366조목으로 되어있다.

또 북부여의 시조인 해모수가 새로 지은 궁궐은 366칸으로 되어있고, 천해(天海) 바이칼호수는 366개의 물줄기로 흘러들어온다. 사람의 몸은 366개의 경혈(經穴)로 되어있고, 일 년은 음역, 양역 할 것 없이 366일로 되어있다. 우리가 지금 쓰고 있는 일주일의 요일은 본래 배달한국 때, 즉 신시(神市)초기(B.C 3,718 이전)에 우리민족이 만들어낸 것이다.

하늘의 신에게 일곱 번 차례로 제사를 지내는데, 첫째 날에는 천신(天神: 日), 둘째 날에는 달신(月), 셋째 날에는 물신(水), 넷째 날에는 불신(火), 다섯째 날에는 나무신(木), 여섯째 날에는 금신(金), 일곱째 날에는 흙신(土)에게 지냈다는 기록이 있다.

지금으로 보면 화요일과 수요일이 바뀐 것 외에는 다른 것이 없다. 이를 칠회제신(七回祭神)이라고 했다. 또 과학적으로도 입증이 되는 단군조선의 기록은 얼마든지 많이 있다. 단군임금 13세 흘달(B.C 1733년) 때에 단군조선의 천문대에서 기록한 오성취루(五星聚婁) 기록이 있었다.

금성, 수성, 화성, 목성, 토성이 일렬로 나란히 보이는 장면을 말하는데 지금 NASA 프로그램으로나, 슈퍼컴퓨터로나, 아니면 개인 PC로 확인해 보아도 그것을 쉽게 입증이 된다고 한다. 그래서 지금도 세계의 천문학자들이 놀라고 있단다. 어찌 벌써 그 당시에 그러한 관찰이 가능했는지 단군조선의 천문학기술에 감탄을 한단다.

위에서 언급한 단군조선을 비롯하여 상고사의 찬란한 문화의 역사가 이와 같이 모두 확실한 기록과 여러 가지 물증으로 남아있는데, 왜 단군조선과 모든 상고사가 신화라고 우기는지 모르겠다. 또 정부서 하는 일은 도대체 무엇인지도 묻고 싶다. 개탄스러울 뿐이다. 역사의 왜곡을 그대로 보고 시정하지 않은 것 자체도 청산해야 할 적폐가 아니겠는가?

이제 눈을 가깝게 뜨고 현실로 돌아와서 우리 주의의 무서운 나라 중국을 보자. 그들은 우리의 역사를 왜곡하고 한강 이북의 땅을 자신들의 영토 안으로 귀속시켜 우리를 부족국가로 만들려고 하고 우리의 문화마저 빼앗으려 하고 있다. 역사적, 영토적 동북공정을 마쳤고, 또 우리의 문화마저 빼앗으려 이미 작업을 다 마쳤다. 그들에게 과거는 필요 없다는 주의다. 현재 중국에 속해있는 모든 소수민족은 역사이건 영토이건 모두 중국에 편입되어야 한다는 주의다.

앞에서 언급했듯이 우리 조상까지도 이미 다 그들의 조상이라고 부르고 있다. 그들이 최근에 발굴하여 세상에 알리고자하는 홍산문화(紅山文化)도 사실 우리 한민족의 문화이다. 무려 5,000년 전으로부터 9,000년 전으로 올라가는 홍산문화는 여러 유물로 보아 분명 우리의 문화이다. 그리고 그 것은 그들도 알고 있다.

하지만 본래 하(夏)나라부터가 자신들의 실지 역사이고, 그 이전 요임금, 순임금은 하나의 신화라고 했던 그들이 이제는 상고사를 훨씬 앞으로 당겨놓았다. 이제는 요임금, 순임금도 정사이고, 3,301년간의 우리 한인시대, 1,565년간의 한웅시대 중에서 4,700년 전 치우천황도, 5,200년 전 신농씨도, 더 거슬러 5,500년 전의 태호복희씨와 뒤의 2,096년간의 단군조선을 포함하여 우리의 9,200년을 자신들의 역사로 만들고 있다. 이제는 그들의 역사를 우리 것을 포함해서 1만 년 전의 반고시대로 거슬러 올라갔다. 그들은 우리의 그 역사보다는 앞서야 했기 때문이다. 그러면 우리의 역사는 어디로 갔는가? 우리의 조상들은 모두 어디로 갔는가? 그간 우리 정부는 무엇을 했는가?

　우리는 그저 눈뜨고 당하고만 있었다. 아니 그들에게 손수 갖다 바쳤다. 단군조선을 포함해 우리의 상고사는 없었고, 그저 우리는 일본이 알려준 대로 삼국시대부터입니다. 다 가져 가셔도 됩니다! 하고 바친 꼴이다.

　2006년부터 그들은 우리의 아리랑, 판소리, 널뛰기, 그네뛰기, 장고무, 학무, 회갑연, 전통혼례, 전통의복, 농악무 등을 중국문화유산에 등재시키기 시작하더니 2012년에는 아리랑노래와 판소리, 가야금 등 우리 것 13건이 모두 중국의 국가무형유산으로 다 마쳤다. 이 것은 소위 역사 왜곡에 의한 '문화탈취공정'이라고 할 수 있겠다.

　이것을 필자는 감히 예언한다. 지금 판소리하는 사람들이 다 죽고 나면, 아니 그 이전이라도 그들은 판소리하는 사람 몇 명만 비싼 돈 주고 사가서 중국 각처의 교육기관에서 판소리를 가르치고 보급하게 하여 그것이 자신들의 문화유산이라고 세계만방에 홍보 할 것이다. 판소리가 얼마나 훌륭한 음악인지를 그들은 알고 있기 때문이다.

　더구나 우리 판소리는 그 소재나 사건, 또 인물 등 그 내용이 거의 중국과의 관련이 많은지라 앞으로 틀림없이 판소리가 자기네 것이라고 주장할 것이다. 그들은 앞으로 얼마 지나지 않으면 우리의 태극기도 사용하지 못하게 할 것이다.(나의 예언)

　우리 조상인 태호복희씨가 만든 8괘를 가지고 태극기를 만든 것인데도, 이제는 태호복희씨가 자기들의 조상이 되었으니 자기들의 것이라고 주장할 것이다. 사실 이것이 다 우리의 것이고, 우리는 애초 그런 지엽적인 것을 따지지 않고, 범세계적으로 홍익인간정신의 차원에서 총 융합적인 종합예술로 만든 것인데도 말이다. 나로서는 제발 나의 예언이 빗나갔으면 하고 바랄뿐이다.

　얼마 전 사드문제와 북한의 핵무기 관련으로 미국 트럼프대통령이 중국 시진핑 주석을 만난자리에서 시주석이 한국과 중국의 역사적인 관계를 마치 우리가 중국의 한 부속국가인 것처럼 이야기했던 것으로 알려졌으나, 중국은 아직까지 이 발언에 대하여 해명하지 않고 있다. 평소 한강 이북이 다 자기네 부족국가라는 관념을 가지고 있는 그들이다. 백두산도 6.25때 자신들이 북한을 도와주었다고 해서 13봉우리 중에서 반을 중국이 떼 가더니 이제는 백두산을 자신들의 산이라고 세계 관광지로 만들어 홍보하고 있다.

일본은 또 어떠한가? 우리나라 백제인들이 들어가서 일군 문화이다. 그들이 조작한 말대로라면 우리의 역사는 삼국시대부터인 2,000년이고, 자신들은 이리저리 늘려서 2,600년이니 자기들이 우리보다 오래 된 나라이기에 우리를 식민지로 만들어도 하나 부끄럼이 없다고 했다.

우리의 상고사가 삼국유사와 삼국사기 두 가지만 남아있는 이유는 또 있다. 일본이 우리를 점령했을 때 우리를 완전히 일본화하기 위해 역사 정리부터 한다. 우리가 일본보다 우월하면 안 되기 때문이다. 그들은 우선 조선총독부 산하에 〈조선사편수회〉를 만들어 조선사 35권을 만든다.

1922년부터 1938년까지 17년간 조선사 35권을 자기네 마음대로 만들고 그전에 우리의 상고사 책을 연구한다는 명분으로 상고사책 20만권 이상을 수거하여 없애고 대신 자기들이 직접 한가지로 만들어주었다. 왜 자기들이 남의 나라 역사책을 새로 만들어준다는 것인가? 물론 그들은 우리나라에서 몇 사람을 앞장세워 그런 짓을 했다.

당시 일본의 총책임자는 '이마니시류(今西龍)'라고 하는 사람으로 이 사람은 일본 천황으로부터 아주 잘 했다고 해서 표창과 함께 큰 상금도 받았다. 우리나라 대표로서는 이병도씨도 참여했다.

일본은 우리의 역사를 고구려, 백제, 신라, 가야국부터 시작한 것으로 하여 2,000년으로 규정 짓고, 그 이상인 단군조선의 2,096년, 그 위 배달한국의 한웅시대 1,565년, 그 위로 한인(桓仁)시대 3,301년간을 완전히 신화라고 역사 왜곡작업을 한다.

　삼국유사 속의 글씨들을 교묘하게 갈아 끼운다. 그 흔적이 몇 군데 아주 중요한 부분에 남아있는데 그 중 하나가 바로 '석유한국(昔有桓國)'이다. 삼국유사에는 본래 그렇게 쓰여 있었다.

　그런데 그들은 이를 '석유한인(昔有桓因)'이라고 고쳤다. '석유한국(昔有桓國)'을 당초의 글로 풀이하면 아주 오랜 옛날에 한국(桓國)이 있었다. 라고 된다. 그래서 우리민족의 역사는 많이 거슬러 올라간다. 옛날 9,200년 전 안파견(安巴堅)한인께서 최초 우리나라를 세우신 한인(桓仁)시대의 한국(桓國)으로 올라간다. 석유한인(昔有桓因)이라면 '옛날 한인이라는 사람이 있었다'로 되어 민족국가가 아닌 하나의 개인 신화로 되고 만다. 그래서 그들은 그렇게 몰아갔다. 단군 조선을 신화로 고쳐서 옛날 호랑이가 굴속에서 인간이 되기 위해 어쩌고저쩌고. 또 곰이 마늘을 먹고, 쑥을 먹고 어쩌고저쩌고.

　사실 곰(熊)은 단군왕검의 어머니가 웅족(熊族)의 공주였다는데서 곰이라는 이야기가 나온 것이다. 당시에는 곰을 섬기는 웅족이 있었고, 호랑이를 섬기는 호족(虎族) 있었고, 또 다른 동물들이나 신을 섬기는 토템사상이 있을 때였다. 이때 배달한국의 마지막 천황인 커붉단 한웅의 작은 부인이 바로 웅족의 공주로서 배달한국의 마지막 왕인 커붉단에게 시집을 온 단군왕검의 어머니이시다.

　그 한국(桓國)의 국(國)자가 정자가 아닌 간자로 되어 본래는 나라국의 입구(口) 안에 임금왕(王)자로 쓰여 있었다. 단군역사를 신화로 만들기 위해 일본은 여기 입구(口) 안에 임금왕(王)를 큰대자(大)로만 살짝 바꾸어 아무도 의심할 수가 없게 고쳐놓았다. 그런 후에 우리의 역사는 2,000년이요, 자기네들의 역사는 이것저것 새로 늘려서 2,600년이라고 했다. 결국 그 들은 그렇게 고쳐서 날조, 왜곡하였으나 그들이 일본에 자체보관하고 있는 삼국유사에는 옛날 원형대로 남아 있는 것이 있어 날조사실이 밝혀진 것이다. 그리고 우리들은 일본이 교육시킨 대로 그대로 따라서 하고 있으니 한심하기 짝이 없는 일이다.

그러니 러시아의 역사학자인 유엠 푸틴이 한국은 자기들의 역사를 일부러 줄이려고 하니 참으로 이상한 나라라고 그런 말을 할만도 하다.

일찍이 우리 백제에서 건너간 사람들이 일본을 일으키고, 문화를 보급하고, 왕도 되고, 여왕도 되고, 다 그랬다는 것을 1980년대 초 전두환 전 대통령이 일본에 갔을 때 일본 히로히또 천황이 사과하면서 스스로 이야기했다.

7, 8세기 일본의 국가 형성 때 한국이 자기네들을 크게 도왔다고. 사실 지나인들의 구당서(舊唐書) 유인궤전(劉仁軌傳)에도 보면 "7세기 일본 여왕 사이메이(齊明)왕도 백제 의자왕의 여동생이고, 일본 역대 왕들 중에서 가장 큰 업적을 남겼다고 하면서 일본이 자랑하고 있는 덴지왕(天智王)도 의자왕의 아들 부여용(扶余勇)이었다."고 적혀 있다.

외국어대학교 홍윤기 교수에 의하면 일본이 4세기 말에서 5세기 초 웅신(應神)왕 시대 오진왕이 백제의 왕인박사를 모셔가서 문화를 일으키기 시작한 나라이다. 당시 왕인박사는 천자문과 논어를 가지고 가서 일본에 한문을 보급하고 우리의 문화를 전승했다. 그리고 일본의 종이는 고구려에서 건너간 사람이 왕실에서 종이 만드는 법을 전승했다는 기록이 있다.

그러한 과거를 가지고 있는 그들이 여러 가지 잘 못한 일은 엄청나게 많다. 그 중의 하나인 명성황후에게 한 못된 짓도 정말로 지탄받아 마땅하다.

1895년 10월 8일 새벽에 남의 나라 궁궐에 자객들을 끌고 와서 총을 쏘며 고함을 지르고 군화발로 대전에 침입하여 난자질을 했다. 이를 제지하려는 궁내부 대신들과 나인들을 칼로 무참하게 살해했다. 이어서 군화 발을 신은 채 대전에 침입하여 고종임금의 어깨와 팔을 사정없이 끌어당기고 협박질도 하였다. 이어서 왕자의 상투를 비틀고 칼등으로 왕자의 목을 후려갈기고 행패를 부렸다. 이방 저 방을 뒤지며 왕비를 찾아 국모를 땅바닥에 내동이치고, 칼로 난자질을 하고, 옷을 벗기고, 능욕을 보이고, 산채로 석유를 뿌려 연못에 내던졌던 만행을 전 세계에다 알려야 한다.

김진명 작가가 일본에 가서 찾아내어 세상에 알린 이 사실은 사건 당시 그들이 작성하여 본국에 보고하였고, 지금도 문건으로 남아있는 소위 '에조보고서'에 있는 그대로다. 그런 일본을, 아무 반성도 하지 않고 모든 것을 부인하는 그들을, 어찌 용서 할 수가 있겠는가? 생각만 해도 피가 끓는다.

필자는 이를 〈명성황후의 혼불〉이라는 창작판소리로 만들어 얼마 전 (2017. 10. 8.) 명성황후 추모제 때 여주 명성황후 생가에서 최초로 이런 판소리 공연을 하였다.

그러나 그날 이러한 만행에 흥분을 하다 보니 어찌 판소리목이 제대로 나올 수가 있었겠는가? 참으로 개탄할 일이로다.

아무튼 우리민족은 이웃들 때문에 대대손손 말할 수 없는 고통과 피해를 겪고 있는 것이다. 그들이 책임을 느끼고 반성을 하며 제정신으로 돌아와서 미래에는 그런 악연을 끊고 서로가 평화롭게 살아갈 수 있기를 바랄 뿐이다.

아리강, 아리강, 십리도 못가서 발병이 난다니?

 이렇게 주위 국가들 때문에 가슴이 갑갑하고 흥분이 될 때에는 그저 우리의 아리랑 민요나 부르면서 속을 다스려보자.
 제1차세계대전 중인 1917년 3월에 독일의 포로수용소에서 일어난 일이다. 독일의 한 교수인 FWK 뮬러(Mueller)가 당시 독일 전역 175개 수용소를 돌아다니며 러시아 등에서 잡혀온 포로병들에게서 251개 민족의 언어와 노래를 채집하고 있었다. 그 때 우리민족은 고려인 4명으로부터는 불경과, 할아버지에게서 들은 독립운동가와, 민요 등을 녹음했는데, 59장이나 되는 많은 양을 채집했다고 한다. 그 중에 두 사람의 고려인 병사로부터 들은 한 맺힌 아리랑은 지금 가사만 들어도 눈물이 난다.
 먼저 러시아군 포로로 잡혀온 고려인 3세 김 그레고리의 아리랑이다. 그의 할아버지는 조선에서 살다가 농사지을 땅을 찾아 러시아로 이주했고,

손자인 그는 러시아군에 입대했다가 포로가 되었다. 시베리아 동토(凍土)를 거쳐 머나먼 독일 포로수용소까지 끌려와 갇혀있었다. 첫 가사가 아리랑이 아니고 '아라랑'이다.

아라랑, 아라랑, 아라리요. 아라랑 (배)띄여라, 노다 가자. 아라랑 타령 정 잘하면 팔 십 명 기생들 수청 든다.…

또 역시 고려인 3세인 유니콜라이의 아리랑을 들어보자.

아리랑, 아리랑, 아라리요. 아리랑 철철철이 배 떠나간다. 저기 가는 저 처자는 나를 보고서 눈질을 한다…

여기 첫머리도 아라랑인지 아리랑인지는 확인되지 않았다. 하지만 적에게 잡혀와 죽을지 살지 모르는 판에 자기 부모나 할아버지의 나라를 그리면서 아리랑을 불러주는 심정이 어땠을까 하고 생각하니 가슴이 뭉클하다. 비록 완벽하게 끝까지 불렀던 제대로의 가사는 아닐지라도, 또 무슨 뜻인지나 알고 불렀는지는 몰라도, 아무튼 그런 정황에서 아리랑을 불렀다는 것이 한민족의 피가 흐르고 있음을 입증해준다.

그간 일본군에 끌려가 동남아 각 지역에서 오랫동안 외롭게 살다 우리말은 다 잊어버렸어도, 아리랑만은 잊지 않고 불러본다는 위안부 할머니들의 증언을 들으면 이것이 바로 민족음악이란 것을 실감하게 된다.

어디 그뿐인가? 2014 소치동계올림픽의 피겨스케이팅에서 동메달을 딴 카자흐스탄 데니스 텐(당시 20세)은 항일의병대 출신 민긍호의 5세이다. 잠시 그의 가족사와 '의병대아리랑'에 대하여 알아보자.

일본군이 1907년 고종황제를 폐위시키고, 한국군을 해산할 때, 백성들이 몰려들어 항의하고 대항하자 일본군은 총칼로써 죄 없는 한국인을 무참하게 죽였다. 이때 민종식은 충남 홍주성에서 의병을 일으켰으며, 이어서 의병들이 전국에서 벌떼 같이 일어났다.

원주, 홍주, 진주, 강화에서 진위대와 분견대 군인들이 봉기하여 무기고를 점령했고, 전라도 임실, 무주, 장성, 함평에서도 의병들이 일어났다. 경상도 북부일대와 경기도 장단, 덕천, 맹산에서, 충청도 공주에서, 황해도 평산과 함경도 평안에서도 일시에 일어났다. 안중근은 경원일대에서, 홍범도는 삼수갑산에서 의병을 일으켰다. 이때 의병들은 의병대아리랑을 부르며 맨손과 죽창으로 일본의 총칼에 맞섰다.

당시 원주 진위대 특무정교(현재 준위계급)였던 민긍호는 부대를 없애려는 일제에 항거하여 병사 300명을 이끌고 의병을 일으켰다. 그는 이듬해 결국 원주에서 붙잡혀 적의 총탄에 죽었고, 부인은 아들과 딸을 데리고 북만주를 거쳐 연해주로 피신했다가 1934년 스탈린의 강제이주정책에 의해 카자흐스탄으로 강제이주해서 살았다. 그렇게 해서 거기서 정착하게 된 후손들 중의 하나인 데니스 텐은 바로 민긍호의 외손녀인 김 알렉산드리아의 손자로서 민긍호의 5세인 셈이다. 그들은 민족의 대이동을 따라 옮겨 살면서도 아리랑만은 잊지 않고 불러오면서 꿋꿋이 살아남으면서 조국을 그리워했다고 했다. 이것이 바로 아리랑의 힘이다.

그런데 앞서 이 두 고려인 병사가 불렀던 아리랑이나 다른 어느 아리랑에서도 **"나를 버리고 가시는 임은 십리도 못가서 발병 난다"**는 가사는 하나도 없었다.

1860년경부터 아리랑을 다 뒤져보아도, 또 유학생아리랑, 고려인아리랑, 의병대아리랑, 독립군아리랑, 그리고 광복군아리랑을 다 뒤져보아도 그런 가사는 없다. 어느 아리랑이건 당시의 어려움을 이기고서 내일의 꿈과 희망을 노래하고 있었다. 반면에 20세기 들어와서 뒤 늦게 생긴 아리랑의 거의는 일본의 침략과 수탈에 맞서고, 독립을 노래하는 항일운동 정신이 깃든 아리랑이다. 그러니 우리가 요즘 자주 부른 아리랑은 순전히 일제 강점기 때 새로 생겨난 가사이다. 그리고 일본은 아리랑을 '나를 버리고 가시는 임'이란 뜻을 강조하고 그 뜻으로 '我離娘'이란 한자식 신조어를 만들어 퍼뜨리고 교육시켰다. (나의 이론)

사실 아리랑은 우리민족의 대표적인 민요이며, 2012년도에 세계문화유산으로 등재가 된 민족적이며 세계적인 음악인데, 국민들의 대다수가 그 가사의 뜻을 아직도 제대로 모르고 있으니 안타깝기만 하다. 세계문화유산 등재 시 그 가사 뜻을 과연 뭐라고 했을까가 궁금하다.
설마 '나를 버리고 가시는 임은 십리도 못가서 발병이 난다'라고 했을까? 그래서 우리는 한(恨)을 품은 민족이라고 의미를 부여했을까? 그렇게 된 것이라면 정말로 통탄할 일이다.
우리의 민족혼과 얼이 살아있는, 그래서 해외 2세, 3세, 5세 동포들도 어디서 아리랑이 들려오거나 자신이 부르고 있을 때면 왠지 모르게 가슴이 뛰고 눈물을 흘리게 하는 그런 아리랑인데, 그 본래 정신을 찾지 못하고, 일본이 정해놓은 엉뚱한 해석과 혼으로 가사를 따라 부르고 있으니 개탄할 일이다.

한국을 사랑하는 미국인 헐버트(Homer B.Hulbert)박사는 1896년 최초로 아리랑 악보와 영문가사를 만들면서도 의아해했다. 한국인들에게 아리랑 가사의 뜻을 아무리 물어보았지만 모두가 모른다고 해서 이상하다고 생각했단다. 그러면서도 한국인들은 밥 먹듯 언제나 수시로 아리랑을 부르며 살아간다고 회고하고 있었다.
헐버트가 경기도지방에서 채보한 아리랑에도 "나를 버리고 가시는 임은 십리도 못가서 발병 난다"는 가사는 없다. 이름도 아리랑이 아니고 A-RA-RUNG 으로 되어있어 '아라렁'이라고 불렀다.

"아라렁 아라렁 아라리요, 아라렁 얼싸 배 띄워라. 문경새재 박달나무 홍두깨 방망이로 다 나간다." 요즘 강원도아리랑 등에 자주 나오는 가사의 노래가 그 때 경기도 지방에서도 자주 불렸던 모양이다.

헐버트는 이 보다 10년 앞선 1886년부터 아리랑을 채집하였고, 같은 해 미국의 여동생에게 보내는 편지에도 한국의 옆집아이가 부른 아리랑을 악보로 그려 보냈다는 기록이 있다.

또 1896년 7월 미국의 인류학자 엘리스 플레처는 미국 워싱턴에서 조선인 유학생 3명이 부른 노래를 녹음했는데, 11곡 노래 중에서 3곡이 아리랑이었다고 한다. 아리랑을 불렀던 세 학생들의 이름과, 그 아리랑 녹음이 지금도 미국의회 도서관에 소장되어있다고 하니, 아리랑은 과연 우리 민족음악이라 할 수 있겠다. 그 학생 이름은 이희철, 안정식, Son Rong이었다.

이어서 이상준이 1914년에 당시 조선속곡집(朝鮮俗曲集)에 채보한 악보 중에 '아르렁타령'도 그 가사가 헐버트의 아리랑과 같다. 또 당시 이상준(李尙俊)이 별도로 채보와 가사를 올린 아리랑도 있다.

"아리랑 아리랑 아라리요, 아리랑 고개로 넘어간다. 십리를 간다고 찌걱거리더니, 오리도 못가서 발병 낫네."로 되어 있다. '찌걱거리다'는 아마 '큰 소리 치더니'란 뜻이 아닌가 싶다.

여기 어디에도 '나를 버리고 가시는 임은'은 없다. 여기서 이 '십리를 간다고 찌걱거리더니, 오리도 못가서'가 후일 누군가에 의해, 아니면 일본에 치밀한 계획에 의해 '나를 버리고 가시는 임은 십리도 못가서 발병난다'로 변하지 않았을까하는 생각이 든다. 그 후 1926년 나운규가 '아리랑' 영화를 제작, 감독, 주연으로 출연하여 상영하면서 그 영화주제가로 아리랑 가사를 자신이 직접 붙였다고 후일 술회한 적이 있다. 이를 우리는 '신아리랑' 또는 '본조아리랑'이라고 부르기도 한다.

나운규는 1911년부터 14년 사이 북한 회령에서 소학교 다닐 때 이 아리랑을 들었는데 그게 너무나 심금을 울리고 좋았기에 남쪽에 와서 살면서도 다시 듣고 싶었으나 같은 아리랑을 듣지는 못하였다고 했다. 어렸을 때 들었던 아리랑은 당시 청진에서 회령까지의 철도를 놓기 위해 남에서 올라간 일꾼들이 불렀던 노래였다. 그런 사연이 있었던 나운규는 자기가 이 아리랑 영화 주제가에다 나름대로 가사를 붙였다고 했다.

나운규는 1931년도에 발행한 '영화 소곡집'에 '나를 버리고 가시는 임은 십리도 못가서 발병이 난다'라고 가사를 붙였던 것이다. 그리고 그 전후로 점차 이러한 가사가 더러 눈에 띄게 된다.

당시 이 영화가 널리 상영되고 흥행을 이루면서 (신)아리랑이 지금의 아리랑 가사로 굳어진 것이 아닌가한다. 아리랑이 널리 확산되고 민족운동이 꿈틀거리려하자 당황한 일본은 그대로 가만히 보고만 있을 수가 없었을 것이다. 어차피 아리랑이 급속히 번지자 아리랑 뜻 자체를 왜곡하여 민족정신을 말살하는 방법을 모색한 것이다. 그래서 마침내 조선인 비하운동을 전개하면서 1930년에 아리랑에 대한 가사와 그 해석을 조선총독부 기관지에 실었다. (나의 이론)

'조선 민요 아리랑에서' "나를 버리고 떠난 임"을 강조하고, 그 한자를 '我離娘'으로 표기하여 퍼뜨렸다. 이건 분명 억지로 맞춘 한자어임을 알 수가 있다. 본래의 아리랑은 한자로 표기 할 수 없는 말이었다. 굳이 표기하려면 '阿里郞' 정도라고 할 수 있을까? 아(我)자가 들어가는 아리랑은 본래부터 존재하지 않았다. 리(離)자도 억지로 맞춘 글자이다.

여기서 참고로 아리랑에 대한 또 다른 의견도 한번 들어보자. 우선 러시아 인류학자인 추지노부와유계라심이 하는 말이 관심을 끈다.

"본래 아리아는 천손족인 '하늘의 아들' 이란 뜻으로, 아리아는 신성하다는 뜻이기도 하다. 인종학적으로 한민족은 고대 아리아족에서 동쪽으로

이동했는데 아리아족과 아리랑은 유관하다."

우리나라 이종대님도 같은 이론을 가지고 있다. 아리랑은 떠나간 임이 아니라, 하늘의 주인 곧 '하느님'이란 뜻이란다. 그리고 '아리'는 하늘을 뜻하는 '알'의 변음이고, 랑(郎)은 사내, 남편 외에도 '주인'이라는 뜻이 있다고 했다.

일본인들도 이 정도는 알고 있었다. 한민족이 천손족이고, 고대 아리아족이 동쪽으로 미래의 찬란한 꿈을 찾아 이동한 민족이란 것을!

그러니 이동민족으로서 떠나간다는 말을 넣기는 넣어야 되겠는데 어떻게 떠나가야 하는가 하고 그들은 고민했을 것이다. 이왕이면 '임을 버리고 떠나자' 그래서 '발병이 나자' 하지 않았나 한다. 일본이 '내가 여자를 차버리고 떠났다'고 하면서 한민족의 정신을 비하하여 아리랑의 한자를 '我離娘'으로 억지 조립해서 표기한 것으로 본다. (나의 이론)

일본이 아리랑을 비하해서 퍼뜨렸다는 이러한 생각은 아리랑의 권위자 조용호 박사도 이미 언급한 바가 있다.

필자가 왜 이러한 생각들을 하게 되는가 하면 그들은 이미 그 전부터 조선에 대하여 민족혼과 문화말살정책을 지시하고 있었기 때문이다.

일본이 이보다 앞서 1922년 조선총독부를 통하여 고등경찰에게 보낸 지시문을 한번 보자. 조선총독부 고등경찰 요사에서 발췌한 것을 입수한 것으로 참으로 놀랄만하고 치가 떨리는 내용이다.

"먼저 조선인들이 자신의 역사와 전통을 알지 못하게 하라. 그러므로 조선민족의 혼, 조선민족의 문화를 상실하게 하라. 그들의 조상과 선인들의 무능과 악행을 들추어내되 그 것을 과장하여 조선인 후손들에게 가르쳐라. 조선인 청소년들이 그들의 부모 조상들을 멸시하는 감정을 일으키게 하여 그 것이 기풍이 되게 하라. 그렇게 함으로서 조선인 청소년들이

자국의 모든 인물과 사적에 대하여 부정적인 지식을 갖게 하고, 반드시 실망과 허무감에 빠지게 하라. 그럴 때 일본의 사적, 일본의 문화, 일본의 위대한 인물들을 소개하면 동화(同化)의 효과가 지대할 것이다. 이것이 제국(帝國)일본이 조선을 반(半) 일본인으로 만드는 요결인 것이다."

실로 무섭도록 끔찍한 내용들이다. 그리고 그들은 실제 그렇게 실행에 옮겼던 것이다.

그러니 아리랑에 대하여 그대로 있었겠는가? 정말 그들의 지시대로 한민족을 비하하고 잘 못되기를 바라서 그랬다면, 아리랑 가사에서 그 다음으로 연상되는 가사가 떠오른다. 속된 말로 하면 나를 버리고 가시는 임은 십리도 못가서 확 꼬꾸라져라. 하는 다음 단어가 연상된다. 꼬꾸라지면 죽는다. 그러면 역사도, 민족도 말살되고 만다.

만약 이러한 일본의 교육과 계도 하에서 배웠던 아리랑이라면, 그리고 그렇게 보급되어서 불렀던 아리랑이라면 차라리 그 오래오래 전에 우리 동포들이 해외로 나가서 살면서 부르고, 또 그 2세, 3세, 4세들이 따라서 불렀던 아리랑이야말로 더 원형이 잘 보존된 아리랑이라고 할 수 있다.

한민족은 천손족(天孫族)으로 한인 한국(桓仁, 桓國)시대 파미르고원의 천산(天山)을 근거지로 살다가 기후변화로 사막화가 되자 동쪽인 바이칼로 이주하여 정착하였다. 우리는 그 곳을 천해(天海)라고 불렀다. 바이칼(Vaical호)은 신들의 고향이란 뜻이기도 하다.

그 때 하늘에서 내려준 언어인 지상 최초의 경전인 81자로 된 천부경(天符經)이 있었고, 머리에는 천지화(天指花)를 꽂고 다녔다. 이를 두고 천지화랑(天指花郎)이라고 불렀다.

커밝한 한웅천제께서 음력 10월 3일을 개천절로 하여 배달한국을 건국하고 홍익인간(弘益人間), 재세이화(在世理化) 정신으로 통치하였고, 그 때 어아(於阿) 어아, 환(桓), 창경(唱經), 환무(環舞), 답정(踏庭)이란 말들을 즐겨 사용했다. 그러니 개천절은 사실 단군조선이 아니고, 그 보다 1,596년이 앞선 배달한국 커밝한 한웅천제부터이어야 하고, 홍익인간도 단군의 개국이념이 아닌 한국시대(桓國時代)나 아니면 최소한 배달한국인 한인시대부터라고 해야 옳다. 배달국의 치우천황 때 우리 땅이 가로가 2만리요, 세로가 5만리라고 했다.

소설 '25시'의 작가이며 신부인 프랑스 사람 게오르규는 **"빛은 동방에서 온다. 그 빛은 한국에서 온다."**고 말했다.

1972년을 시작으로 몇 번을 한국에 왔던 그는 한국에 올 때마다 홍익인간에 대하여 극찬을 하면서 **'단군은 민족의 왕이며, 아버지이며, 주인이다. 그가 한민족에게 내린 헌법은 한마디로 홍익인간이다. 한국은 다른 종교를 많이 받아들였지만 홍익인간의 단군법은 다른 신앙과도 모순되지 않아 5,000년이나 가능하게 내려온다.'**고 역설한 바가 있다. 그러면서 홍익인간은 21세기에 지구촌을 아우를 수 있는 강력한 정치이념이라고 했다. 그의 말대로 홍익인간은 단지 한민족만을 위한 정신이 아니라 전 인류를 위한 교육이다.

이렇듯 우리민족의 정신문화를 잘 말해주는 노래는 단군 2세인 단군 부루 58년(B.C 2240)에는 '어아가(於阿歌)' 라는 노래였다. 임금의 큰 덕과 백성의 화목을 노래한 것이다. 여기서 어아가는 배달시대부터 백성들 사이에 널리 애창된 노래이며 고구려 광개토대왕도 전쟁 시 언제나 병사들로 하여금 어아가를 부르게 하여 병사들의 사기를 돋우었다. 그 어아가는

(어아 어아) 우리 조상님 크신 은혜 높은 공덕, 배달나라 우리들 누구라도 잊지 마세. (어아 어아) 착한 마음 큰 활 이고, 나쁜 마음 과녁일세. 우리들만 사람은 누구나 큰 활이니 활줄처럼 똑 같고, 착한 마음 곧은 화살 한 맘으로 똑 같아라. (어아 어아) (중략) 한배검(大組神)이시어, 한배검이시어!

여기서 어아 어아 하고 같이 호흡을 맞추어 노래하는 것은 단결을 위함과 동시에 힘을 불어넣어서 흥이 나게 하고, 슬플 때 이를 잊게 하기 위해서 내는 소리이다. 무거운 짐을 여럿이 지고 울력할 때나, 상여를 메고 갈 때에 내는 상여소리 '어어 어하, 어허 어어' 또는 '어노 어노' 등 지방에 따라 여러 형태의 비슷한 소리가 많이 있다. 그러니 어(於) 하고 선창하는 말과 아(阿) 하고 대답하는 말은 우리민족과 함께 오랫동안 살아남은 말이기도 하다.

또 단군조선 시대에도 자주 불렀던 애한가의 노래에도 정이 간다.

"산에는 꽃 피네, 꽃이 피네" 하고 부르는 애한가(愛桓歌)도 민족의 노래이다.

위에서 보았듯이 우리민족은 그저 한데 어울려 밤새껏 노래하고, 춤도 추고, 서로를 위하며 살아왔음을 볼 수 있다. 아사달(阿斯達)도 그런 상서로운 말이요, 오늘의 아리랑도 결국은 같은 의미에서 나온 좋은 뜻의 말이다. '아리아리, 아리아리, 아라리요.'가 다 같이 흥겹고 정겨운 말이다. 어아 어아의 어(於)와 아(阿)라는 말도 좋은 뜻으로만 써 왔다고 본다.

그래서 우리가 부르는 아리랑도 본래부터 '아리랑'이라고 뚜렷이 붙여진 이름이 아니고 앞에서 보았듯이 아라렁, 아라랑, 아르랑, 아르렁타령, 아리 아리, 아랑 아랑, 어랑 어랑 어랑 등 비슷하게 다양한 소리로 이어져 왔음을 알 수 있다.

거기서 자연스럽게 나온 아리랑의 아(阿)자를 일본은 '나를 버리고 간다는 뜻을 강조하기 위해 '아리랑'을 나란 뜻의 아(我)자를 쓰고, 또 떨어져 간다(버리고 간다)는 리(離)자를 갖다가 붙였으며, 마지막 랑이나 렁의 소리글자를 아가씨낭(娘)자로 억지로 갖다가 붙여 '아리낭(我離娘)으로 만든 것이다. 우리 아리랑의 본 취지와 유래, 그리고 본래의 뜻과는 아무 관계가 없는, 너무나도 거리가 먼 한문 글자이다. (나의 이론)

본래의 아리랑은 지금과 같이 '나를 버리고 가시는 임은 십리도 못가서 발병이 난다'처럼 어느 한 구절만 계속해서 같게 부른 것이 아니고, 그때 그때마다 가사만 적절히 가져다 붙여 상황에 맞게 부르면 되는 것이다. 음률만 서로 같지 그 가사는 무궁무진하게 변하는 것이다. 그래서 아리랑의 종류가 50여 종에 노랫말만해도 6,000여 수가 된다고 하지 않는가? 그저 언제 어디서고 가사만 가져다 붙이면 되는 것이다. 그런데 지금 우리가 부르고 있는 아리랑의 대부분은 영화 아리랑에 나오는 신아리랑인 '본조 아리랑'으로 꼭 "나를 버리고 가시는 임은 십리도 못가서 발병난다"가 거의 다 들어간다. 이제는 그게 대표적인 가사가 되어버렸다. 바람직하지 못하다. 진도아리랑 중에 이런 대목이 있다.

청천 하늘에 잔별도 많고, 우리네 가슴엔 희망도 많다
(아리아리랑 스리스리랑 아라리가 났네 아리랑 고개를 넘어간다)

본래의 가사는 '청천 하늘에 잔별도 많고, 우리네 가슴엔 수심도 많다'인데 이를 이제는 '수심' 대신 '희망'이라고 고쳐서 가사를 희망적으로 바꾸어 부르고 있는 것이다.

당연히 민족음악이라면 이렇게 미래지향적이고 희망을 노래해야 한다. 십리도 못가서 발병이 나면 되겠는가? 그러니 어쩌면 앞에서 소개한 독일의 포로수용소에서 부른 러시아 포로병인 고려인 3세들의 고려인아리랑에 관심이 갈 수밖에 없다. 비록 매끈하게 부른 아리랑이 아니더라도 그 의미가 크다고 하겠다. 그 아리랑에는 그 흔한 '나를 버리고 가시는 임은 십리도 못 가서 발병이 난다' 는 구절은 하나도 없기 때문이다.

여기 아리랑이 하나 더 있다. 농사지을 땅을 찾아 가족과 함께 괴나리봇짐을 짊어지고 북간도로 힘겹게 떠나며 부르는 속칭 '북간도아리랑'이다. '상주아리랑'이라고도 부르는 이 아리랑은 힘겹게, 그리고 천천히 부르는 아리랑이다.

(아리랑, 아리랑, 아라리요, 아리랑 고개를 넘어간다)
괴나리봇짐을 짊어지고 아리랑 고개를 넘어간다
아버지, 어머니 어서 오소. 북간도 벌판이 넓답디다
(아리랑, 아리랑, 아라리요, 아리랑 고개를 넘어간다)
쓰라린 가슴을 움켜쥐고, 백두산 고개로 넘어간다.

(아리아리 스리스리 아라리요, 아리랑 고개를 넘어간다)
웬수로다, 웬수로다, 웬수로다. 총 가진 포수가 웬수로다
(아리아리 스리스리 아라리요, 아리랑 고개를 넘어간가)
말깨나 허는 놈 재판소 가고, 일깨나 허는 놈 공동산 간다
(아리아리 스리스리 아라리요, 아리랑 고개를 넘어간가)

   무거운 봇짐과 함께 지고 가는 한(恨)과 시름을 한 점 한 점 길 위에 내려놓으며 천천히 뽑고 나면 어쩐지 마음이 후련하고 기분이 좋아지는 신비한 마력을 가진 노래가 바로 우리의 아리랑이다. 슬픈 노래가사이지만 해학적이면서도 스트레스를 푸는 작업으로써 천천히, 그리고 또박또박 부르는 이 소리가 화살처럼 가슴에 와 박힌다.
   비록 오늘은 힘이 들고 어렵지만 노래를 부르고나면 환한 무지개가 하늘에 보이고, 하늘이 환하게 밝아 옴을 느낄 수 있다. 환(桓)하다는 것은 우리민족 한인(환桓仁)시대, 한웅(桓雄)시대라고 부를 때 쓰는 '밝을 환(桓)'자이다. 환(桓)은 한(韓)과 함께 '한'으로도 읽으며 빛이 환하게 밝아온다는 한민족이 사랑해서 써왔던 말이며 글자이다. 또 환(桓)은 오늘의 한(韓)으로서 결국 같은 글자라고 역사학자들은 말하고 있다. 그러니 아리랑은 발병이 나기는커녕 꿈이 펼쳐지고 신바람을 불어오게 하는 아리랑 이어야 한다. 그래서 아리랑은 노래를 부르고 나면 나중에는 희열과 함께 빛이 환하게 밝아오는 것을 느끼게 하는 우리 한민족의 음악이다.

판소리는 스토리텔링의 원조이며, 슬픔을 희열로 바꾸는 마력이 있다

아무리 생각해도 이상한 일이다. 그런 것이 어떻게 가능할까? 슬픔과 고통이 기쁨과 희열로 바뀔 수가 있다? 도대체 이해가 안 간다. 그럴 리가 없다. 그게 마술이란 말인가? 아니 그게 가능할 수가 없다.

슬픈 영화는 보고나면 슬픔 그대로 남는다. 또 슬픈 음악도 듣고 나면 슬픔 그대로 남는다. 다시 보고 다시 들어도 그렇다. 그림도 마찬가지다.

필자가 1980년도 초에 노르웨이 오슬로의 뭉크 그림박물관에서 뭉크의 명화(名畵) '스크림(scream)'을 처음으로 보았다.

어느 여인이 고통스러워 자신의 얼굴을 거머쥐고, 눈은 크게 뜨고, 입을 크게 벌리며 울부짖고 있다. 우리말로 '절규'라고 하는 이 그림은 누구에게나 처음 볼 때의 그 감정이 영원히 바뀌지 않고 항시 그 모습으로, 그 영감으로 아직도 우리에게 다가온다.

필자가 보는 그 순간 그림이 어딘가 달리 눈에 와 닿기에 그 그림이 표지에 실린 그림책을 하나 사 왔었다. 그랬더니 최근에 그 그림이 경매에서 우리 돈으로 2,400억 원에 낙찰이 되었다는 기사를 보았다. 지금 생각해도 그 그림속의 여인은 어딘가 슬프고, 불안하고, 공포에 쌓인 절규를 하고 있는 것으로 남아있다. 그 그림도 최근 도난을 당했다가 찾았다고 들었다.

그림과 같이 슬픈 소재의 오페라나 뮤지컬도 감상하고 나서 아무리 세월이 흘러도 슬픔은 슬픔 그대로 남는 법이다. 아무리 좋고 감동적인 노래나 팝송도 슬픔이 기쁨으로 바뀌지는 않는다. 그러나 우리 판소리는 슬프디슬픈 노래를 실컷 높이 부르고 나면 오히려 속이 후련해지고 마음이 가벼워진다. 그리고 기쁨과 희열이 뒤따른다. 용서와 화해도 뒤따른다.

춘향과 이도령의 이별을 한번 살펴보자. 누구나 갑자기 당하는 이별에는 말 할수없는 아픔과 슬픔이 따르는 법이다.

춘향이도 처음 이도령이 이별하자고 하는 말을 듣고 버럭 화를 내며 악정(惡情)으로 내 뱉는다. 자신의 치마를 쫙쫙 찢어버리면서 거울도 들어다가 방바닥에 내던져 깨버린다. 도련님은 놀라 말문이 막힌다. 춘향이가 무섭다. 춘향은 거의 이성을 잃고 도련님에게 대든다.

"전에 했던 그 말이 재담이요, 농담이요, 실담이요, 패담이요? 전년 오월 단오 날 여기에 날 찾아와서 도련님은 바로 이 자리에 앉고, 저는 저 자리에 앉았을 때 도련님이 뭐라고 말했소? 말을 해보세요. 입이 있으면 말을 해보란 말이오. 맹세 구름이 저기 떠 있으니 어서 말을 해보라니까요." 하면서 사정없이 몰아붙인다.

이 때 문 밖에서 가만히 듣고 있던 춘향 모친. 처음에는 서로 사랑싸움을 하는 줄 알고 "아이고, 저것들 벌써 사랑싸움 하는구나" 하고 속으로 웃으며 별로 대수롭지 않게 생각하고 있다가 가만히 들으니 그게 아니구나. 하고 우루루루 방으로 뛰어 들어간다.

춘향모친은 방문을 확 열어젖히더니 두 소매를 걷어 올리며 먼저 춘향을 나무란다. "너 그럴 줄 내 알았다. 네가 분수껏 놀아야지, 어디 감히 사또 자제하고 놀아, 이것아. 정말 잘되고 잘되었다." 하고 핀잔을 주더니 이제는 도련님 차례다. 도련님 앞으로 달려간다. 아이고, 무서워라.

"도련님, 나하고 말 좀 하여보세."

이젠 아예 반말이다. 내 딸이 어디가 모자라 그러느냐고 대든다. 얼굴이 밉던가, 언어가 불순하던가, 행실이 잡스럽고 음란하던가? 어서 말을 좀 해보란다. 자네가 이별하고 올라가려면 아예 춘향이도 죽이고, 이 늙은 어미도 죽이고, 아예 향단이까지 죽여 땅에 묻고 가면 갔지, 살려두고는 못간다고 한다. 향단이는 또 무슨 죈가?

장모가 어찌나 큰소리를 쳐서 온 동네가 떠나갈 듯이 퍼붓던지 도련님은 더욱 어쩔 줄을 모른다. 이 일을 아버지가 알면 큰일이다. 아니 남원에 소문이 쫙 퍼지면 한양까지 알려질 것이니 더욱 큰 일이 아닐 수가 없기에 전전 긍긍하고 있을 뿐이다. 이때 춘향은 은근히 겁이 나기 시작했다. 그리고 도련님이 좀 측은해 보였다. 자신이 한번 혼 줄을 냈는데 어머니까지 이렇게 나오다니 도련님께 조금은 미안했다.

춘향 자신도 한 바탕 퍼붓고 났더니 이제는 조금 마음이 가라앉았다. 춘향은 이제 이별을 기정사실로 받아들이고 싶었다.

"어머니는 건너 방으로 건너가시오. 나는 오늘 밤 도련님과 헐 말이나 헙씬(흠씬) 허고, 울음이나 실컷 울고 내일 이별헐라요."

어머니는 그리는 안 된다고 조금도 물러서지 않는다. 그렇게는 못한단다. 그러면서 다시 늦은중모리로 네가 따라가던지, 죽든지, 살든지, 이제 나는 모른다고 말하면서 포기해버린다.

춘향은 이제 마음을 비웠다. 누구나 한번 그렇게 울부짖고 나면 마음이 후련하고 가벼워진다. 이것이 우리의 판소리이다. 그 순간 슬픈 감정은 없어지고 새로운 희망의 싹이 튼다. 모든 것이 용서되고 슬픔과 좌절은 다시 기쁨과 즐거움으로 변한다. 이제 술상을 받아들고 들어온다. 어차피 이별은 이별주가 있어야 하기 때문이다. 이 술 한잔을 잡수시고 한양을 가시다가 우리들의 추억도 생각하며 잘 올라가시라고 부탁도 한다. 먼 길을 가시려니 피곤할까 염려도 된다고 오히려 걱정도 해준다. 그리고는 왕유의 '송원이사안서(送元二使安西)' 시 한 대목을 진양으로 읊으며 술 잔을 권한다. 도련님은 너무 고마워서 술 한 잔 마시더니 그간 인생사에 여러 이별이 있었다고 노래한다.

　도련님은 자신이 아는 여러 이별을 소개한다. 한나라 무제의 신하로 흉노국에 사신으로 갔다가 그곳에 억류되었던 소중랑(蘇武) 이야기도 노래한다. 소중랑은 그곳에 있으면서 결혼하여 아들을 낳아 기르다가 다시 한나라로 돌아오는데 부인은 못 데려오고 아들 통국(通國)만 데리고 와야 하는 슬픈 모자(母子)이별을 노래했다. 또 오나라와 월나라가 싸울 때 남정네는 모두 전쟁터에 불려나갔으며 그 때 부부들은 모두 생이별을 하게 되었는데, 그 슬픈 부부이별도 있다고 노래했다.

　항우가 한유방의 군사들에게 포위되었을 때 총희(寵姬)인 우미인(虞美人)은 자살을 하게 되는데, 그때 항우와 우미인의 슬픈 이별도 있었다고 노래한다.

　한나라 원제 때 궁궐을 떠나 흉노에게 팔려가는 왕소군의 한궁(漢宮)이별도 가슴 아프다고 했고, 또 춘향이가 방금 노래한 중국의 서쪽 양관에서 친한 벗과 함께 술 한 잔을 나눈 뒤에 헤어져야하는 애틋한 붕우(朋友)이별도 있다고 했다. 이러한 여러 가지 이별이 있지만 우리들의 이별은 꼭 상봉할 것이니 너무 걱정하지 말라고 위로한다.

　지금 세상에도 이러한 이별주를 마시다보면 이제는 이별도 슬프거나 외롭지 않을 것만 같았다.

　어디 춘향가뿐이겠는가? 심청가에서도 마찬가지다. 심봉사가 마누라 약을 지러 갔다가오니 마누라는 벌써 죽어있었다. 그는 약그릇을 방바닥에다 내던지며 통곡을 한다. 펄쩍 뛰었다가, 허허 하고 웃었다가, 큰 소리로 온 동네 사람들에게 곽씨부인이 죽었다고 중중모리로 외치기도 한다.

또 상여가 나갈 때도 심봉사는 상여를 붙들고 울어댄다. 나하고 같이 가세, 나하고 가세. 하며 울어댄다. 상여가 나가는 상여타령에서도 마찬가지다.

북망산천이 멀다더니 저 건너 안산이 북망산 이란다. 물가 가재는 뒷걸음치고 다람쥐 앉아서 밤을 줍고 있는데 먼 산 호랑이는 술주정을 한단다. 사람이 죽어 슬퍼서 어쩔 줄 모르고 울고 난리가 났는데 산 짐승들이야 아무렇지도 않다. 그저 태평하기만 하다. 그러니 더욱 슬프다. 이처럼 사람의 슬픔이 극에 달해 미쳐 날뛸 때는 꼭 중중모리장단이 따라붙고 고수의 추임새가 슬픔을, 아니 흥(興)을 한층 돋구어주게 되어있다.

중중모리는 바로 흥이다. 또 중중모리는 바로 슬픔이다. 중중모리는 이 슬픔과 분노함을 격하게 빨리 몰아서 극으로 달하게 해준다. 슬픔은 더 큰 슬픔으로, 흥도 더 큰 흥으로 키워간다. 슬픔이 최고조에 달하면 그 시점에서, 그 정상에다 모든 슬픔과 고통을 모두 쏟아 내버린다. 이제 슬픔과 고통은 한 순간에 날아가고 흥만이 남는다. 이 정점을 터닝 포인트(turning point)로 하여 슬픔은 다시 기쁨과 희열로 바뀌게 된다. 이것이 바로 우리 판소리이다. (나의 정의)

이런 점이 바로 우리음악이 세계 어느 음악이나 예술과 다르다는 것이다. 그래서 우리음악이 바로 세계음악이라고 한다.

이것이 다 무엇 때문일까? 판소리 때문이다. 소리 한바탕 쏟아내고 나면 마음이 확 풀어진다. 미움과 원망도 없어진다. 정신이 맑아지고 치유가 되기 때문이다.

외국 음악가들이 다 같이 하는 말이다. 몇 년 전 폴란드의 국악전도사 포미아노보스카는 이렇게 말했다.

"한국 국악이 지루하다고요? 내겐 꿈같은 음악이에요. 내가 처음 한국에 와서 판소리 공연을 보고 뭔가 치유되는 느낌을 받았는데, 왜 그런지 모르겠어요. 하여튼 그 때 한국의 국악을 폴란드에 소개해야 되겠다고 마음먹었어요."

또 루마니아 계통인 미국인이며 세계적인 연출가 안드레이 서반은 춘향가를 듣더니 "바로 이거다!" 하고 무릎을 쳤단다. 이국적이면서도 아름다운 음악이라고 하면서, 특히 사랑가는 길거리에 가면서도 쉽게 기억이 나고, 단숨에 귀에 꽂히는 후크송 같다고도 했다.

최근에 프랑스인 에르베 페조디에라고 하는 음악가이며 극작가도 우리 판소리를 프랑스어로 번역하고, 또 공연예술로 만들기 위해 한국인 그의 아내를 데리고 국내에 들어와서 판소리에 대하여 이렇게 극찬한 일이 있다.

"한국의 전통과 고전에서 유럽이 잃어버린 신비를 찾을 수가 있다. 특히 판소리는 비극과, 유머와, 시대를 모두 안고 있는 세계적인 콘텐츠이다."

이처럼 판소리는 요즘 자주 말하는 스토리텔링의 원조이다. 그간 우리들은 춘향가를 비롯하여 여러 판소리를 가지고 얼마나 많은 장르의 콘텐츠를 만들어왔는가? 영화도 만들고, 창극도 만들고, 뮤지컬도 만들고, 만화도 만들었다. 소위 속된 말로 표현 한다면 판소리 덕으로 전통예술을 오랫동안 잘 우려먹었다.

이제 우리는 우리 문화를 좀 더 개발하고 발전시켜야 할 의무가 있다. 이처럼 판소리는 스토리텔링의 원조인 것이다. 다시 말하지만 판소리 하나만 잘 만들어도 두고두고 그 작품을 각색도 하고, 다른 장르의 콘텐츠로도 개발하여 수 십 가지, 수 백 가지의 문화콘텐츠가 나온다는 것이다.

마치 우리의 전통 장(醬)인 간장·된장·고추장을 잘 활용하여 우리만의 독특한 음식문화를 만드는 것과도 같다고 할 수 있다. 바로 이 간장·된장·고추장이 판소리와 같은 이치이다.

간장이나 된장이나 고추장은 잘만 담가 놓으면 그 것이 오래 될수록 깊고 곰삭은 맛이 나서 좋다. 이제 여기에다 필요에 따라 적당한 양의 물만 잘 조절하여 부으면 된다. 이것이 제일의 기술이요, 관건이다. 그 다음에 추가 재료를 넣고 양념을 잘 섞으면 남들은 도저히 따라 할 수 없는 새롭고 우리만의 독특한 맛을 내는 음식을 만들 수 있기 때문이다.

최근 일본과 중국에서 우리의 상고사에 나오는 인물들을 가지고 포켓몬고를 만들어 52조 세계시장을 만들어가고 있다고 한다.

치우천황시절 과보(과부夸父)는 인간이면서 빛보다 빨라 해와 경주를 하였던 장수다. 형요(形夭)라는 장수는 형천(形天)이라고도 부르며 머리가 없고 배꼽 밑에가 눈이 달려 죽여도, 죽여도 잘 죽지 않는 장수다. 다 우리 조상의 장수들이다. 또 상대방 헌원군의 응룡은 곰이 되었다 사람이 되었다하는 무서운 장수였다. 남들은 이처럼 우리의 상고사나 산해경에 나오는 인물과 요물들을 활용하여 엄청난 국부를 챙기고 있는데 반하여 우리는 기존의 판소리나 새로운 창작판소리도 제대로 활용을 못하고 남들 좋은 일만 시키고 있으니 그 또한 안타까운 일이로다. 그러한 일들은 필자가 이미 오래전부터 예상하고 있었던 터였다.

미쳐야 이루어진다

어와 세상 속객(俗客)들아,
술 한 잔이 생각나면

적벽가에서 와룡선생 제갈공명은 자신을 찾아 온 유현덕과 관우·장비의 의형제가 대문 밖에서 한나절이나 기다리는데도 낮잠 한숨 느긋하게 푹 자고 일어나서 시 한수를 읊는다.

**대몽수선각(大夢誰先覺)하니 평생아자지(平生我自知)라
초당춘수족(草堂春睡足)하니 창외일지지(窓外日遲遲)라**

큰 꿈을 누가 먼저 꾸려고 하는지 나는 이미 알고 있느니라. 초당에서 봄날 낮잠을 한숨 푹 자고나도 창밖의 해는 아직도 지지 않고 길기만 하구나.

이러한 시를 읊고 나서 와룡선생은 동자(童子)를 부른다. 동자가 달려가자 와룡은 유비형제들이 찾아올 것을 미리 알고 있었으면서도 모른 척 하

며 "밖에 속객(俗客)이 왔느냐?"고 묻는다.

동자가 여쭈기를 전일 왔던 유황숙이 세 번째 와서 기다린 지가 한나절이나 되었다고 하니 그러면 왜 고(告)하지 않았느냐고 능청맞게 딴 소리를 한다. 여기에 나온 동자(童子)라는 단어는 언제나 우리 어른들의 마음을 깨끗하게 씻어주는 청량제(淸凉劑) 역할을 하여 좋다. 항시 신비함이 있어 좋다. 동자하면 우선 절에 어린 동자승(童子僧)이 생각난다.

사월초파일이면 언제나 TV에서 비춰주는 까까머리의 동자스님은 티 없이 맑고 귀엽기만 하다. 그래서 동자(童子)는 언제나 어른들에게 마음의 거울이요, 스승이라고도 할 수 있겠다.

우리는 동자에게서 착한 마음과 아무 세상 물정을 모르는 그 순수함을 본받아야 한다. 그래서 선인(仙人)들이나 유명한 시인들은 항시 동자를 가까이했다.

춘향가 기생점고대목에서 행화(杏花)란 이름을 가진 기생을 부르면서도 두목(杜牧)의 '청명(淸明)' 시 한수를 차입한다.

차문주가하처재(借問酒家河處在) 목동요지행화촌(牧童遙指杏花村)

풀이하면 지나가는 과객이 동자를 불러 "아이야, 여기 주막(酒幕)이 어디에 있느냐?"고 묻자 동자는 대답대신 손을 들어 살구나무 꽃이 피어있는 마을을 가리킨다. 주막은 술도 팔고, 밥도 팔고, 잠도 자는, 오늘날의 여관과도 같지만 단순한 여관과는 달리 어딘지 정감이 가고, 운치가 있으며 포근한 그런 분위기를 가져다준다.

이 시가 얼마나 낭만적인가? 동자가 달려가 말로써 이리저리 알려주는 것 보다 아무 말 한마디 하지 않고 손가락으로 저기 살구꽃이 핀 마을을 가리켜준다니 정말 멋있는 풍경이 아닐 수 없다.

동자는 또 나온다. 당나라 시인 가도(賈島)의 시 '심은자불우(尋隱者不

遇)'에서도 동자는 살아 숨 쉰다. 우리의 머리를 말끔하게 씻어준다.

송하문동자(松下問童子), 언사채약거(言師採藥去)
지재차산중(只在此山中), 운심부지처(雲深不知處)

소나무 밑에 있는 동자에게 물어본다. 동자야 선생이 어디 계시느냐? 동자가 대답하길 선생께서는 약을 캐러 가셨는데 구름이 많이 끼어 어디에 계신지 모르겠습니다.

와룡선생은 평소 이러한 동자를 곁에 두고 잔심부름을 시키고 있었으니 산 속의 두 사람은 모두 선인(仙人)이나 다름없을 것이다. 앞에서 와룡선생이 말한 속객(俗客)이라함은 자신과 달리 세속에서 사는 일반 사람들을 통틀어 지칭하는 말이다. 산 속에서 수양하고 사는 도사나 신선들이 아닌 속세에서 살아가는 모두를 이르는 말이다. 그러니 우리가 성인(聖人)들, 현인(賢人)들이나, 또 수도자들이 아닌 바에야 모두 속객들 속에 포함되어 있는 것이다.

속객들과 반대되는 사람들이 소위 선인(仙人)들이나 현인(賢人)들이다. 요순시절에 소부(巢父)와 허유(許由) 같이 세상을 등지고 사는 사람들, 세상의 벼슬과 부귀영화를 멀리하고 사는 사람들을 말한다.

백이(伯夷), 숙제(叔弟) 형제처럼 은(殷)나라를 치고 주(周)나라를 세우는 부당함에 맞서 주나라 곡식은 아예 먹지 않겠다고 수양산에 들어가서 고사리나 캐먹다가 굶어 죽은 현인들은 속객이 아니다. 또 상산사호(商山四皓) 네 노인은 세상을 등지고 높은 산에 올라 바둑이나 두면서 세월을 보내는 네 노인들을 말함이니라.

이 노인들은 진시황 때 난리를 피해 상산에 올라 바둑을 두던 노인들로 기리계(綺里季), 동원공(東園公), 녹리(甪里), 하황공(夏黃公)의 네 노인 모두가 눈썹과 수염이 하얗게 세었으므로 사호(四皓)라고 한다. 또 선인들이

거나 현인들로 치는 대표적인 사람들 중에 죽림칠현(竹林七賢)을 빼 놓을 수가 없다.

진(晉)나라 초기에 죽림에 모여 노자(老子), 장자(莊子)의 사상을 숭상하여 시나 읊고 음악이나 즐기면서, 그리고 서로 청담(淸談)이나 나누면서 세월을 보냈던 사람들이다.

혜강(嵇康), 완적(阮籍), 산도(山濤), 왕융(王戎), 유영(劉伶), 완함(阮咸), 향수(向秀)의 일곱 사람이며, 특히 혜강과 완적은 수궁가의 음악잔치에서도 나온다.

수궁에서 용왕이 토끼를 위하여 음악잔치를 여는데 풍악소리가 요란하다.

"왕자진(王子晉)의 봉피리, 곽처사(郭處士) 죽장고, 성연자 거문고 둥기덩기 둥덩, 장양의 옥통소 띠띠루띠띠루, 혜강의 해금이며 고개고개고개, 완적의 휘파람, 격타고 취용적, 능파사, 보허사, 우의곡, 채련곡을 곁들여서 노래할제…"

이렇게 신선과 같이 마신다면 술 한 잔을 해도 좋을 법하다.

이 신선(神仙)같은 분들과 함께 연상되는 부류는 역시 청빈하게 사는 선비들이다.

풍류를 아는 한량들이 살아가는 모습과도 같다. 그래서 단가는 항상 공자께서 한 말로써 이렇게 끝은 맺는다. 단가의 마지막 대목의 그 어원을 알아보자. (나의 정리)

나물 먹고 물마시고, 팔을 베고 누웠으면 대장부 살림살이가 요만하면 넉넉 할거나. 거드렁 거리고 놀아보자.

나물 먹고 물마시고 팔을 베고 누웠으면 즐거움이 다 그 안에 다 있지 아니한가? 그러나 불의로 부자가 되고 귀하게 된다는 것은 나에게는 한날 뜬 구름과도 같으니라.

반소사음수(飯疏食飮水) 곡굉이침지(曲肱而枕之) 악역재기중의(樂亦在其中矣) 불의이부차귀(不義而富且貴)면 어아여부운(於我如浮雲)이라.

가진 것은 없어도 마음은 항시 부자이며, 시나 읊고 소리나 하며 돌아다니다가 술이나 한잔 하는 풍류객들이 좋아하는 말이다. 마음을 비우고, 아무것이나 먹고, 아무데에서나 잠자는 옛 선비들의 생활상이다. 그들은 이렇게 노래했다.

당족이비우(堂足以庇雨)
의족이폐신(衣足以蔽身)
식족이충장(食足以充腸)

사는 집은 비만 막으면 되고, 입은 옷은 몸만 가리면 되고, 먹는 음식은 창자만 채우면 되는 것이다.

맞다. 옳은 말이다. 그랬으면 얼마나 좋고 살기가 편할 것인가? 마치 그들의 삶이 오늘 날 노숙자(露宿者)를 연상케 한다. 이처럼 물만 마시고, 나물을 먹고, 잠은 아무데서나 자고, 술이나 마시며 사는 사람들이 옛 선비 또는 한량이었다. 마치 요즘의 노숙자와 같은 삶이다. 그러나 분명히 다른 것이 있다.

옛날 선비들의 청빈한 생활에는 반드시 풍류(風流)가 있고 시(詩)가 있었기에 요즘에 말하는 그런 노숙자의 생활과는 분명히 다르다. (나의 정의)

술 이야기가 나왔으니 이제 다시 술로 돌아가자. 술 하면 이태백을 빼놓을 수가 없다. 술에 취해 강에 빠져 죽어 고래를 타고 하늘로 올라가서(騎鯨上天) 신선이 되었다고 하니 평소 얼마나 술을 좋아했는지 알만도 하다. 이태백(李太白)은 두보(杜甫)와도 몇번 만났다고 하니 틀림없이 둘이서 같이 술을 앞에 놓고 시를 주거니 받거니 하면서 밤새도록 술을 마셨을 것이다.

이백(李白)이 두보보다도 11살 위이니 서로 형님, 아우 하면서 마셨는지도 모른다. 이처럼 시를 읊으면서, 또 소리를 들으면서 자연과 벗 삼아 술을 마시면 얼마나 좋을까? 기분만 좋아지지 절대 술에 취하지는 않을 듯하다.

사람이 살다보면 특별히 술이 생각나는 날이 있다. 눈이 하얗게 내리는 날이거나, 비가 주룩주룩 내리는 날이거나, 밝은 달이 휘영청 떠 있는 밤이거나, 산들 바람 솔솔 부는 대나무 밭에서나, 벚 꽃이 눈발처럼 휘날리는 나무 아래서나, 눈앞에 폭포수가 떨어지는 절경을 바라보면서 친구와 같이 술 한 잔 하는 것은 인생에 있어서 가장 즐거운 추억 중의 하나가 될 것이다. 물론 그 친구라는 것은 서로 말과 뜻이 통하는 벗 끼리를 의미하는 말이다. 상대방이 여자여도 좋고 남자 끼리로도 좋다.

이런 분위기라면 여자는 이성(異性)으로 보이지 않고 그저 한 사람의 귀중한 벗으로 보일 뿐이다. 낭만적으로 마시는 술 맛도 좋거니와 이별주 또한 색다른 맛이 날 것 같다.

춘향과 도련님이 이별하는 이별가 초두에서 서로는 와상 위에 앉아 술상을 앞에 놓고 진양으로 노래한다. 이때 주고받는 술잔은 이별의 슬픔을 한결 가볍게 만든다. 누구나 이별주 앞에서는 마음이 순해진다. 생각하지 못했던 이별이 갑작스럽게 찾아오면 처음에는 감정을 추스르지 못하고 울먹이기도 하고 뛰쳐나가기도 하다가는 다시 돌아와 앉는다. 일단 이별주는 마셔야 하니까.

이별은 아쉽고 슬프기도 하지만 때로는 발전적 계기가 되기도 하며 때로는 더욱 생산적이기도 하기 때문이다. 오래토록 원한을 가지고 살아가느니 서로 화해하고 좋은 이별을 하여, 영영 그리워하고, 보고 싶어 하는, 그런 이별이 될 수도 있기 때문이다. 그리고 이별에 있어서 꼭 빠지지 않는 것은 이별주(離別酒)이다. 여기서 이왕 술이란 말이 나왔으니 술에 대한 이야기 좀 할까한다. 술이라면 사실 역사가 아주 오래로 거슬러 올라간다. 인류가 생기고 나서 술은 항상 인류와 가까이 있었을 것이다.

우리민족 상고사에도 보면 단군 6세 달문 단제(檀帝) 재위 36년(BC 2078)에 술에 대한 기록을 남긴다. 세상이 점차 어렵게 되어가니 백성 중에는 남의 재물을 탐내거나 도둑질하려는 사람들이 생기게 되었다. 남을 속이려는 사람도 늘어났다. 달문단제가 이를 걱정하고 있을 때 마서자(麻西子)라는 음탕한 사람이 나타나 맛좋은 술을 구하여 단제(檀帝)에게 진상하였다.

이를 맛본 단제는 말한다.

"이것은 과연 달고도 감칠맛이 있도다. 허나 이런 술은 사람의 어진 성품을 상하게 하여 혼미케 하고, 마침내 미쳐 버리게 하는 마약과도 같도다. 후세에 반드시 이런 술로 자신을 망치고, 집안을 망치고, 나라를 망치게 하는 자가 속출하리라."

달문 단제는 그 후로 다시는 마서자가 나타나지 못하게 하고 아첨하는 자를 멀리 했다는 기록으로 보아 이것이 술에 대한 최초의 기록이 아닌가 한다. (나의 추정)

술에 대해서라면 영조(英祖)도 매우 엄격하여 한 동안 술을 마시지 못하게 금주령을 내렸다고 한다. 그러니 술이 참 좋기도 하고 또 술 때문에 항시 많은 문제가 생겨 술을 없애자니 너무 삭막한 삶이 된다. 또 술을 먹게 하자니 사회가 문란해져서 어느 통치자나 고민을 하지 않은 수가 없었을 것이다.

성천기생(成川妓生)이라고 우리가 앞에서 알아보았던 운초(雲楚) 김부용(金芙蓉)이 어린 소녀시절에 동네 아이들은 길거리에서 술에 취해 길을 막고 부용을 보내주지 않았다. 그들은 부용이 시 한수를 즉석에서 지어 읊어주면 보내준다고 했다. 그 소년배들은 부용이 시를 잘 짓는다는 것을 알고 한 짓이다. 운초는 난감해하다가 드디어 한수 읊는다.

**술이 과하면 본성을 잃기 쉽고,
시를 잘 쓰면 사람은 궁(窮)하게 되나니,
아무리 시와 술이 벗이 될망정,
친하기도 어렵고 버리기도 어렵도다.**

정말 옳은 말인 것 같다. 그 때 나이 15살 안팎이었을 운초 김부용이 어찌 그 어린 나이에 시를 이리 잘 썼을까하는 감탄이 나온다.

단가 '강상풍월(江上風月)'에도 나온다. 술과 안주 많이 실어 술렁 배 띄우란다. 강릉 경포대로 구경 가잔다. 그 배 위에서 달을 쳐다보며 술을 마시자고 하니 듣기만 해도 가슴이 설렌다.

술 좋아하는 사람은 누가 어디서 불러대면 아무리 바쁜 일이 있어도 싫다않고 달려간다. 시와 소리와 술이 있는 곳으로! 여자는 있어도 좋고 없어도 좋단다. 그러나 독자들은 만약 모처럼의 술좌석이 이대로 끝을 낸다면 조금은 서운할 것이다. 이왕 시와 소리와 술이 있었으면 여기에 미인이라도 옆에 같이 동석을 하면 금상첨화(錦上添花) 격이 되지 않겠냐고 할 것이다. 또 초두에 필자가 4대 미인에 대한 이야기를 뒤편에서 들려주겠다고 약속한 바가 있다.

그래서 필자가 중국의 4대미인, 아니 이들은 동양의 미인도 될 것이고, 세계의 미인도 될 것으로 알려진 미인들인바 그 미인들을 여기에 한번 초대하기로 한다. 그들은 아마 필자가 부르면 올지도 모른다.(나의 공상)

중국에서 4대 미인을 시대적으로 적어보면 서시(西施), 왕소군(王昭君), 초선(貂蟬), 양귀비(楊貴妃)이다. 이 4대 미인에다가 한사람 더하여 5대 미인이라고 한다면 우미인(虞美人)을 보탤 수 있겠다.

우선 첫 번째 서시(西施)라면 2,500년 전 춘추전국시대에 월(越)나라가

오(吳)나라에 망하면서 월나라 구천(句踐)왕과 함께 오나라에 끌려갔던 미인이다. 처음에 오(吳)나라 합려왕은 월나라에 패하면서 왕은 아들 부차(夫差)에게 꼭 월(越)나라를 다시 쳐서 내 원수를 갚으라고 하고 죽는다. 이 때 아들 부차는 길섶에서 잠을 자면서 와신(臥薪)복수의 칼날을 간다.

마침내 오나라가 월나라를 정복하고 그 전리품으로 월나라 구천(句踐)왕과 그 신하 범여(范蠡), 그리고 그 유명한 미인이며 중국의 4대미인 이라고 하는 서시(西施)를 데리고 왔다. 그때 월왕 구천은 오나라에 끌려와 죄인 취급을 받고 또 오나라 부차왕을 섬기는 종으로 살아오면서 갖은 굴욕을 다 참는다. 정상인이라면 누구나 차라리 자결을 해야 옳을 정도로 비참하고 비굴한 삶을 이어나간다. 그럴 때마다 구천왕은 다시 월나라를 되찾아야겠다고 복수의 칼날을 간다. 항시 머리맡에 쓸개를 걸어놓고 그 때마다 쓰디쓴 쓸개 맛을 보면서 살았다 해서 상담(嘗膽)이 되었다.

그 뒤 월나라 구천은 다시 상담(嘗膽)을 하여 20년 만에 오나라를 망하게 하고 나라를 다시 찾는다. 이때 바로 서시를 미인계로 이용하여 성공한 것이다. 이 과정을 합쳐 사자성어로 와신상담(臥薪嘗膽)이라고 하는 것이다.

이 때 서시는 본래 월나라의 신하 범여(范蠡)의 애인이었으며, 월왕 구천과 셋이서 같이 오나라에 끌려갔다가 오나라가 다시 월나라에 의해 망하게 되자 서시는 범여와 함께 배를 타고 오나라를 빠져나와 둘이서 낚시나 하면서 여생을 보내게 된다.

아무튼 그녀는 미색이 얼마나 뛰어났던지 오나라 부차(夫差)왕이 그녀에게 푹 빠져 정사를 그르치다가 나라가 망하게 된다.

서시는 얼마나 아름답던지 모든 궁녀가 부러워하는 미인이었으며, 그녀가 평소에 속이 쓰리고 아파서 자신도 모르게 눈을 찔끔거리는 습관이 있었다. 이렇게 눈을 찔끔거리는 모습도 다른 궁녀들에게는 얼마나 아름답고 부러워 보였던지 궁녀들인 자신들도 따라서 괜히 눈을 찔끔거렸다는

'서시빈목(西施顰目)'이란 사자성어도 낳게 했던 여인이다. 자신에게는 가당치도 않는 일을 따라하다가 낭패를 보든가, 아니면 격에 어울리지 않는 일을 따라하다가 비웃음을 사는 일을 할 때 쓰는 말이다.

그래서 서시에게서 보듯이 예로부터 절색인 미인들은 나라를 망하게 하는 장본인 이라는 말로 경국지색(傾國之色), 경성지모(傾城之貌), 또는 천향국색(天香國色)이라고 부르지 않았던가?

다음은 왕소군(王昭君)이다. 왕소군은 한(漢)나라 원제 때 궁녀였던 미녀였다.

한나라가 흉노와의 친화정책으로 흉노의 추장인 호한야선우(呼韓邪單于)에게 궁녀 하나를 데려가도록 했다. 원제는 누구를 보낼까하다가 궁녀들의 초상화를 보고 궁녀들 중에서 제일 못생긴 궁녀인 왕소군을 주기로 했다. 그러나 그녀를 데리고 돌아가는 호한야선우(呼韓邪單于)는 입이 찢어질 정도로 좋아했다. 연유를 알고 보니 그가 데리고 간 왕소군은 궁녀 중에서 제일 잘생긴 미인이었다. 그림이 어찌 그리 잘 못 되었나하고 조사했더니 궁중화가인 모연수(毛延壽)가 일부러 그녀를 밉게 그렸단다. 화가에게 돈을 안 바치니 얼굴에다가 일부러 점도 찍고 얼굴모양도 아주 못생기게 그려 넣었단다. 잔뜩 화가 난 원제는 결국 그 화가 모연수를 참수하였다.

왕소군은 눈비가 몰아치는 날 궁을 떠나 팔려가자니 너무나 슬퍼서 판소리 애조(哀調), 다시 말해 계면조(界面調)를 설명할 때면 언제나 왕소군의 이별을 설명한다고 이미 이야기한 바 있다. 왕소군은 아들 넷을 낳고 살다가 결국 자살하고 말았으니 그녀의 삶도 참으로 슬프고 애처롭기만 하다. 미인들의 말로(末路)는 한 결 같이 다 그렇게 비극적이다.

항우(項羽)의 총희(寵姬) 우미인(虞美人)도 항우가 해하(垓下)에서 유방에게 포위되어 살길이 없게 되자 춤을 추고 자살을 하고 만다.

　초선(貂蟬)은 또 어떠한가? 초선은 실지 인물이 아니라 가상인물이라고도 한다. 그래서 그런지 판소리 다섯마당에는 직접 나오지 않고 변강쇠타령에 잠깐 나오며, 다섯 마당에는 단지 간접적인 용어의 표현으로만 나온다.
　판소리에서는 사람의 경우 실지 인물만을 주인공이나 소재의 대상으로 삼는다고 이미 언급한 바 있다. (나의 이론)
　그러나 초선은 설사 가상 인물이라고는 하나 세칭 4대 미인에는 꼭 들어간다.
　초선은 '삼국지연의'에서 왕윤(王胤)의 수양딸로서 동탁과 여포를 이간질 시켜 결국 여포가 동탁을 죽이게 하는 장본인이다.

　이제는 양귀비(楊貴妃)의 차례다. 이 여인은 그간 우리에게 이름난 미인으로 너무나도 잘 알려져 있기에 판소리 속에서는 당현종(唐玄宗)과 함께 자주 등장한다.
　당나라 현종의 며느리이며, 또 자신의 비(妃)인 양귀비(楊貴妃)도 안녹산의 난을 맞아 피난길에 마외역(馬嵬驛)에서 어쩔 수없이 죽임을 당하고 만다.
　이도령이 춘향 집에 이별을 알리려고 가면서 속으로 우는 대목이다.

"당 명황은 만고 영웅이나 양귀비 이별의 울어있고, 항우는 천하에 장사로되 우미인 이별의 울었으니, 날 같은 소장부야 아니 울 수 있겠느냐? 춘향을 어쩌고 갈꼬? 두고 갈 수도 없고 다리고 갈 수도 없네…"

　여기서 당 명황(明皇)은 당나라 현종(玄宗)을 말한다. 양귀비는 이름은 양옥환(梁玉環)이요, 호는 태진(太眞)이다.

안녹산의 난리 때 어쩔 수없이 죽임을 당하여 현종과 이별해야 하는 양귀비의 그 슬픈 이별을 백거이는 시(詩) '장한가(長恨歌)'에서 잘 나타내고 있다.

또 이들의 아름다움을 춘향가중 변사또는 춘향에게 잘 말해주고 있다. 춘향을 수청 들라 불러서 마당에 앉히고는 춘향을 아름답다고 추켜올리면서 한마디 한다.

고 것 참 잘 생겼다. 어여쁘다 어여뻐. 계집이 어여쁘면 침어낙안(沈魚落雁) 한단 말은 과히 춘정 하였더니, 폐월수화(閉月羞花)하든 태도 오늘 너를 보았구나.

여기서 '침어낙안(沈魚落雁)'이란 말과 '폐월수화(閉月羞花)'라는 말에 주목할 필요가 있다.

여인이 그 만큼 아름답다는 말인데 필자는 여기서 처음으로 판소리 속의 그 어원(語源)에 4대미인의 이름을 찾았다. (나의 발견)

침어(沈魚)란 뜻은 물고기가 헤엄치는 것을 잊어버리고 바닥에 가라앉아버렸다는 뜻이다. 그러니 이는 오나라 왕 합려(闔廬)가 만들고 그의 아들 부차(夫差)가 보수를 하였던 고소대(姑蘇臺)의 정원 연못에서 부차와 서시(西施)가 놀았던 일을 상기시킨다. 그 고소대(姑蘇臺) 연못의 맑은 물 위를 서시가 걸어갈 때 그녀가 너무나 아름답기에 물고기까지 놀라 헤엄치기를 잊어버려 그만 바닥에 가라앉았다는 이야기로 풀이하고 싶다.

낙안(落雁)이란 말은 기러기가 땅으로 떨어진다는 말이다. 이는 왕소군(王昭君)이 흉노에 팔려가 한나라 궁을 그리면서 날아가는 기러기만 보아도 고향생각을 하고 편지라도 보내고 싶어 했을 것이다. 이 때 날아가던 기러기가 보기에도 왕소군이 너무나 아름다워서 그만 날개 짓을 멈추었기에 땅에 떨어지고 말았다는 것으로 풀이하여 왕소군을 연결시켜보고자 한다.

다음으로 폐월수화(閉月羞花)란 말이 나온다. 폐월(閉月)이란 말은 초선의 양부인 왕윤이 초선을 자랑하면서 "내 딸이 어찌나 어여쁘던지 달도 부끄러워 구름 속으로 숨는다."에서 폐월은 초선을 말한다.

초선(貂蟬)이란 이름은 그 한자풀이로 봐서 담비의 꼬리와 매미의 날개를 뜻하며, '고관들의 옷 장식이나 높은 벼슬아치를 상징하는 말'이라고 한자 사전에도 나와 있는 것을 보면 사실 달과 초선은 서로 어울리는 관계라고 할 수 있겠다. 그래서인지 초선의 그림은 주로 달 아래에 비친 아름다운 여인의 모습으로 많이 본 듯하고 그 아름다움은 달도 부끄러워할 만하다.

마지막으로 수화(羞花)란 말은 꽃이 부끄러워한다는 뜻이니 그 아름다운 꽃이란 누구이겠는가? 바로 양귀비이다. 양귀비꽃이 그만큼 아름다우니 꽃들마저 양귀비꽃을 보면 부끄러워한다는 말이다. 그래서 필자는 수화(羞花)의 짝은 양귀비로 지어주고 싶다.

물론 지금까지는 위의 네 여인들이 딱 누구를 지칭한다고 밝혀지지는 않았다. 그러나 필자가 풀이하면서 아하 바로 이 4대 미인들을 각각 지칭하는 단어로구나 하고 새로 발견한 것이다.

이렇게 해서 우리는 변사또 덕분에 또 한 가지를 더 알고 지나가게 되었다. 이왕 술을 마시려면 이러한 4대 미인을 곁에 두거나 아니면 그런 어원의 뜻을 음미하면서 마시면 더 좋지 않을까 한다. 아니 필자가 이 책을 읽은 독자를 위해 술을 제대로 마시는 법을 하나 알려주어야겠다. 지금까지 우리가 알아 본 유명시인이나 문장가들의 시(詩) 중에서 맑을청(淸)자를 한자리에 다 불러들여 술을 마시는 것이다.

공명선생이 머무를만한 깊은 산중, 속객(俗客)들이 이따금 찾아줄만한 곳에서, 소동파의 적벽부 시 중에 나오는 그런 '청풍淸風'이 지나는 곳에서 술을 마시는 것이다.

또 이도령이 어사출도 시에 읊었던 시의 '금준미주(金樽美酒)'의 원조 격인 명나라 조도사(趙都事)가 읊은 시 중 '청향지주(淸香旨酒)'의 그윽하고 향기로운 술을 마시면서, 이백(李白)이 서시(西施)와 오나라 부차(夫差) 왕을 기리면서 읊은 시 중에 나오는 '청창(淸唱)'이나 들으면서, 아니면 허균이 매창(梅窓)을 기리면서 지은 시 중의 '청가(淸歌)'를 들으면서 마시는 술이야 말로 제대로 술을 즐기는 것이다.

맑고 청아한 높은 목소리를 가진 명창이 부른 육자배기나 흥타령을 주고받으면서, 또는 그들의 창을 들으면서 밤새도록 마시는 술이야 말로 이 세상에서 가장 술 맛 나는 술좌석이 될 것이다. (나의이론)

그래서 일찍이 이런 말이 있었나 보다. 자기를 알아주어 서로 통하는 사람끼리 마시는 술은 천 잔도 부족하고, 서로 말이 통하지 않은 사람끼리 하는 말은 한 마디도 많다: 주봉지기천종소, 화불투기일구다(酒逢知己千鍾少, 話不投機一口多)라.

그러한 술좌석이라면 정겹게 이별의 잔을 들던 왕유의 시 '송원이사안서(送元二使安西)' 중의 한 구절이 생각난다. 이도령과 춘향이가 이별하면서 읊었던 시다.

"친구여, 다시 한 잔을 쭉 들이키게, 서쪽 양관을 나서면 친구조차 없을 터이니."
권군갱진일배주(勸君更盡一杯酒), 서출양관무고인(西出楊關無故人)

이제 소동파의 시 적벽부(赤壁賦)의 한 대목을 다시 한 번 음미해보자.

소동파가 적벽부를 진 것은 단가(短歌)에 자주 나오다시피 "임술지추칠월기망(壬戌之秋七月旣望)"이라고 해서 1082년 음력으로 7월 16일을 말한다. 단가 '적벽부'를 소리하는 사람들도 이런 날짜를 기억하고 소리를 했으면 한다.

자, 친구여, 술 한잔만 더 쭉 들이키게나. 이러한 벗을 언제, 또 어디서 만날지 알 수 있겠는가? 어서 어서 들게나, 친구여! 소동파의 시를 한 번 더 읊어보자.

강물위의 맑은 바람과 동산에 뜬 밝은 달이야 귀로 들으면 소리가 되고, 눈으로 보면 물체를 이루어, 가져도, 가져도 못 가지게 하는 자 없고, 써도, 써도 다함이 없으니, 이야말로 조물주의 무한한 곳간이라. 무진장 이로다.

오늘 따라 '무진장'이란 말이 그지없이 정감(情感)으로 마음에 와 닿는다. 전라북도의 국회의원 선거구인 무주(茂朱), 진안(鎭安), 장수(長水)를 이르는 '무진장(茂鎭長)'이 아닌 소동파 시의 '무진장(無盡藏)'이다.

수궁가에서 호랑이가 노래한 '사정없이 너른 하늘'처럼 한이 없고, 무진장한 사랑을 이웃에게 나누어 주고서 이 넓은 우주를 떠나야 할 텐데 하는 새로운 마음의 각오도 해본다.

판소리를 공부하다보면 나도 모르게 시가 지천으로 널린 평야를 달리는 기분을 느껴 언제나 가슴이 설렌다. 화창한 봄날 야생 꽃들이 만발한 들판을 달리는 기분이기도 하고, 생전 처음 보는 꽃들로 가득찬 높은 산 위 평원을 혼자 거니는 기분도 맛보게 된다.

소리를 배울 때의 처음 20여 년간은 시에 대해서 미처 모르고 그저 소리에만 열중했었는데, 이제 소리 하나하나를 분석하고, 판소리에 나오는 시의 작가와 시가 탄생하게 된 배경들을 판소리와 함께 따져보고 음미하다보니 이제는 나도 마치 시인이 다 되어버린 것 같은 느낌이다. 아니 나도 명색이 시인이기도 하다.

마치 양파 껍질을 까듯이 소리 속의 시를 까면 깔수록 새로운 맛이 풍겨 나옴을 맛볼 수가 있어 좋다. 그러다보면 판소리도 더욱 맛깔스럽게 나온 것 같다. 앞에서도 말했지만 판소리는 전체가 장편의 시라고 해도 과언이 아닐 정도로 문학의 총집합체이기도 하다. 그러하듯 지식인들이나 제대로 이해할 수 있는 판소리를 누가 전에 이렇게 말했던가?

"판소리 하는 사람들은 무식하다"고. 또 누가 그런 소리를 했던가? "판소리는 술집 여자들이나 부르는 노래다"라고.

그런 소리를 하는 사람들이 오히려 무식하고 엉터리란 것을 보여주는 판소리 한 대목을 여기 소개하고자 한다. 판소리 다섯마당이 모두 그러하지만 특히 춘향가와 수궁가에는 동양의 모든 시인과 문장가들이 다 나온다. 또 그들의 시도 때와 장소에 따라 수시로 나온다.

여기서 잠시 수궁가 한 대목만을 그 예로 알아보자. 수궁가와 심청가에서 '범피중류(汎彼中流)'라고 해서 나오는 이 대목은 토끼가 자라의 꼬임에 넘어가 어쩔 수 없이 자라 등을 타고 강을 따라 바다로 들어가면서 주변 풍경을 구경하는 대목이다.

이제는 물속인지라 모든 것을 체념하고 하는 수 없이 자라를 따라가는 토끼는 차라리 자연과 시를 즐기고 눈앞에 그려진 자연풍광을 감상하면서 거기에 연관된 시인과 그들의 시를 천천히 음미하면서 용궁으로 들어간다.

망망한 바다로 들어가 보니 물결위에 갈매기가 날아들고 멀리서 어부들이 부는 피리소리라도 들려오는듯한데 곡(음악)소리가 그치자 사람은 보이지 않고 강 위에 산봉우리만 푸르게 비치는구나(曲終人不見 江上數峰靑)하는 당나라 전기(錢起)의 시 '상령고슬(湘靈鼓瑟)'을 떠올린다.

다음으로 중국 호남성에 있는 장사(長沙)를 지나자니 그 곳에서 한 때 벼슬자리를 하고 있었던 한나라 사람 가의태부(賈誼太傅)를 생각한다. 그리고 그보다 100여 년 전 멱라수에 빠져죽었던 시인이며, 삼려대부인 굴평(屈平)도 떠올린다. 굴평이라면 굴원(屈原)을 말한다. 굴원이라면 또 그의 '어부사(漁父詞)'를 빼놓을 수가 없다.

"백구야 나지마라. 너 잡으러 내 안 간다. 성상(聖上)이 버렸으매 너를 좇아 예 왔노라" 하고 단가 강상풍월(江上風月)에 나오는 바로 그 대목으로 유명한 시인이기도 하다.

초나라 왕으로부터 버림을 받고 시골에 낙향하여 있을 때 백구의 벗이 되고자 백구가 노는 곁으로 다가가자 백구는 그것도 모르고 훨훨 날아가 버리니 굴원의 그 허전한 마음을 노래한 것이다.

이어서 토끼는 황학루(黃鶴樓)에 다다른다. 황학루는 '날은 저물었는데 고향은 어디 인가, 강물 위로 연기가 자욱하니 시름겨워 하는 구나(日暮鄕關何處是, 煙波江上使人愁)' 하고 시를 지은 당나라 시인 최호(崔顥)의 시도 음미한다. 자라는 토끼를 등에 태우고 봉황대(鳳凰臺)를 지나간다. 봉황대라면 이태백이 지은 '봉황대시'를 회상케 한다.

'세 산은 반쯤으로 하늘 저쪽에 떨어져 있고, 두 물줄기 나뉜 곳에 백로주가 있다(三山半落靑天外, 二水中分白鷺洲)'는 시이다.

봉황대를 지나 이번에는 심양강(潯陽江)으로 들어간다. 거기에는 의당 당나라 시인 백락천(白樂天)이 또 기다리고 있다. 그는 그의 유명한 시 '비파행(琵琶行)'을 여기서 지었다고 한다.

자라는 다시 토끼를 등에 태우고 적벽강(赤壁江)으로 들어간다. 적벽강이라면 시 '적벽부(赤壁賦)'를 지은 소동파(蘇東坡)를 빼놓을 수가 없다. 그는 그의 적벽부에서 조맹덕(曹盟德)을 찾는다.

'한 시대의 영웅이여! 지금은 어디에 있는가(一世之雄 而今安在哉)' 하고 조조의 영웅호걸을 기억해 낸다. 그러면서 당나라 장계(張繼)의 시 풍교야박(楓橋夜泊)한 수를 다시 떠올린다.

'한 밤중 달이 질 무렵 까마귀가 새벽인줄 알고 날아가는데, 하늘엔 서리 기운이 가득 차 춥고, 강기슭 단풍과 고깃배의 등불이 잠 못 이루는 내 눈에 비춘다(月落烏啼霜滿天, 江楓漁火對愁眠)로 이어진다.

토끼가 이렇게 풍경에 취하고, 시에 취하게 될 때 이제는 다시 진회수(秦淮水)를 바라본다. 진회수라면 당나라 시인 두목의 '박진회(泊秦淮)'를 빼 놓을 수 없다.

'안개는 차가운 강물위에 자욱하고 달빛은 모래밭에 빛나는구나. 이 밤을 진회에서 묵으려 하는데 강가의 많은 주막집에서는 기생들의 노랫소리 들리어오네. 술파는 여자들은 옛날에 진나라가 이리하여 망한 한스러움도 모르는지 강 저쪽 술집에서 후정화(後庭花) 노래 소리만 들리는 구나.'
(煙籠寒水月籠沙 夜泊秦淮近酒家 商女不知亡國恨 隔江猶唱後庭花)

후정화라면 진나라 후주가 만들어 술과 노래를 일삼다가 정사에는 소홀히 하여 나라를 망하게 한 바로 그 음악이다.
이제 소상강(瀟湘江)으로 들어가자. 소상강의 악양루에는 두보(杜甫)의 '등악양루(登岳陽樓)'란 시가 기다리고 있다.

이렇게 명승지를 다 구경한 자라와 토끼는 드디어 '남해수궁수정문'이라고쓰인 백옥현판이 황금색으로 커다랗게 걸려있는 용궁으로 들어가게 된다.
이처럼 소리 한 대목을 진양으로 7~8분 천천히 소리하는 사이에도 무려 십여 명의 유명한 시인들이 다 등장하고, 그들의 아름다운 시들이 줄줄이 기다리고 있으니 판소리를 하게 되면 마치 시의 바다를 헤엄치고 나온 듯온 몸에 시의 향기가 흠뻑 젖어든다. 그러니 판소리하는 것이 아니라 결국 한시(漢詩)를 공부하는 것이 되고 만다. 그래서 그 시의 뜻을 일일이 알고 가기란 사실 거의 불가능하다고 본다. 그러나 시간이 날 때마다 공부를 하면서 뜻을 알고 나면 확실히 소리가 더 살아나게 된다는 것을 알려주고 싶어서 이야기가 길었다.

　판소리 속에 나오는 이러한 명승지들이 어찌 다 중국에만 있고, 시인들도 어찌 모두 중국인들이냐고 불평한 사람도 있겠지만, 중국도 다 우리 배달한국 때 치우천황 등 우리 동이족이 지배하였다가, 오랜 세월이 지난 후에 진나라가 통일하면서 우리 민족이 한족에 많이 편입되고, 이후 여러 차례의 대이동으로 한족에 섞이면서 오늘이 되었음을 상기하면 그리 문제가 될 것이 아니다.

　또 요임금, 순임금을 비롯하여 은나라와 왕들과 관중(管仲)과 공자도 다 우리 동이족이라고 했으니 음악에서 꼭 어느 나라 사람을 따지는 것도 아무 의미가 없다. 이처럼 판소리는 인물과 지역으로도 범세계화를 하고 있으니 가히 세계음악이라고 할 수 있겠다.

　다만 우리가 지금 판소리는 분명 우리 것이라고 다시 한 번 못박아놓지 않으면 후일 중국이 자기네 것이라고 우길 것이 뻔하다.

　판소리가 이렇게 엄청난 문학의 보고이고, 예술성이 빼어나다는 것을 그들도 알게 되면 완전히 미칠 것이다. 그래서 그들은 이미 우리의 민요와 판소리 등 전통문화를 자기네의 문화재로 몇 년전에 이미 등록시켜놓았다고 위에서 언급한 바 있다.

단가와 금강산

아무튼 이렇게 판소리를 공부하다보면 한시를 알게 되고, 그래서 한시에 흥미도 갖게 되면 시에 미치고, 아울러 소리에도 미치게 된다는 것을 말하고 싶다. 그러다보면 판소리도 스스로 창작하게 되고, 나가서 단가도 창작하게 되는 것이다. 여기서 잠깐 단가 이야기를 하고 넘어가자.

단가는 창자가 무대에서 긴 판소리를 시작하기 전에 부르는 짧은 노래이다. 단가는 분위기도 조종할 겸 목도 다스리고 공연장질서도 안정적으로 가라앉힐 겸해서 짤막하게 부른 노래이기에 너무 슬퍼서도 안 되고, 너무 기뻐서도 안 된다. 그래서 판소리보다 훨씬 어렵고 깊이가 있는 음악이다. 우주만물의 이치를 담담하게 그려내야 하고, 인생을 어떻게 살다가 가야 한다는 것을 철학적으로 암시해 주어야 하기 때문이다. 그러니 단가는 창작하기에도 어려운 장르이다. 명창들도 거의 모두가 스스로 창작하여 부르지는 않고 기존에 내려 온 단가를 되풀이해서 부르고 있을 뿐이다.

예로부터 단가에 자주 등장하는 우리나라 산으로는 삼신산(三神山)이라고 해서 강원도 금강산(金剛山), 전라도 지리산(智異山), 그리고 제주도 영주산(瀛洲山)을 말한다. 여기서 영주산은 진시황이 불로초를 캐오라고 동남동녀 500인을 동쪽으로 보냈다고 하는 제주도의 한라산을 이른 말이다.

금강산은 봄에는 금강산이라 부르고, 여름에는 봉래산(蓬萊山), 가을에는 풍악산(楓嶽山)이라 했으며, 겨울에는 개골산(皆骨山)이라 하여 계절별로 이름이 각기 다르다. 금강산은 조선시대에도 왕과 대사(大師)들이 자주 찾았던 명산이며, 지금도 한반도의 중앙을 버티고 서있으면서 우리민족의 정기를 이어주는 명산이기도 하다. 그러나 이 산은 남북이 갈리면서 북쪽에 위치하여 남쪽에서는 가지 못하고 있으니, 그저 민요나 단가, 아니면 판소리로나 찾아가 보는 산이기도 하였다.

그러다가 2000년대 초 일시적으로 금강산 관광이 시작되면서 다행히 필자도 금강산을 오를 수 있는 기회를 가져보았다. 그 때가 2005년 7월 중순이었다. 판소리보존회 산하 창우회(唱友會)란 친목단체에서 금강산 구경을 갔었기 때문이다.

창우회란 판소리보존회에서 당시 조상현(趙相賢) 선생님에게 판소리를 공부하던 회원들의 모임으로서 이 회원 40여명과 판소리 해설가로 유명했던 고 최종민 교수 등 일부 외부손님이 같이 갔다. 2박3일로 해서 버스를 타고 북쪽으로 달려간 후 다음 날은 구룡폭포를 구경하고, 3일 째 되던 날 우리는 금강산에 올랐다. 금강산도 다 같은 우리 한민족의 땅이 아닌가?

산에 오르다보니 삼선암(三仙岩)과 귀면암(鬼面岩)도 보이고, 여러 가지 모양의 바위들도 만물상이 되어 저 멀리 올려다보였다. 말 그대로 만물의 형상이었고, 산은 바라보는 사람들을 흥분도 시켰다.

만물의 형상 중에는 좀 특이하게 보이는 바위들도 많았다. 그 중에서도 삐딱하게 생긴 바위들에 눈길이 갔다. 정상적으로 하늘을 보고 점잖게 누워있는 것이 아니라 옆으로 삐딱하게 서있는 것이 좀 반항적인 것 같으면서도 익살스럽게도 보였다. 산에는 가끔 그러한 돌들이 서있어야 산이 더 볼만해지기도 하는 법이다. 특히 화가들은 그런 돌들을 그림 속에 하나 둘 일부러 그려 놓기도 한다. 모든 나무와 돌들이 하나같이 천편일률적으로 정갈하게 서있는 것보다는 그러한 돌들이 하나 둘씩 눈에 띄어야 그림도 살아나고, 보는 사람도 지루하지 않는 법이기 때문이다.

　인생도 마찬가지다. 모두가 틀에 박힌 듯 착실하게 정석으로만 자라고 또 그렇게만 살다보면 인생은 좀 따분해지고 재미가 없게 느껴지는 법이다. 이따금 저 돌들처럼 좀 삐딱한 눈으로 세상을 보고, 또 거기에서 인생을 출발하여 남보다 좀 새롭고 진취적인 구상을 하여 본 것도 바람직하다고 본다.

　법에 크게 저촉되어 타인에게 피해를 주어서 법의 질서를 파괴하는 것이 아니라면 사람들의 개성과 재능을 획일적으로 교육시키는 것은 바람직하지 않다고 본다. 판소리 흥보가에서 놀부, 춘향가에서 변사또, 적벽가에서 조조, 심청가에서 뺑덕이네, 수궁가에서 토끼와 같은 인물들이 있어야 세상은 그런대로 재미있게 굴러가는 법이다.

　여기서 우리 어린이들 교육의 문제점도 생각하지 않을 수가 없다. 어려서부터 너무나 똑 같은 틀에 매놓고 입시위주의 교육을 하다보면 창의력이 생길수도 없는 법이고 사람은 그저 무능해질 수밖에 없다. 한마디로 바보가 되어 입력된 자료대로 따라하는 로봇에 불과하기 때문이다. 그러다보면 창의적이고 혁신적인 4차 산업혁명의 21세기를 살아가기에는 너무나 부족하다.

　그러기에 가끔은 저 돌과 같은 약간 삐딱한 생각으로 기존의 틀은 과감히 벗어나 창조적인 사고를 가진 사람들이 있어야 세상이 달라지고 발전한다는 뜻이다. 그래야만 피카소 같은 엉뚱한 그림도 나오고, 앞에서 말한 김부용의 보탑시와 같은 기상천외한 시의 구도도 나오는 법이다. 거기서 에디슨 같은 발명가도 나오고, 스티브 잡스와 같은 인물도 나오는 법이다.

 필자는 만물상의 삐딱한 바위를 바라보고 이러한 생각들을 하면서 설렌 가슴으로 금강산에 올라갔다. 그러면서도 한 가지 마음이 아픈 것은 우리 민족의 노래인 판소리를 금강산에 와서도 부르지 못한다는 것이다. 금강산은 같은 민족이 살았고, 같은 한 나라였는데도 지금은 그 산에서 마음대로 소리 내어 부르지도 못한다는 점이었다.
 알프스의 융프라우 설산에서도 판소리를 뿌렸고, 멕시코의 카카후아필 파란 동굴 안에서도 소리를 뿌렸고, 이태리 카프리 섬을 지나가면서 푸른 바다에도 소리를 뿌렸고, 나이아가라폭포에서, 그랜드캐넌에서, 또 핀란드의 헬싱키에서도 각각 소리를 뿌렸건만 정작 우리민족의 산에서는 입을 다물고 올라가야만 하니 마음이 서글펐다. 또 오르면서 마주치는 북한 병사들의 무표정한 얼굴과 매서운 눈초리에서 남북이 갈라졌음을 실감할 수가 있었다. 그간 수천 년간 아무 큰 탈 없이 길게, 길게 이어져 내려온 한민족이 최근 이렇게 분단되어있음을 실감해보는 순간이었다.
 만물상을 올려다보며 가슴 속에서 마구 솟구쳐 오르는 시상(詩想)과 판소리 한 대목들을 그저 가슴 속에 깊이 억누른 채 속으로만 소리를 하면서 올라가야했다. 언제나 마음껏 큰 소리로 판소리를 내질러볼 수 있을까 하는 안타까운 마음뿐이었다. 그러나 그 대신 단가는 즉석에서 창작할 수가 있었다. 필자는 산을 잘 타기 때문에 남보다 10분 일찍 정상 반환점에 올라가 일행을 기다리며 단가구상을 마쳤다.
 망양대(望洋臺)에 올라서니 동해바다가 멀리 내려다보였다. 새 한 마리가 나에게로 날아오더니 그냥 북쪽으로 올라가 버린다. 새는 넘어갈 수 있는 땅이다. 산과 바다는 서로 양(陽)과 음(陰)으로서 분류가 되는데, 음양오행설에서 음과 양을 이어주는 매체가 바로 그 새 한 마리였다. 또 새에게 분단된 우리민족을 다시 이어주는 가교역할을 해주었으면 하는 바람을 가져본다.

산 정상에서 내려다보니 천차만별한 금강산의 자연세계가 사방으로 펼쳐진다. 멀리 동해바다에는 틀림없이 푸른 파도가 넘실거리고 있을 것이다. 푸른 파도란 말인 '청랑(靑浪)'은 조상현 명창의 아호(雅號)이기도 하다. 동해는 바다가 깊어서 돌고래가 많을 것이고, 그 푸른 파도에는 틀림없이 돌고래 떼가 앞서거니 뒤서거니 경쟁적으로 뛰어 오르고 있음이 눈에 선하다.

돌고래는 IQ가 70에서 80정도로 물고기 중 가장 영리하며, 청각이 매우 뛰어나 멀리 떨어져있는 소리도 들을 수 있으며, 음악성이 빼어나서 노래하는 물고기라고도 부른다. 그리고 돌고래는 머리가 영리하여 훈련만 잘 시키면 사람을 잘 따르는 우리에게 친근감을 주는 물고기이기도 하다. 그래서 여기 판소리 공부하는 청랑선생의 제자회원들을 동해바다의 돌고래 떼로 비유해도 좋을 듯하다. 스승과 제자가 공부하는 모임의 여행이니 공자의 3천 제자가 떠오른다. 금강산과 동해바다, 그리고 청랑회원들, 이 모두가 단가의 좋은 소재가 된다. 더구나 넓은 우주 속의 작은 지구덩어리, 그 속에 또 작은 나라 한반도의 중간 지점인 금강산이다.

또 금강산은 남북이 한데 접한 뜻있는 장소인데 여기서 만난 우리들은 미미한 하나의 존재로서 앞으로 세상을 어떻게 살아가야 하는지? 오늘은 비록 남북이 갈려있지만 하루 빨리 다시 통일이 되어 우리 민족의 노래인 판소리를 마음껏 불러야 할 것이다. 그래서 금강산에 관한 판소리와 단가와 민요가 영원히 자자손손 이어져 나가야 할 것이다. 단가는 이 아름다운 매 순간들을 영원히 기억하고 싶은 마음을 어떻게 노래할지를 떠올리며 창작하면 되는 것이다. 그렇게 구상을 하다 보니 어느덧 단가는 만들어졌다.

금강(金剛)과 청랑(靑浪)

어화 세상 벗님네야. 이내 한말 들어보소.
하늘이 높다하나 오늘 보니 금강이라.
촉촉(矗矗)한 기암절벽 하늘을 뚫어있고
여와씨 광석으로 하늘을 때웠구나.
안기생(安期生) 적송자(赤松子) 소리하던 삼선암(三仙岩)이며
운층경의 천성대(天星臺)는 천태만상(千態萬象) 이 아닌가?
바위 따라 내려왔다 굳어버린 암 콤이며
덮칠 듯 내려 보는 독수리의 기상이라.
옥방의 춘향 형상 이히이-이히 귀면암(鬼面岩)이 분명쿠나.
수수만년 기다리다 망부석(望夫石)된 할미바위,
엎어진 놈, 굽어본 놈, 옆으로 삐딱 서 있는 놈,
인생사가 여기 있다.
망양대(望洋臺) 올라서니 구름 밖의 동해바다
출렁이는 청랑(靑浪)따라 돌고래 떼 펄쩍펄쩍 뛰어놀아
앞서거니 뒤서거니 우열을 알 수 없다.
저기 가는 기러기냐 보라매냐, 이름 모를 새 한 마리
너 가는 곳 어디 메뇨? 날 보고 벗하자 훨 훨 훨 훨 날아든다.
어화 세상 벗님네야. 세상사가 허망하다.
일 년 삼백육십오일 주야로 쉬지 않고
일 년을 날아가는 광속(光速)이 일 광년(光年)이요,
그 빛이 일 년 가고 이년 가고, 십년 가고,
백년 가고, 천년, 만년, 억년을 날아 일백억년 하고
또 삼십억 년을 날면 우주의 끝이라오.

우리 사는 이 지구는 우주속의 티끌 하나,
일촌광음(一寸光陰)이 안타깝다.
우리 모두 이 시대를 같이 사는 사제(師弟)간이요,
공부자(孔夫子)의 삼천 제자 배움터의 인연이라.
이런 인연 맺고 이어 근심 걱정은 저기 날리고
먼 훗날 생각하며 일을 하고 공부하면서
거드렁 거리고 놀아보자.

(2005. 7. 14. 금강산 망양대 올라)

어제도 미쳤고,
오늘도 미치고,
내일도 미치기

나는 이제 이 책의 마지막을 정리하면서 일찍이 공자가 했던 말을 인용하고자 한다.

**지지자불여호지자(知之者不如好之者),
호지자불여낙지자(好之者不如樂之者)**

'아는 자는 좋아하는 자만 못하고, 좋아하는 자는 즐기는 자만 못하니라'
여기에다가 내가 20여 년 전에 수필집을 내면서 감히 한 줄을 덧붙였다.

낙지자불여광지자(樂之者不如狂之者).

풀이하면 즐기는 자는 미치는 자만 못하다. 이렇게 해서 오늘에까지 온 것이다. 공자가 앞에서 두 줄을 언급하고 나서 2,500년의 세월이 흐른 다음에야 내가 겨우 한줄, 아니 한 글자를 추가 할 수가 있었다.

그렇다. 옛날에는 그저 조용히, 또 점잖게 좋아하는 것을 찾아보고, 익히고 즐기면서 살아왔는데 이제는 그래가지고는 아무것도 안 되는 세상이 왔다. 나도 그런 세상에서 살아오면서 이제는 미쳐야 된다고 감히 한 자를 더 보탰던 것이다. 아니 꼭 출세를 하기 위해, 또 어떤 목표를 가지고 의무감에 미치도록 뛰었다기보다는 그저 좋아서 즐기면서 미치게 살아왔다는 뜻이다.

오늘날 현실을 보면 이러한 현상은 더욱 두드러진다. 인터넷이다, 스마트폰이다 해서 수많은 정보가 쉴 새 없이 쏟아지고 편리함과 스피드가 크게 좌우하고 있는 이 시대에 뭔가 자기가 좋아하는 일을 하고 살기에는 새로운 생활패턴이 있어야 하지 않을까한다.

그저 전자기기에나 의존하고, 주어진 정보에만 의지하고 살기에는 너무 막막하다. 그리고 그렇게 살다보면 너무나 자신만의 개성이 없고, 누구나 모두가 기계적으로 똑 같은 사람, 똑 같은 생활패턴이 되고 만다. 로봇의 삶이 연상되고 우주인들의 삶이 생각나서 너무 무섭기도 하다.

유행에 따라가는 삶을 살아가다보면 서로 똑 같은 취미, 똑 같은 기술, 똑 같은 직업에 모두가 통일된 삶이 되고 만다. 그러다보면 창조적이어야 하고 남보다 먼저 기발한 아이디어를 개발해야 살아남게 되는 이 시대에 앞으로 다가오는, 아니 이미 우리 앞에 덮쳐오고 있는 4차 산업혁명시대인 21세기를 살기에는 너무나 거리가 먼 삶이 되고 만다.

아마 오늘과 같은 세상이 계속 지속되면 앞으로는 또 하나의 새로운 단어가 추가 될 것으로 예측된다. 그 때는 '미치는 것은 죽는 것만 못하다.'라는 광지자불여사지자(狂之者不如死之者)란 단어가 뒤따라야 한다.

소위 속된 말로 죽기 아니면 살기다. 무슨 일을 제대로 하기 위해서는 그 일을 죽기 살기로 해야 된다는 뜻이다. 어느 일이 너무 좋아 죽다시피 매

달려 해야 된다는 것이다. 이것저것 적당히 해서는 아무 것도 안 되고, 한 가지 일에만 중점 적으로 매달려야한다는 것이다.

마치 요즘 10대, 20대 젊은이들이 K팝에 도전하기 위해 미치는 정도를 지나 이와 같이 죽기 살기로 연습하는 것과도 같다고나 할까. 춤도 그렇게 연습하고, 노래도 그렇게 연습해야 한다.

요즘 세계적인 선풍을 일으키고 있는 우리나라 방탄소년단을 비롯하여 EXO, S.E.S, 2PM, 씨크릿 등 아이돌그룹의 공연장면을 보면 평소 그들이 얼마나 열심히 연습을 했는지를 감히 짐작할 수가 있다.

어떤 일을 좋아하면 이처럼 죽기 살기로 하여 소위 '죽어야 산다'는 말이 실감날 정도로 해야 한다.

이 말이 좀 과격한 표현이다 싶으면 이제는 좀 점잖은 표현이 또 기다리고 있다. 성당의 신부님이나 수녀님들처럼, 교회의 목사님들처럼, 아니면 불교 스님들처럼 죽도록 좋아한 것을 외부로 표출하지 않고 승화시켜 속으로 감추어 소화하는 것이다.

어떤 일에 너무 심취하여 공을 들이고, 기도를 하다보면 언젠가는 최고도(道)의 경지에 이르러 희열을 느끼며, 그럴 때는 속으로 침묵하는 것이다. 그러면 그때는 광지자불여묵지자(狂之者不如默之者)가 된다.

결국 너무 좋아해서 열심히 하다보면 죽을(死) 지경이 되거나, 속으로 침묵(沈默)하는 경지에 이르게 된다. 결론적으로 미래에는 무슨 일을 열심히 하여 그 분야에 성공을 하려면 미치다 못해 한 단계 더 나가 죽어야한다. 그래서 훗날에는 앞의 공자 말씀에 나의 말이 합해진 긴 예언이 성립된다고 보아야 할 것이다. 순서대로 하자면

지지자불여호지자(知之者不如好之者),
호지자불여낙지자(好之者不如樂之者)

(이상 공자말씀)

낙지자불여광지자(樂之者不如狂之者).
광지자불여사지자(狂之者不如死之者)
또는
광지자 불여묵지자(狂之者不如默之者)이다

(이상 나의 의견)

 태초부터 한민족은 한번 흥이 나고 신명이 나면 거의 미칠 정도로 밤새도록 노래하고 춤을 추는 민족이다. 몇날 며칠을 마당에서 지신밟기를 하고 횃불을 들고 노래하며 둥그랗게 둘러서서 강강술래도 했다. 그리고 한번 흥이 나고 신명이 날 때마다 언제나 깜짝 놀랄만한 큰일을 해내고 말았다.
 9,200년 전 천부경(天符經)이 그렇고, 배달한국 치우천황의 아시아대륙 제패와, 단군조선 때 우주천체의 관측기술과 한글창제(가림토문)가 그러했다. 최근 들어 한강의 기적이 이룬 경제대국, 88올림픽, 2002월드컵축구의 4강신화, 양궁과 스케이팅을 비롯한 스포츠의 눈부신 발전, LPGA 여자골프의 세계무대 석권이 그러하고, 요즘 K팝 아이돌 가수들의 지구촌 돌풍이 그러하다. 이렇듯 한민족은 미치기를 잘했다. 나도 한민족의 한 사람이라서 그랬었나?
 내가 전에 써 두었던 글이나 발표했던 시(詩)집과 수필집의 제목들을 보면 '미친다'라는 말이 유별나게 많이 들어가 있음을 볼 수 있다. 꼭 그러려고 한 것은 아니었지만 36년 전의 봄, 은행 대리였을 때 처음으로 낸 수필집 제목이 〈별소리 다하네〉였다. 그 앞표지의 날개 안쪽을 보면 이러한 글이 보인다.

철창에 갇힌 맹수(猛獸)는 한시도 가만히 있지를 못한다.
쉴 새 없이 바쁘게 돌거나 포효(咆哮)한다.
앞니와 발톱이 다 빠져 쓰러질 때까지

그리고 그 책의 뒤표지 바깥쪽에는 이렇게 쓰여 있었다.

**지리산 황산벌판에서 매사냥을 하면서 자란 그는
서울에 올라와 어느 날 미친 자가 되어
한시도 가만히 있질 못했다.
도시의 콘크리트 벽에 갇혀 질식하기 직전 그는
철문을 부수고 거리로 뛰쳐나와 절규하고 있었다.**

(이하 생략)

나는 이런 일이 있기 전부터 모든 일에 미친 듯이 살아왔다. 잠시도 한 가지 일에 열중하지 못하고 부단히 이것저것 새로운 일을 시도하고, 연구하고, 부딪쳐보았다. 그리고 항시 가만히 있지를 못하고 무언가를 미친 듯이 해야만 했다. 평범한 일상생활을 거부하고, 고정된 삶의 틀에서 탈출하여 미친 듯이 새로운 시도를 하고 있었다. 한마디로 탈출의 연속이었다.

은행에 들어와서도 그렇고, 카투사로 군복무를 할 때도 그랬고, 제대를 하고서도 그랬다. 단순하고 반복적인 은행업무에만 만족하지 못하고 무언가를 해야만 했다. 그때는 은행업무도 오늘날 같은 컴퓨터가 없이 주판으로 하던 호랑이 담배 먹던 시절이었으니 더욱 그러했다. 본점에서 일하다가 틈만 나면 은행 옥상에 올라가서 영어웅변 한다고 큰 소리로 서울을 삼켰다. 그래서 코리아 헤럴드 영어웅변대회에는 3년간을 직접 원고도 쓰고 연습하여 본선에 진출하기도 했다. 옛날 광주상고 2학년 때 케네디대통령 취임연설문을 암기했던 것이 계기가 된 것이다. 은행업무가 끝나면 은행철문을 탈출하여 우리나라 코미디계를 혁신시켜보겠다고 방송국과 밤무대를 쏘다니기도 했다. 발로 차고 때리고 하면서 웃기는 기존의 코미디보다는 미국의 토크쇼처럼 점잖게 웃기는 식으로 하자고 했다. TV방송국에 가서는 내가 실무자들에게 선을 보여주기도 했다. 우리나라에서는 아직 그렇게 하면 웃질 않는다고 해서 거절당했다. 미친 자의 소행이었다.

미친 자는 또 서울 무교동의 극장식당엘 갔다. 외국인들이 오는 밤무대에서 코미디를 해보자고 했다. 지배인이 좋다며 새해부터 그렇게 해보자고 했다. 그러나 그 지배인이 년 말에 연탄가스로 죽었으니 그 계획도 무산이 되고 말았다.

이번에는 미 8군이 위치하고 있는 용산의 유명한 클럽에 가서 연말마다 있는 군 사병들의 위문공연을 같이 가자고 했다. 그래서 유명 가수들과 함께 오산 미공군부대에 가서 혼자 영어코미디를 하고 나왔다. 그리고 내가 무슨 연예인이나 된 것처럼 대우도 받고 연예인 기분도 내보았다. 그러고 나서 다음날 아침엔 아무 일도 없었다는 듯이 태연하게 출근을 했다. 그것도 미친 자의 행동이었다.

나는 이처럼 그동안 여러 가지 미친 짓을 정신없이 하면서 골고루 많은 체험을 하였다. 그러다가 언제가 부터는 제 정신으로 돌아와 결국은 판소리공부를 하게 된 것이다.

"우리 것이 좋은 것이여!" 하는 고 박 동진 명창의 구호가 떠올랐다. 이왕이면 우리 민족음악에 미쳐보자는 것이었다. 또 판소리는 물론 민족의 음악이자 내 고향인 운봉의 노래이기도 하기 때문이다.

내가 판소리를 처음으로 공부하기는 행원이었던 1973년 고 박봉술 선생님께 적벽가 '적벽강 불지르는대목'을 공부할 때부터였다. 그러다가 1984년 은행차장 때부터 매주 토요일 오후 판소리보존회에서 조상현 선생님께 판소리를 본격적으로 배우면서는 판소리에 미치게 된다.

춘향가와 심청가를 20여 년간 몇 번씩 되풀이해서 조상현 선생님께 배우는 사이 1991년부터는 정광수 선생님께는 적벽가와 수궁가를 몇 번 되풀이해서 배웠다. 2001년 국가무형문화재 판소리 수궁가 이수자 되고 나서 마지막으로 흥보가를 정 선생님께 배우다가 선생님이 돌아가셨기에 흥부가는 다 마치지 못했다. 정 선생님께는 13년 공부를 했다.

그동안 나는 이미 고인이 되신 10여분의 여러 선생님들께 소리 한 대목씩을 배웠거나, 그들의 소리철학과 판소리공연의 산역사도 들었다. 또 현재 살아계신 여러 선생들에게서도 소리 한 대목씩을 배웠거나, 지금도 그분들과 친분을 가지고 지내고 있다.

이렇게 판소리를 골고루 다 배우고 나니 이제는 판소리를 창작하기 시작했다. 전통 판소리는 여러 학생들이나 일반인들이 별도로 공부를 하고 있으니, 앞으로 누구에 의해서라도 이어질 수가 있다고 생각했기에 우선 나 나름대로 새로운 길을 도전하고 싶었다. 전통판소리는 잠시 쉬었다가 공연을 해도 늦지 않겠다고 생각하고 창작에 몰두했다. 또 창작한 판소리로 CD도 내고, 미친 듯이 공연도 해왔다.

대장금을 소재로 '왕과 장금'을 작사하고, 작곡하여 대극장에서 몇 번의 공연을 했다. 조선왕조실록을 공부하며 글을 쓰고 곡을 붙이고 해서 만든 창작판소리 '왕과 장금'은 100분에서 120분짜리 분량이다. 그것을 단기간에 암기하여 공연한다는 것은 미친 자가 아니면 도저히 할 수 없는 일이다. 미친 자는 어느 일에 한 번 미치면 더욱 바쁘게 된다.

이 '왕과 장금'의 초연을 서울 서초구에 있는 국립국악원에서 했다. 사실 내가 이보다 오래 전, 서초구에 '예술의전당'을 짓고 있을 때 그 앞을 지나면서 한 가지 품은 꿈이 있었다. "저기서 언젠가는 나도 한 번 공연을 해야지. 세금만 낼 것이 아니라, 내가 낸 세금으로 짓고 있는 저 예술의전당에서 내 스스로가 주인공이 되어서 공연을 해야 되지 않겠느냐?"하는 포부를 가지고 판소리에 열심히 정진했다. 그리고 그 전당은 완공되었다.

그러나 3,000석 규모의 예술의전당은 서양 오페라 전용관이고, 국악 관련 무대는 바로 옆에 있는 국립국악원에 공연장이 있을 뿐이었다. 그러니 국립국악원도 사실 제 2의 예술의전당이라 할 수 있겠다.

첫해에는 중간 크기의 아담한 규모인 국립국악원의 우면당(400석)에서 공연을 했다. 일본인과 서양인들이 많이 구경을 하였고, 공연 후 그들은 인터뷰를 통해서 우리 판소리가 그렇게 파워풀하고 격동적인 음악인 줄을 미처 몰랐다고 극찬을 해주었다.

다음 해에는 같은 국립국악원의 대극장인 예악당에서 공연을 했다. 거의 800석 규모의 극장이다. 기획사와 연출가가 따로 있었지만 사실 나 혼자 정부의 문화기금을 신청해서 그 기금도 받고, 여기저기 돌아다니며 협찬을 받아 기획사에 넘겨주어 50여명의 대단원이 총출연하는 거창하고 화려한 무대를 만들었다.

물론 소리는 나 혼자 하고 거기다가 현대무용, 인형극, 영상, 농악, 합창단과 일부 창극 보조원들로 해서 빙글빙글 도는 무대에서 통 큰 공연을 했다. 미치다보니 나도 그때는 겁이 없었다. 소리를 나 혼자 다 맡아서 하게 되었으니 만일 내게 무슨 일이라도 생기게 되면 공연이 취소되어야 할 판이었다. 이때 서울의 내가 다녔던 성당의 주임신부님이 보좌신부, 수녀 및 성당교우들을 모시고 와서 구경을 했다. 그리고 다음날 신부님에게서 연락이 왔다. 20여 년간 꿈꾸어왔던 문제가 어젯밤 판소리 공연을 보면서 풀렸다고 했다. 신부님은 항시 고민하여왔단다. 언젠가는 우리도 우리식으로, 우리 민족음악으로, 성당미사를 집전하고자 했단다.

20여 년 전 필리핀에 세계 여러 나라 신부들이 모여서 다 같이 미사를 집전할 기회가 있었는데, 각자 자기네 나라의 토속적인 전통방식으로 미사를 봉헌하는 모습을 보고 언젠가는 우리도 저리 했으면 좋겠다고 항시 고민해왔었다고 했다.

그러다가 나의 대장금 판소리를 보시고는 다가오는 사순절에는 판소리로 '예수수난복음'을 해 달라고 제의했다. 나는 쾌히 승낙하고 또 성경 그 대목을 공부를 하게 되었다. 최후의 만찬에서부터 예수님이 십자가에 못박혀 돌아가실 때까지의 장면을 판소리로 리얼하게 30분짜리로 짧게 만들었다. 그러나 이것도 판소리에 미치지 않고는 만들 수 없는 어렵고, 조심스러운 영적인 대 작업이다.

다른 것과 달리 하느님 말씀을 함부로 말 할 수도 없는 일이요, 나의 옅은 신앙지식으로 잘 못하다가는 큰 죄를 짓는 작업이라 무척이나 조심스러운 일이었으나 성경의 그 대목을 공부하며 파악하다보니 대강 윤곽이 떠올랐다.

판소리는 우선 재미가 있어야하고, 또 웃음과 슬픔이 곁들여 있어야 한다. 사순절이라면 예수님이 군중들에게 조롱을 받으며, 군사들에게는 모진 매질을 맞아가며, 십자가를 메고 골고타언덕을 올라야 한다. 모두가 슬프고 처참한 대목들이다.

그런데 어디서 웃기고 또 어디를 재미있게 할까? 너무 슬프기만해도 판소리가 아니요, 너무 교육적이고 설교적이기만 해도 판소리가 아니다. 중간 중간 재미가 있고, 해학이 들어가야 한다. 그러기 위해서는 누구 한 두 사람이 제물이 되고 바보가 되어야 웃음이 나는 법이다. 예수님을 감히 그 대상으로 할 수도 없고, 그 제자들도 다 훌륭하고 유명한 성인들이다. 그러면 어떡하지? 그렇게 고심하다가 드디어 예수님 제자들에게서 그 단서를 찾아냈다.

예수님이 겟세마니 동산에 올라 기도하고 오는 동안 너희들은 여기서 기도하라. 하고 부탁했지만 제자들은 그 동안을 못 참고 쿨쿨 잠만 자고 있었다. 예수님이 두 번째 돌아와서 깨워놓고 갔다가 와도 또 자고 있고, 또 세 번째 다녀와도 또 자고 있었다. 나는 얼씨구나, 잘 됐다하고 거기서 꼬투리를 잡고는 그 제자들을 판소리 제물로 삼아 제자들이 철없이 잠자는 대목을 웃기게 만들었다. 이 대목은 빠른 중모리장단으로 가볍고, 그리고 익살스럽게 소리를 했다.

그 판소리를 만들어 공연하면서 새로운 사실도 알아냈다. 우리 판소리 추임새 중 "얼씨구!" "좋다!" "어 그렇지" 외에도 "아먼" 등이 있다. 여기서 "아먼"은 "암, 그렇고말고."의 뜻이 담긴 추임새다. 실지로 성당에서 첫 공연을 할 때 "아먼" "아먼" 하고 신자들이 몇 번을 추임새로 넣다보니 나중엔 어느새 저절로 "아멘" "아멘" 소리로 내 귀에 들렸다.

성당이나 교회에서 신부님이나 목사님이 강론이나 설교를 하는 도중에 신자들이 "아멘"하고 응답하는 것은 '그렇습니다' '그렇고 말구요' '네, 그 말씀이 맞습니다' 하는 동의와 격려의 뜻이 담긴 추임새이다. 히브리어 말로 아멘(AMEN)이요, 아랍어로 아민(AMIN)이다. 또 우리말로는 "아먼"이니 모두가 세계 공통어로 추임새에 해당됨을 알아냈다. 혹시 우리말이 건너가서 썼던 말이 아닐까? (나의 추정)

우리민족이 수메르로 넘어갔고, 다시 중앙아시아로 퍼졌다는 사실은 알고 있고, 또 수메르 말이 우리말과 같은 것이 많이 남아 있다고 하니 그런 추측이 가능하다.

아무튼 이러고 나서 또 다시 일, 이년이 지나서는 4,700년 전의 치우천황에 대하여 판소리 창작의뢰가 왔다. 다시 상고사를 탐독하여 공부하고 배달한국 우리의 조상 치우천황을 작사, 작곡하여 '치우천황의 탁록대첩'이란 이름으로 공연한 것은 더욱 미치지 않고는 할 수 없는 대작이다.

로맨스와 같은 사랑이야기를 판소리로 만든 것도 어려운데 전쟁 스토리를, 그것도 일 이 백 년 전의 일이 아니고, 자그마치 4,700년 전의 이야기를 지루하지 않게, 또 같은 말이나 같은 내용이 되풀이 되지 않고, 재미있게 스토리를 짜기란 쉬운 일이 아니다. 더구나 근거가 있는 사실을 엮어야 하기 때문이다. 지금 생각해도 정말 미치지 않고는 할 수없는 대작이었다. 한옥마을에 있는 남산국악당에서 공연을 했다.

그 외에도 '2002 한일월드컵'이 있고, 그 속에 '붉은악마응원가'도 있다. 여기서 붉은 악마는 방금 이야기한 전쟁의 신이요, 승리의 신인 치우천황을 말한다.

당시 스페인과의 4강을 가기위해 연장전을 비기고 마지막 승부차기에서 스페인을 이기고 4강에 가는 그 기쁨을 응원가로 생생하게 만들었다.

또 클린턴 전 대통령의 태권도 사부이며 전 세계에 태권도를 알려 미국

알칸소주에서 매년 일주일간을 '태권도의 날'로 기념하고 시합을 하는 등 한국의 애국자 고 '이행웅의 태권도일대기'도 만들었고, 동학의 수운 최제우 선생 글에다 곡을 붙여 공연도 하였다.

2001년 미국 뉴욕 세계무역센터의 911테러 당시 그 참상을 판소리로도 만들었고, 최근에는 성모님의 7가지 고통을 그린 '성모7고'를 창작하여 공연했다. 1시간짜리로 만들어 전국에 있는 몇 개의 성당에서 공연을 했다. 우리 어머니들의 입장에서 본 성모님의 한 평생을 그린 것이다. 마치 고 김기창 화백이 예수님의 일생을 갓 쓰고, 두루마기 입고 다닌 것으로 그렸고, 열두 제자들 모두도 다 같이 한복을 입고 있듯이, 나는 성모님을 판소리로 그렇게 그렸다. 내가 미치지 않고는 사실 이런 작품이 나올 수가 없는 것이다. 그 외에도 최근 창작하여 공연한 '명성황후의 혼불'도 있다.

이러한 판소리를 창작만 한다고 다 되는 것은 아니다. 평균 일이년마다 창작한 그 작품들을 공연하려면 이를 모두 암기해야한다. 천천히 암기하는 것도 아니고 빠른 중중모리로도 해야 하고, 더 빠른 자진모리나 휘모리 장단으로도 해야 한다.

여기서 판소리의 빠른 장단은 서양의 랩같이 빨리 이어나가야하기 때문에 북장단보다 0.1초라도 늦으면 장단이 꼬이기 시작한다. 그리고 그러다가 보면 가사를 잊어버리기 마련이다. 몇 분짜리 공연도 아니고 뒤 시간 이상의 공연을 대강대강 짜깁기 하다가는 공연을 다 망치고 만다. 그러니 암기하는 것이 제일 중요한 일일 것이다. 아무튼 나에게 있어서 이 모두는 미치지 않고는 도저히 불가능한 일이라고 믿는다. 누가 돈을 억만금 준다고 그리 하겠는가? 그 것을 외우지 못하면 죽인다고 해서 그리 되겠는가? 또 누가 시켜서 억지로 그리 되겠는가? 알다가도 모를 일이다. 아마 나도 한민족의 신명나는 DNA를 조금은 받았기 때문이 아닐까 한다.

구두짝들의 반란

어느 날 내가 집에서 잠깐 쉬고 있을 때 아내가 한마디 한다.
"당신은 참 게을러요, 잉?" 그러면서 계속한다.
"집안일 무엇을 하라면 미루고, 또 미루고. 일이 딱 코앞에 닥쳐야 그때 가서 한 체 하고. 또 해도 엉성하게 하니 오히려 안 한 것만 못하고."
나는 웃으며 가만히 듣고만 있었다. 옳은 말이기 때문이다.
"당신은 못 하나를 박을 줄 아나, 전구 하나 갈아 낄 줄 아나. 전부 내가 해야 되니. 남자가 원 그렇게 할 줄 아는 것이 없으니. 그러니 오죽하면 당신은 가만히 있는 것이 도와주는 것이라고 누가 안 그럽디여. 도와준다고 오히려 일을 만드니 하는 소리지. 아무튼 당신은 시골에서 살았으면 더욱 힘들었을 거야. 농사지을 줄도 모르고. 저렇게 아무 것도 모른 남자는 원 처음 보았어. 정말 게을러."
나는 그 말도 맞는 말이라고 생각하며 미소 지었다. 아내가 어디론가 나가고 나서 조금 있으니 누가 나를 찾아와 문을 두드린다.
"주인님 계세요?"
"…"
"주인 어르신 계셔요?"
이제는 제법 큰 소리로, 또 화가 난 음성으로 나를 찾았다. 누구냐고 문을 열고 보았더니 내 구두 여러 짝들이 몰려와 불만스러운 얼굴들을 하고 나에게 항의를 했다. 그들은 손에서 무슨 책을 들고 펴 보이며 나더러 한 번 읽어보라고 했다. 내가 쓴 시라고 했다.

'내 구두'란 시로서 내 구두는 언제나 내발보다 커서 헐떡거린다. 라고 하는 시다. 사 신어도 크고, 맞춰 신어도 크단다. 그래서 내 발에 맞는 구두 이 세상에 없어 내 걸음 걸음 자진모리장단으로 헐떡일 때면 내 구두 변 사또 남원 가듯 신바람 난다고 하는 시다.

얼핏 읽어보니 내가 전에 냈던 시집 속에 들어있는 시가 맞다.
"아니, 이 시가 어떻다는 것이냐?"
"주인님은 항시 저희들을 앞세워 어디든지 부지런히 다니고 또 다녔는데, 그래서 저희들은 아무 불평 없이 열심히 주인님을 모셨는데, 사모님 하신 말씀이 주인님께서 게으르다고 하시니 저희들은 너무 분합니다. 보세요. 저희들 발바닥이 다 이렇게 닳아 뭉그러졌지 않아요? 그 만큼 정신 없이 주인님을 모시고 바삐 다녔는데도. 그런데도…"

신발아이는 더 이상 말을 잊지 못하고 고개를 숙이며 식식거렸다. 다른 아이들도 흥분하고 있었다. 다시 다른 아이가 받아서 이어간다. 똘똘하게 생긴 놈이다.

"저희들은 사실 한 번도 편히 마음 놓고 쉴 수도 없었고, 마음 놓고 잠잘 수도 없었어요. 언제 주인님이 어디 가자고 할지 몰라 항시 대기 중이거든요. 가자고 하면 단 5초 내로 대령해야 돼요. 그래서 우리들은 서로 '5초 대기조'라고 부릅니다. 5분 대기조가 아니라, 5초 대기조라니까요."

나는 웃음이 났다.
"아, 자식들. 별거 아닌 것 갖고 그러네."
나는 그들을 다독여 돌려보내려고 했다. 그러나 그들은 아예 갈 생각은 않고 내 책 속을 뒤지더니 시를 하나 더 찾아냈다.
"보세요, 주인님. 우리가 얼마나 주인님을 보필했는지요. 때로는 고생도 하고, 또 때로는 그 자체가 신바람 나고 즐거워서 소리도 따라하며 주인님을 안 따라 가본 곳이 없이 부지런히 다녔거든요. 우린 정신없이 헐떡거렸어요. 왜 주인님의 신발은 언제나 그렇게 크지요?"
그 놈들 모두가 고개를 파묻고서 킬킬대고 웃었다. 그 놈도 자기가 했던 말에 웃음이 났던지 저도 웃으면서 계속한다.
"그런데 방금 사모님은 주인님을 게으르다고 안하던가요?"
놈들은 다시 내 책을 들고 서서 내가 썼던 시를 기어코 읽어보란다. 참 그 놈들 보통이 아니었다. 할 수없이 나는 받아서 읽어보았다.

구두 버리기

나는 오늘 아침 나의 몸 한 부분을
쓰레기통에 버리고 왔습니다.
14층 아파트 꼭대기에서 구두 한 켤레를
헌 신짝처럼 버리고 왔습니다.

내 신발 중에서 가장 크게 보이고
양 어깨 딱 벌어진 건장하게
잘생긴 놈들이었습니다.

놈들을 버리고나서 나는 한 참 후에야
툭하고 떨어지는 소리를 들었습니다.

나는 마음이 아파 한 동안 그곳에
서 있었습니다.
놈들은 무던히도 착한 애들이었으니까요.

놈들은 어디를 가나 한번도
마다않고 따라 다녔습니다.
신관사또 부임할 때처럼
암행어사 출두할 때처럼
놈들은 언제나 헐떡이며 신바람이 났으니까요.

놈들은 그런데 오늘 아침 변덕을 부렸습니다.
더 이상 나하고 같이 있기를 거부했습니다.
앞가슴은 터지고 끈은 떨어진 채로
나에게 덤벼들었습니다.
나도 화가 났습니다.
그리고 그들을 버렸습니다.

놈들은 아마 오늘 밤을 아파트 지하에서 보낼 겁니다.
그리고 내일이면 어디론가에 버려질 것입니다.
아마 그곳이 난지도가 될지도 모를 일입니다.

나는 그래도 놈들에게 한 마디 말은 잊지 않았습니다.
어디를 가나 너희 둘은 서로 아는 체하고 지내라고
옛 주인 이야기도하면서 즐겁게 살라하고
우리는 언제나 소리하며 살아왔지 않았느냐고 하고
나는 소리하고 너희는 장단치고

**놈들은 지금 나를 그리워할지도 모릅니다.
그리고 우리는 언젠가 다시 만날 것입니다.
죽지 않고 살아있는 한**
(1985년 당시에는 아파트에서 일반 쓰레기를 쓰레기 통로를 통해 이런 식으로 버렸다.)

그들은 다시 하나 더 있다고 내 구두이야기 시를 찾으려했으나 나는 이제 그만 되었다고 읽기를 거절했다. 내가 보지 않아도 알기 때문이다.

나는 애들이 하는 말을 듣고, 또 내가 그들 신발에 대해 써놓았던 시를 읽고 나니 그들에게 몹시도 미안한 마음이 들어 얼굴이 후끈거렸다. 나는 어이가 없어 한동안 허허 하고 너털웃음을 웃고서는 그들을 우선 앉으라고 했다. 그들은 괜찮다고 그대로 서있었다. 그래도 자꾸 내가 앉으라고 권하자 이놈들은 자기들 옷이랑 신발이 더러운데 어찌 감히 주인님 방에 앉을 수가 있겠느냐고 사양을 했다.

"그럼 신문지 깔고 거기 앉아라. 어서. 네가 덕칠이라고 했던가?"

아이들이 하하 하고 웃는다. 덩치가 크고 힘세게 보이는 아이가 히죽히죽 웃으며 한마디 따끔한 소리를 한다.

"주인님은 자기 신발 아이들 이름도 몰라요? 왜 자꾸 잊어버리신지. 제가 덕칠이고, 쟤는 제 아우 후칠이 아니에요? 벌써 몇 번을 가르쳐드렸는데 주인님은 정신을 다른 데만 쓰시니까 모르죠."

다른 아이들이 왜 그런 말을 눈치 없이 주인님께 하느냐고 서로 찔끔거리며 눈짓을 했다.

"아니에요. 한 번 해본 소리에요. 저희도 주인님이 바쁘셔서 그렇다는 줄을 잘 알고 있지요."

"아, 네가 덕칠이구나. 항시 가르쳐주어도 또 잊어버리고 또 잊어버리는구나. 내가 요즘 그렇다니까. 판소리 가사에만 정신이 온통 그 곳에 있지, 다른 것은 아예 뇌가 거부를 하나 봐. 아예 잊어버려. 누가 무슨 말을 해도 건성으로 듣고, 또 잊어버리고. 너희들이 이해해라. 가만 잊자. 덕칠이 너는 우리 집에 온지 오래 되었고, 후칠이 너는 얼마나 되었지?"

"3년이 다 되어 가는 구만이라우."

후칠이란 놈은 수줍어서 그 말도 못하고 고개를 숙인 채 웃고만 있었는데 덕칠이가 대신 대답을 해주었다. 짜식, 순진하기는. 나는 아이들을 앞혀놓고 하나하나 잘 타일렀다.

"방금 저 사모님이 나더러 게으르다고 한 말은 맞아. 내가 좀 그런 면이 있지. 그런데 막상 너희들이 그렇게 화를 내고 달려와서 이의를 제기하니, 너희들 말도 맞는 것 같다. 그래. 너희들이 그간 수고 많았다. 내가 가자는 대로 군소리 하나 없이 좋아하며 따라다녔다고 한 말을 들으니 눈물이 날 정도로 너희들이 고맙구나."

나는 신발들을 앞혀놓고 지난 일들을 떠 올렸다. 그런데 내가 미처 생각하지 못한 지난 일들도 그들은 훤히 기억하고 있었다.

사실 나는 그들이 시키는 대로 따랐을 뿐이다. 나는 신발들이 가자는 대로 따라 나섰을 뿐이다. 주인님, 오늘은 여기 갑시다. 내일은 또 저기 갑시다. 그럴 때마다 그래, 그래 하면서 한 번도 그들을 실망시키지 않고 시키는 대로 잘 했다. 그들 말대로 부지런하게 뛰었다. 미친 듯이 뛰었다.

그러면서도 그렇게 아이들을 마구 부려먹고서는 저 애들을 헌 신발짝처럼 버렸던 일도 몹시 마음에 걸렸다. 그런데 이 아이들은 내가 구두 버린 일도 잘 알고 있을 것이라고 생각하니 너무 미안했다. 주인들은 자신들의 충신이었던 구두 짝도 필요 없을 때는 마구 버린다? 그것도 높은 아파트 꼭대기 층에서 쓰레기통에 버린다? 구두는 떨어지면서 땅에 부딪쳐 뇌진 탕으로 죽게 되겠지.

내가 이런 생각들을 하고 있을 때 구두짝 아이들은 아직도 돌아갈 줄을 모르고 주인 방에서 질펀하게 놀고 있었다. 그들은 모처럼 이렇게 앉아 한 마디씩 하면서 나와 친해지기를 바라는 것 같았다. 그 중에서 나이가 좀 들어 보이는 등산화가 조용히 듣고만 있더니 드디어 점잖게 한마디 했다. 그 녀석은 점점 얼굴에 화색이 돌면서 목소리도 커졌다.

"느그들은 모르지? 그 때 느그들은 없었으니까."

아이들이 모두 무슨 소리인가하고 그를 돌아볼 때 그는 신이 나서 열변을 토해냈다.

"주인님이 그 때 광주 무등산에서 소리 가르칠 때, 나 그때 꼭 죽는 줄 알았다."

"형님, 왜요?"

"응, 주인님은 일주일에 세 번씩이나 새벽에 무등산 꼭대기를 오르는데, 아이고 나 그 때 어찌나 힘들었던지 꼭 죽는 줄로만 알았다니까. 우리 주인님은 하나도 힘이 안 드시나 봐. 어찌나 산을 빨리 올라가시는지 나는 그냥 따라가느라고 혼났어. 여름이고 겨울이고가 따로 없어. 그냥. 새벽마다 갔으니까. 이거 그때 다 닳아 없어진 거야."

비교적 말이 없었던 아이였지만 한번 말이 나오니 제법 화통했다. 그는 낡아 닳아진 신발을 들어 보이며 열을 올렸다. 나도 가만히 있을 수가 없었다.

"맞아, 맞아. 너도 그때 가파른 산따라 오르느라 혼이 났을 것이다."

그러면서 나도 덩달아 웃음이 났다. 그 때 난 50이 다 된 나이인데도 어디서 그런 용기와 힘이 내게 있었는지 모르겠다. 매주 화, 목, 토요일 새벽에 광주광역시 화정동에 있는 은행기숙사에서 새벽 4시경이면 일어나서 다른 지점장들하고 자동차로 증심사까지 가서, 거기에 차를 두고 다시 '토끼등'을 타고 산에 올랐다.

새벽에 무등산 중턱 너덜겅 약수터(해발 470M)에서 소리를 가르치면서 광주 시내를 내려다보면 저 멀리 불빛이 반짝거리고 있었다. 빛고을(光州)이라는 말이 실감났다. 그 땐 다람쥐들도 와서 같이 배우고 재미가 있었다. 봄날 산을 내려오다 보면 온갖 꽃향기와 약초 향이 코에 진동하여 나는 하루 종일 자연이 주는 향수냄새에 젖어있었다.

그때뿐만이 아니라 서울에 와서도 은행지점장으로 근무하면서 일주일에 두 번씩 강남에 있는 대모산에서 새벽에 소리 가르쳤고, 다시 정읍 내장산에 가서도 그렇게 했다. 매번 일 년씩을 그렇게 했다.

또 퇴직 후에는 서울과 경기도가 접해있는 청계산에서도 5년 이상을 주 2-3회 새벽마다 오르면서 약수터에서 무료로 가르치며 소리보급을 하였으니 내가 생각해도 어디서 그런 열정이 나왔을까 신기하기도 하다. 스스로 대견스러웠다.

그렇게 애를 썼고 정이 들었던 구두 짝들인데 내가 쓰레기통에 버렸으니 나는 그 아이들에게 죄를 짓고 있는 것 같아 몹시 미안한 마음이 들었다. 이 때 다른 아이도 한마디 했다.

"우리 주인님은 40시간이나 공연을 할 수 있다면서요?"

다른 애들이 의아해서 묻는다.

"아니, 그게 무슨 말이야? 세 시간도 아니고 40시간이라고?"

"응. 우리 주인님은 판소리를 극장에서 한 번에 40시간이나 공연을 할 수 있대. 그죠?"

"와! 우리 주인님 대단하시다. 그럼 기네스북에 올려요."

아이들은 당장 그렇게 하자고 성화를 댔다. 나는 웃음이 났다. 그들이 말한 내용은 사실 이러했다. 그간 내가 배워서 알고 있는 전통판소리 네 바탕 반과, 나의 창작판소리 10여 편에, 기존 단가와 나의 창작 단가, 또 영어웅변 했던 원고들과 케네디 대통령취임연설문 등을 모두 합치면 30시간은 될 거고, 지금도 당장 공연할 수 있다고 말한 적이 있었다. 술 한 잔 먹고 취중에 아이들에게 호기를 한 번 부렸더니 애들이 그걸 기억해 두었다가 하는 말이었다. 이때 한 아이가 말을 받는다.

"그럼 우리 주인님이 기네스북에 올린다면 제가 생각하기에는 앞으로 한 천년 동안은 그 기록이 안 깨질 것 같네요. 그 뒤에는 또 어떤 인간들이

이 지구상에 내려올지 모르니 그 이상은 저도 장담을 못하겠어요."
 아이들이 깔깔대고 웃었다. 그리고 그들은 어디서 들었는지 지금까지 판소리를 가장 오래한 사람의 기네스북 기록은 9시간 정도라고 했다. 그리고 그들은 그럼 어느 세계적인 기획사가 나서서 한번 '세기의 공연무대'를 가진다면 자신들도 구경하고 좋겠다고 했다. 이 때 덕칠이가 다시 한 번 어른 노릇을 하면서 물어본다.
 "주인님. 그럼 주인님은 그 나이에 도대체 어떻게 그 많은 것들을 암기할 수가 있어요? 우리 친구는 자기 주인이 3분짜리 노래 하나도 못 외운대요. 그래서 노래방 가서도 항시 가사를 보고 노래를 부른다고 하데요. 오죽 답답했으면 우리친구가 마이크를 빼앗아서 차라리 지가 하고 싶었대요. 그런데 주인님은 혹시 화성인이 아닌가요?"
 나는 웃으면서 고개를 저었다. 그게 판소리이기에 가능하다고 했다. 또 나는 그 판소리 가사를 암기하고 기억해두기 위해 다른 뇌들이 총 출동하여 다른 암기를 못한다고 했다. 그런 역할을 하는 뇌가 바로 FFA 뇌라는 것도 알려주었으며, 나의 그 뇌는 판소리 가사를 암기하기 위해 다른 사람들의 이름이나 얼굴은 기억하지 못하고 바로 잊어버린다는 말도 해주었다. 특히 그게 요즘에는 더욱 심하다는 말도 잊지 않았다. 그러면서 판소리를 하면 암기력에 큰 도움을 준다는 설명도 함께 해주었다. 아니 바로 오늘 아침 주요 일간지에 난 기사내용을 설명해주었다.
 합창(성악)이 암기력 향상에 탁월한 효과가 있다는 연구결과가 이미 많이 나왔다. 이는 그간 프랑스 부르고뉴대학교가 연구해서 발표한 것으로서 합창을 비롯한 꾸준한 음악공부는 아이들에게 자신감과 성취감, 그리고 함께 사는 법을 가르치는 인성교육에 좋을 뿐 아니라 암기력에도 탁월한 효과가 있다고 했다.
 2012년에 실시한 위의 실험을 위해 프랑스 초등학교 1년생 500명을 꾸준히 관찰한바 합창 등 음악공부를 꾸준히 한 학생들은 그렇지 않은 학생들보다 수학에서 25%, 암기력테스트에서 무려 75%의 높은 점수를 받았다는 것이다. 또 이보다 앞서 1993년 캐나다 토론토대학의 관련연구에 따르더라도 노래와 피아노 등 음악수업을 꾸준히 받은 학생은 이전보다 IQ 테스트 결과가 상승된 것으로 나타났다고 했다.

이런 점들을 익히 알고 있었던 프랑스의 젊고 새로운 에마뉘엘 마크롱 대통령은 내년부터 프랑스의 초·중·고 학생들에게 매주 2시간씩 합창공부를 정규수업과정으로 하는 정책을 확정했단다.

물론 성악이 우리에게 좋다는 말은 이미 벌써 오래 전 1588년 영국의 윌리암 버드(William Byrd)가 그의 오선지악보집을 출간하면서 낸 광고를 보아도 쉽게 이해가 간다. 그는 엘리자베스 여왕에게 그 출판물에 대한 특허를 내면서 낸 광고에서 이렇게 성악의 좋은 점을 피력했다.

성악은 좋은 선생과 좋은 학생만 있으면 어느 곳에서나 쉽게 가르치고 배울 수가 있다.(판소리도 아무리 높은 산이라도 목만 가지고 올라가면 북이나 다른 악기가 필요 없다) 또 노래연습은 자연에 기쁨을 주고 인체 건강에도 좋다. 성악은 가슴 전체를 튼튼하게 하고 성대를 살려준다. 성악은 말더듬이를 고쳐주는 유일한 치료방법이 되고 완벽한 발음을 할 수 있게 한다. 자연이 주신 선물인 좋은 목소리는 어느 기술적인 표현(악기)보다 가장 우월하며, 특히 목소리가 좋을수록 신을 모시기에 적절하다고 했다.

합창(성악)이 이럴진대 우리 판소리는 더 말할 필요가 있겠는가? 판소리는 더구나 우리민족의 혼과 문화와 삶을 고스란히 이어주는 매개체가 아닌가? 정신건강과 육체적인 건강뿐만이 아니라 성격변화도 가져다준다. 수줍어서 평소 말없이 소극적인 사람은 무슨 일에나 적극적이고 능동적인 사람이 되어 말이 많아지고, 내성적인 사람은 외향적인 사람이 되고, 항시 우울하고 침울한 사람은 밝고 명랑한 사람이 되게 만드는 것이 바로 판소리다.

판소리 하는 사람에게는 매사에 삶의 활력소가 생긴다. 여기에다 우주만물의 이치와 모든 지식까지 알게 되니 판소리를 칭송하지 않을 수가 있겠는가? 더구나 판소리는 암기력 향상과 뇌세포 활력에도 탁월하게 좋다는 나의 평소 지론을 국제적으로 입증해준 오늘 아침의 신문 기사를 내 구두 짝 아이들에게도 역설했다. 듣고 있던 아이들이 일제히 웃으면서 말했다.

"후칠이 네가 판소리를 배우면 좋겠다."

수줍은 아이가 판소리를 배우면 성격이 변한다는 말에 구두짝 아이들이 같은 생각을 한 것이다. 내가 아이들과 이런 이야기를 하는 동안 미친 듯이 살아온 지난날들이 스크린처럼 스쳐갔다. 이렇게 내 방으로 몰려 온 아이들과 한참동안 이런저런 정담을 나누며 놀고 나니 이제는 구두짝 아이들이 가보겠다고 일어섰다. 이때 구두 짝 큰 형인 덕칠이가 또 한마디 했다.

"야, 후칠이 너, 니가 깔고 앉았던 신문지를 그대로 놓고 갈 거야?"

"아, 형님 죄송해요. 깜박 했네요."

아이들은 크게 웃으며 자신들이 앉았던 자리를 깔끔히 치우고 일어나서 모두가 자신들이 본래 있었던 신발장으로 되돌아갔다. 나도 일어서서 그들이 가는 것을 보고 막 뒤돌아서려 하자 덕칠이가 다시 뒤따라 들어왔다. 내가 무슨 일이냐고 물었더니 나에게 긴히 여쭈어 볼 말씀이 있다고 했다. 상당히 중요한 말인 것 같아 나도 은근히 긴장이 되었다. 그 녀석은 평소 나에게 꼭 한 번 물어보고 싶은 말이 있었는데 아까는 철없는 아이들이 곁에 있어서 차마 물어보지 못했단다.

그는 그동안 나를 따라다니면서 내가 어떤 일을 하고, 평소 내가 어떤 생각을 하고 있었는지도 눈치껏 알고 있는 듯 했다. 또 장차 어떤 계획을 세우고 있는지도 알고 있는 듯했다.

"주인님. 주인님같이 항시 흥이 많고 신명이 나서 늘 미친 듯이 바쁘게 살아가는 사람들을 한민족이라고 한다면서요?"

"그렇지. 맞아. 맞아. 그런데 왜?"

"저도 주인님을 모시면서 그렇게 신나고 바쁘게 살아왔으니 저도 그럼 한민족이 맞지요?"

황당한 질문이었다. 나는 어이가 없었다. 대답을 어떻게 해야 할지 몰라 한동안 멍하니 서 있다가 그렇다고 대답했다. 그간 나만을 따르며 나에게 충성을 다했던 신발들을 두 번 다시 또 버릴 수는 없었기 때문이었다. 그는 자신도 한민족이라는 말에 신이 나서 좋아하며 다음 말을 이었다.

"사실은 주인님이 지구를 탈출할…"

나는 깜짝 놀라 그 녀석의 입을 막아버렸다. 그리고 누가 들은 사람이 없나하고 두리번거렸다. 그리고는 정색을 하고 작은 목소리로 다그쳐 물었다.

"너. 언제부터 알았어?"

"주인님이 전에 우주에 관심을 가질 때부터 눈치를 챘어요."

녀석도 작은 목소리로 다급히 말했다. 그리고 그 녀석은 이왕 말 나온 김에 하고자 했던 말을 마저 다 했다.

"주인님이 지구 어느 끝을 가든, 아니 지구가 아니라 화성으로 날아간다 해도 저는 저 별 끝까지 주인님을 따라갈 테니 저도 꼭 좀 데리고 가주세요. 네?"

그가 사정조로 말을 했고, 나도 그러겠다고 눈으로 굳게 약속을 했다. 그 녀석도 죽을 때까지 비밀은 꼭 지킬 테니 걱정 말라는 표정으로 꾸벅 인사를 하고서 환한 얼굴을 지으며 나갔다. 나는 그 녀석이 참으로 기특하고 믿음직스러운 충신으로 느껴졌다. 그리고 그들이 처음 방에 들어올 때 읽어보라고 내밀었던 나의 시를 들여다보았다. 나는 시를 읽다가 밤하늘을 올려다보았다. 이름 모를 별들이 수없이 반짝거렸다. 내가 처음 만났던 그 신선들은 지금 어느 별에서 나를 기다리며 잔치를 하고 있는지도 궁금했다. 그 신선들에게 이 책을 빨리 전해주어야 하는데 어떻게 전해줄지도 걱정이 되었다. 나는 동자를 불렀다.

"동자야, 어디 있느냐? 이리 오너라. 신선들이 나를 부른단다. 어서 가보자!"

〈어느 미친 자의 묘비명〉

저 건너 나직이 안산이 내려 보이는 한적한 양지
어느 미친 자의 묘비 하나
지나던 나그네 발길을 묶는다.

그는 어려서 하늘천 따지 배우다 말고
학교에 들어가 주산대회 웅변대회에 도시바람 쏘이더니
은행에 들어간 후에도 영어웅변 한다고
빌딩 옥상에 올라 서울을 삼키며 중얼중얼하다가
영어코미디 한다고 미군부대 공연에서
쏼라쏼라도 했다.
미친 자의 소행이다.

그는 하루아침 제 정신으로 책상에 앉더니
수필을 쓰면서 세상을 음미하고
소설을 쓰면서 인생을 논하려했다.
그 것도 미친 자의 소행이다.

그가 나이 들어 우리 산, 우리 강을 쏘다니며
소리를 뿌리더니 세계를 누비며
판소리로 아니리로 흥얼거렸다.
알프스산상에서, 나이아가라 폭포에서,
이태리 카프리섬의 녹색 바다에서,
헬싱키 시벨리우스 흉상 앞에서 창을 했다.
그건 국제적으로 미친 자의 소행이다.

손금 본다 하면서 나포리의 기차 안에서
노란머리 아가씨 손목을 잡는 것도
국제적으로 미친 자의 소행이다.

한때는 명동 은행의 옥상에서
소리를 토해내며 서울을 삼키더니
무등산, 청계산, 대모산, 내장산 약수터에 올라서는
판소리 가르친다고 지구를 삼키며
하늘의 별들을 향해 최상성으로 쏘아 올렸다.

그는 언젠가 이 지구를 탈출해
어느 행성으로 날아가야
소리하기 제일 좋은가를 찾고 있었다.
그가 전생에서 탈출해 왔던
고향의 별은 어디에 있는가 하고 찾고 있었다.

미친 자는 어느 하나에 푹 빠져보지 못하고
설익은 과일처럼 풋풋이 살다가
어느 날 도포 챙겨 갓 쓰고 부채 하나 내어들고
마지막 신발을 신더니
어디론가 훌훌 떠나 돌아오지 않는다 오늘날까지
그의 아버지가 그러했듯이
수 천 년 조상들이 그러했듯이

- 판소리수필집 '거지대장' 중에서 -

판소리 속에 나오는 시대별 인물사건들(21세기 신선들의 잔치 참석자 명단)

시대별	년도별	주요인물	기타 참고 사항들(판소리 속의 내용들)
마고시대	12,000년전	마고	마고선녀, 지리산 노고단 마고할미 제주도 마고추모제
한국시대(桓國시대, 桓仁시대)	B.C. 7197	안파견 한님	
한웅시대(桓雄시대, 배달한국)	B.C. 3898	태호 복희, 여와씨 신농씨, 치우천황, 헌원 소호김천, 적송자, 뉘조	(4700년 전 치우천황과 헌원의 탁록대첩) 당시에도 고시례, 벼슬, 우두머리, 누에 등 우리말 사용
요순시절	B.C. 2368경	요임금, 순임금, 아황, 여영 사흉(四凶), 소부, 허유 우임금(夏), 탕임금(殷나라, 七年大旱)	순임금(남훈전, 오현금) 서왕모, 월궁항아 하걸임금(용봉살해), 商紂(상주임금),
단군시대	B.C. 2333		비간(比干)
주나라	주나라 B.C. 1169-1116	주나라 文임금, 武임금, 백의, 숙제 주공(周公), 강태공(강여상) 영왕, 영왕태자(왕자 晋) 주난왕(周赧王)의 돈수(頓首)	단군2세 부루 때 한글(가림토문) 창제 태강(太姜), 태임(太任), 태사(太似) 왕자진의 봉피례
춘추시대	B.C. 770→ B.C. 552~ B.C. 496~	공자, 도척(盜跖), 자로(공자 제자) 오(吳) 나라 구천(句踐), 범려, 서시 오자서, 백비, 석숭	춘추12제국 : 魯, 齊, 晋, 秦, 楚, 宋, 衛, 陳, 蕾, 曹, 鄭, 燕 개자추(介子推), 고소대(姑蘇坮) 서시빈목(西施嚬目), 와신상담(臥薪嘗膽)
전국시대	B.C. 372→ B.C. 352→ B.C. 317 B.C. 221	맹자 전국시대 시작 손빈 소진, 장의 진시황의 중국 통일(아방궁)	한무제때 사람, 동방삭 전국시대때 예양은 지백을 섬기다 노나라 때 애공이 사냥가서 기린 잡다
	B.C. 140~B.C. 97 B.C. 54 B.C. 48→	맹상군(제나라 정승) 위인 형가(진시황 죽이려다 실패) 편작(越人), 안기생(安期生) (한)유방, (초패왕), 기신, 소하 장량 한신, 우미인, 진평(陳平) 소중랑(소무) 사마천 사기완성 흉노 (왕소군 시집가다) : 漢宮離別	전국시대: 秦, 楚, 燕, 齊, 韓, 魏, 趙 상산 사호(四皓) 네노인: 기린계, 녹리, 하황공, 동원공 주난왕(周赧王): 진을 치러다 오히려 당함(부끄러워함) 초회왕: 秦沼王에 무관에서 죽임 당함

시대별	년도별	주요인물	기타 참고 사항들(판소리 속의 내용들)
후한시대	A.D.25→	반첩여(班婕女)	반첩여의 장신궁(怨歌行) 죽림칠현(위에서 진: 晉으로 넘어오면서): 완적, 혜강, 산도, 왕윤, 유영, 향수, 완함
	220	한광무(유수), 엄자릉, 한무제 후한 멸망, 조조, 유비, 관우, 장비, 왕윤, 조자룡, 주유, 노숙, 손권, 여포, 정욱, 二喬女(대교, 소교), 초선, 조자건, 방통, 화타	
(주)삼국시대	280 307→	가태부(漢나라 사람) 서진(晋)의 중국 통일	286년 심청가 설화 탄생(심청 원홍장)
수나라 당나라	589 618	왕희지, 도연명, 도홍경 중국 통일 당의 건국(618-907) 당현종(당명황), 양귀비 이백(이적선), 두보, 백락천, 두목, 여동빈(신선술), 왕발(王勃), 송지문(宋之問)	5호 16국 시대 시작 304-739(서진) 동진(317-420) 가야금(가야국), 우륵 신라에 망명 곽처사(죽장고)
거란, 요 송나라	916 960 1145 1274	고적, 하지강, 왕유, 최호, 유우석 거란, 요 건국 송나라(960-1127) 소동파 김부식 삼국사기 완성	송나라 원풍말년(1078-1085) 소동파의 임술지 추칠월 기망 (1082. 7. 16 적벽부 짓다)
원 멸망 명건국	1344 1368	고려, 원 일본 정벌 조맹부 원나라 멸망	1344 지정 갑신년: 수궁가 中 남해 용왕이 영덕전 신축(수궁에)
조선개국	1392	조선 개국	
	1506	중종(왕위 오름)	중종과 대장금(판소리) 시인 기생 매창(梅窓) 1573-1610
	1592	황진이, 벽계수 임재(林悌) 임진왜란	논개(1593) 순절 1640 춘향가(조경남 창작)
	1595	논개, 월선부인(계월향), 이도령(성이성 탄생)	변강쇠 타령(임진왜란 후) 수궁가(임진왜란 후)
	1610 1800년대	허준 동의보감 완성 김부용(성천 기생)	대원군, 진채선 조대비 서거(1891), 흥보가

오늘은 누구인가,
한민족!

재판인쇄 2018년 6월 25일
재판발행 2018년 6월 26일
3차발행 2024년 1월 26일

지은이 이용수
펴낸이 이용수
펴낸곳 예술단 판
편집인쇄 디자인썸머 정수연
등록 2015년 9월 15일
주소 경기도 용인시 수지구 동천로63번길 10
전화 02-778-9358
전자주소 chow96@hanmail.net
홈페이지 www.pansoribang.com

ISBN 979-11-956269-6-0 03150

값 20,000원
저자와의 합의하에 인지는 생략합니다.
잘못된 책은 구입하신 서점에서 교환하여 드립니다.

※ "인터넷과 유튜브 '이용수 판소리' 참조